U0555595

国家出版基金项目
NATIONAL PUBLICATION FOUNDATION

新技术法学研究丛书
丛书主编：张保生 郑飞

人工智能时代欧盟个人数据保护研究

源流、机制与实践

程莹 —— 著

中国政法大学出版社

2025·北京

声　明　1. 版权所有，侵权必究。
　　　　2. 如有缺页、倒装问题，由出版社负责退换。

图书在版编目（CIP）数据

人工智能时代欧盟个人数据保护研究：源流、机制与实践 / 程莹著.
北京：中国政法大学出版社，2025.1. -- ISBN 978-7-5764-1873-6
Ⅰ. D950.3
中国国家版本馆 CIP 数据核字第 20247TF789 号

书　名	人工智能时代欧盟个人数据保护研究：源流、机制与实践 RENGONGZHINENG SHIDAI OUMENG GERENSHUJU BAOHU YANJIU:YUANLIU、JIZHI YU SHIJIAN
出版者	中国政法大学出版社
地　址	北京市海淀区西土城路 25 号
邮　箱	bianjishi07public@163.com
网　址	http://www.cuplpress.com（网络实名：中国政法大学出版社）
电　话	010-58908466(第七编辑部) 010-58908334(邮购部)
承　印	固安华明印业有限公司
开　本	720mm × 960mm　1/16
印　张	18.5
字　数	275 千字
版　次	2025 年 1 月第 1 版
印　次	2025 年 1 月第 1 次印刷
定　价	88.00 元

总　序

21世纪以来，科技迅猛发展，人类社会进入了新技术"大爆发"的时代。互联网、大数据、人工智能、区块链、元宇宙等数字技术为我们展现了一个全新的虚拟世界；基因工程、脑机接口、克隆技术等生物技术正在重塑我们的生物机体；火箭、航天器、星链等空天技术助力我们探索更宽阔的宇宙空间。这些新技术极大地拓展了人类的活动空间和认知领域，丰富了我们的物质世界和精神世界，不断地改变着人类社会生活的面貌。正如罗素所言，通过科学了解和掌握事物，可以战胜对于未知事物的恐惧。

然而，科学技术本身是一柄"双刃剑"。诺伯特·维纳在《控制论》序言中说，科学技术的发展具有为善和作恶的巨大可能性。斯蒂芬·霍金则警告，技术"大爆炸"会带来一个充满未知风险的时代。的确，数字技术使信息数量和传播速度呈指数级增长，在给人类生产和生活带来信息革命的同时，也催生出诸如隐私泄露、网络犯罪、新闻造假等问题。克隆技术、基因编辑等生物技术在助力人类攻克不治之症、提高生活质量的同时，也带来了诸如病毒传播、基因突变的风险，并给社会伦理带来巨大挑战。

奥马尔·布拉德利说："如果我们继续在不够明智和审慎的情况下发展技术，我们的佣人可能最终成为我们的刽子手。"在享受新技术带来的便利和机遇的同时，提高风险防范和应对能力是题中应有之义。我们需要完善立法来保护隐私和知识产权，需要通过技术伦理审查确保新技术的研发和应用符合人类价值观和道德规范。尤为重要的是，当新技术被积极地应用于司法领域时，我们更要保持清醒的头脑，不要为其表面的科学性和查明事实真相方面的精确性所诱，陷入工具崇拜的泥潭，而要坚持相关性与可靠性相结合的科学证据采信标准，坚守法治思维和司法文明的理念，严守司法的底线，不能让新技术成为践踏人权的手段和工具。

  不驰于空想，不骛于虚声。在这样一个机遇与挑战并存的时代，我们应以开放的胸襟和创新的精神迎接新技术带来的机遇，也需要以法治理念和公序良俗应对新技术带来的挑战。弗里德里奇·哈耶克曾反思道："我们这一代人的巨大不幸是，自然科学令人称奇的进步所导致的人类对支配的兴趣，并没有让人们认识到这一点，即人不过是一个更大过程的一部分，也没有让人类认识到，在不对这个过程进行支配，也不必服从他人命令的情形下，每一个人都可以为着共同的福祉做出贡献。"因此，在新技术"大爆发"的新时代，我们需要明确新技术的应用价值、应用风险和风险规制方式。本丛书的宗旨就在于从微观、中观和宏观角度"究新技术法理，铸未来法基石"。阿尔伯特·爱因斯坦说过："人类精神必须置于技术之上。"只有良法善治，新技术才能真正被用于为人类谋福祉。

2023 年 12 月

序

近年来，新一轮科技革命和产业变革蓬勃发展，数字化、网络化、智能化加速推进，人类社会迎来前所未有的深刻变革。作为人工智能时代的底层驱动力，数据逐步演变为关键生产要素和基础性战略资源。在释放数字化红利的同时，个性化推荐、人脸识别、自动驾驶等新技术应用带来的个人数据风险问题日益凸显，进一步加剧了数据保护和数据利用之间的冲突。个人数据保护成为关系数字技术创新发展和国家竞争力的关键议题。

自20世纪70年代开始，经济合作与发展组织（OECD）、亚太经济合作组织（APEC）和欧盟等先后出台了个人数据保护相关准则、指导原则和法律文件。进入21世纪以来，顺应数字化浪潮的发展，全球个人数据保护的立法进程不断加速。截至目前，已有近140个国家和地区制定了个人数据保护法律。作为全球个人数据保护的先行者，欧洲始终引领着世界范围内个人数据保护立法走向。2018年5月，为更好适应新技术应用带来的新风险新挑战，欧盟正式出台《通用数据保护条例》（General Data Protection Regulation，GDPR），以基本权利保障和促进数据流动为立法目标，构建了一套强化个人信息自决，并根据风险等级进行动态、差异化治理的多元数据保护体系，实现了"一个大陆、一部立法"的新局面，擘画了新形势下个人数据保护的新秩序愿景。联合国秘书长安东尼奥·古特雷斯（António Guterres）指出，欧盟扮演着全球监管数字技术、引领数字化转型的关键角色，GDPR是可供世界各国参照的重要范本。

自正式实施以来，GDPR的实施效果受到各方高度关注。一方面，欧盟及其成员国不断强化执法，处罚金额呈加速增长态势。截至2024年9

月，罚款金额总计49.19亿欧元，案件数量达2185件。欧洲数据保护委员会等机构针对新形势新问题持续发布解释指南、建议和最佳实践情况，进一步阐明知情同意、透明度、新技术应用等规则要求，更好地适应人工智能时代发展。另一方面，各方关于GDPR对数字经济发展负面影响的讨论不断。美国信息技术与创新基金会（ITIF）等部分国家智库对GDPR给欧洲科技企业带来的负面影响进行实证分析，牛津大学研究表明，GDPR对大型平台和小型企业产生了不成比例的成本负担。英国则在脱欧后出台《数据改革法案》，旨在创建一种相比GDPR更为灵活的数据保护方案，减轻企业负担、促进数字经济发展。因此，从实践层面客观审视欧盟个人数据保护的制度效果，对于我们理解全球个人数据保护、数据跨境流动，乃至数据治理的未来走向，具有重要价值。

在这个意义上，程莹研究员《人工智能时代欧盟个人数据保护研究 源流、机制与实践》一书的问世恰逢其时。本书讨论了人工智能时代欧盟个人数据保护理论基础和制度框架的演化，回答了一系列新形势下数据治理的问题：个人数据的角色发生何种变化？个人信息自决是否仍适应人工智能时代要求？风险规制理念如何体现为欧盟规则？未来个人数据保护有哪些新的工具予以补充？本书不仅详细梳理了欧盟个人数据保护的历史源流、具体机制，更是纳入了欧盟GDPR实施以来的监管处罚、司法判例、行业自律等落地实践，为理解欧盟个人数据保护提供了鲜活的注解。总体来看，本书是一部框架清晰、内容翔实且富有洞见的专著。

我国历来重视个人信息保护工作。习近平总书记多次强调，要坚持网络安全为人民、网络安全靠人民，保障个人信息安全，维护公民在网络空间的合法权益。近年来，全国人大常委会先后审议通过《中华人民共和国数据安全法》《中华人民共和国个人信息保护法》，进一步从法律层面明确了个人信息保护要求。下一步，如何在具体场景中落实落细个人信息保护规则，需要我们批判式借鉴欧盟个人数据保护实践经验。如本书中所言，个人数据利益的合理、高效和公平分配，逐步成为个人数据保护的重要底层逻辑。探索数据保护和数据利益的平衡之道，需要协调个人信息保护、反垄断、消费者权益保护等多部门法功能，充分发挥政府、企业、社会组织、公民的多元共治作用,并持续推动数据跨境流动等规则方面的国际合作。

期待本书能够为社会各界深入理解欧盟个人数据保护各项制度提供有益参考,为推动我国数字经济健康发展和实现个人信息保护贡献应有之力。

是为序。

辛勇飞
中国信息通信研究院政策与经济研究所所长
2024 年 9 月 24 日

目 录

绪 论	001
第一章 人工智能时代欧盟个人数据保护的现实挑战	007
一、人工智能时代的社会变革	009
二、欧盟个人数据保护的新形势背景	019
三、人工智能应用中欧盟个人数据流转的风险	024
第二章 人工智能时代欧盟个人数据保护的代际更替	035
一、欧盟各国早期数据保护立法演进	037
二、欧盟数据保护立法一体化进程	043
三、GDPR 的定位	050
第三章 人工智能时代欧盟个人数据保护的理论框架	057
一、个人数据基本内涵界定	059
二、欧盟个人数据保护的理论基础	064
三、欧盟数据保护改革中风险规制理念的兴起	084
第四章 人工智能时代欧盟个人数据保护核心制度分析	095
一、厘清法律要件：欧盟个人数据处理的前提	097
二、强化个人自决：充实个人数据保护权利内容	104
三、引入风险概念：进行动态全流程区分规制	119
四、促进数据共享：欧盟跨境数据流动规则	127

第五章　人工智能时代欧盟个人数据保护的实践考察　135
　　一、欧盟个人数据保护的监管实践　137
　　二、法院判例中的个人数据保护规则阐释　171
　　三、欧盟个人数据保护的多元实践经验　183
　　四、典型人工智能场景下个人数据保护实践　196

第六章　人工智能时代个人数据保护的未来制度构建　215
　　一、人工智能时代欧盟个人数据保护路径反思　217
　　二、构建全面精细化的行为规范体系　227
　　三、通过技术治理优化个人数据保护　232
　　四、监管创新中纳入多元对话协商工具　234

关键词索引　239

附　录　244

绪 论

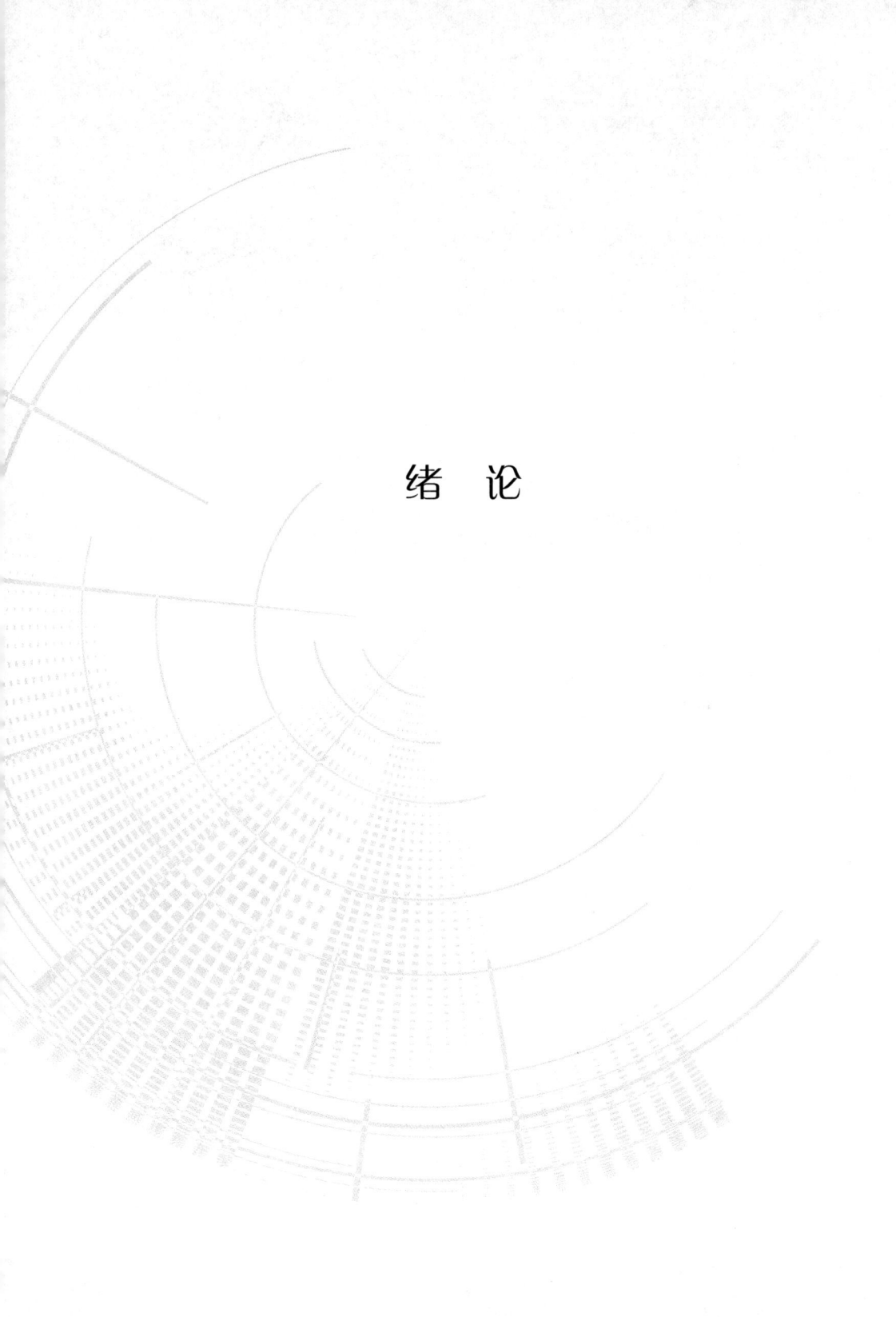

自人类文明诞生起，信息收集即代表着一种生活常态，结绳记事、击鼓传信代表了最初记载和传递信息的方式。信息技术的发展使得个人数据成为承载个人信息的主要形态。伴随物联网、云计算、算法、5G等信息技术的快速发展，人工智能成为新一轮科技革命和产业变革的重要驱动力量，已经成为国际竞争的新焦点、经济发展的新引擎。在人工智能时代，数据逐步被各国视为基础性战略资源，并成为驱动各国数字经济发展的新型生产要素。

近年来，个人数据日益广泛地被应用在新闻推荐、电子商务、无人驾驶、司法判决、智能诊疗等商业和公共领域，成为推动数字经济发展和国家治理能力现代化的重要力量。在享受空前信息自由的同时，人类也不断被技术所俘获。从人际关系到地理位置信息，从个人偏好到情绪波动甚至思维活动，无一不可数据化，个人数据收集日趋常态化、实时化、隐蔽化。在这种个人数据构筑的"圆形监狱"下，人们几乎毫无隐私可言。当人们试图切断与搜索引擎、社交平台、电子商务网站等互联网应用的联系时，却发现已经深陷其中。人们似乎已降维成虚拟空间的"原料"和"产品"，不得不以数据换取生存、社交和便利，人性尊严遭遇前所未有之危机。

人工智能是指用机器模拟、实现或延伸人类的感知、思考、行动等智力与行为能力的科学与技术。作为引领未来的战略性技术，人工智能是新一轮科技革命和产业变革的重要驱动力量，已经成为国际竞争的新焦点、经济发展的新引擎。如同蒸汽时代的蒸汽机、电气时代的发电机、信息时代的计算机和互联网，人工智能正成为推动人类进入智能时代的决定性力量。人工智能技术具有典型的通用目的性、算法黑箱性和数据依赖性，对个人数据的利益形态、社会权力结构等均产生变革性作用，进而对个人数据保护的理论基础和实践运作带来挑战。

伴随人工智能时代新技术的应用发展，个人数据之上集合了国家、企业、个人等多方主体的复杂利益关系，对传统隐私规范的简单修补越发难以实现新型法益之保护，也难以平衡数据保护与数据使用的冲突关系，更无法承载、评估和规制人工智能时代新技术带来的风险。为适应这种现状，有五十余年数据保护经验的欧盟国家对传统数据保护立法进行了大刀阔斧的改革。2018年5月25日，GDPR正式生效，试图打造个人数据保护领域的"全球标准"。宏观上欧洲政治的演进，中观上欧洲人权治理的演变，以及微观上隐私与数据保护机制的发展等各个层面的复杂互动，共同塑造了GDPR的理论基础和制度设计。

从制度源流来看，欧洲个人数据保护历经由个别国家为先导，再到国际立法融合国内法，最后在欧盟层面形成统一数据保护立法的发展历程。20世纪70年代，欧洲国家掀起了规制自动化数据处理的热潮。德国、瑞典、法国等欧洲国家率先拉开了数据保护立法的帷幕。在经历了三个阶段的立法演进后，欧盟数据保护立法步入一体化进程。在《欧盟基本权利宪章》《里斯本条约》等的基础上，欧盟以个人数据保护权为核心，构建了一套全面系统且独具特色的数据保护体系，并成为全球个人数据保护立法的风向标。

在数据保护机制改革中，欧盟力图在数据保护和数据流通间寻求平衡。一方面，进一步强化个人信息自决，除传统的知情权、访问权、更正权等权利外，欧盟又增加可携带权、被遗忘权，并在全球范围引发对"算法解释权"的讨论，希望通过个人控制维护个人人格尊严。另一方面，初次引入"基于风险的路径"（Risk-Based Approach），建立分级分类、数据保护影响评估、数据泄露通知等全流程、动态化规制体系，并推动数据跨境流动规则更替，更好地维护欧盟数字主权。截至2022年5月，GDPR已实施届满四年。在过去四年时间里，欧盟个人数据保护法律框架渐趋成熟，并向着"数字单一市场"和"数字主权"的重要立法目标迈进。在欧洲数据保护委员会带领下，各成员国监管机构执法趋严，四年间共作出逾16亿欧元的罚款，诞生了如法国Google个性化广告案、爱尔兰WhatsApp巨额处罚案、英国航空公司和万豪国际集团数据泄露案等典型案例，对大型互联网平台产生了较大威慑力。司法层面，Google西班牙案、Schrems Ⅱ案等对被遗忘权、数据跨境等制度产生重大影响，Facebook诉德国卡特尔案则进一步启示我们个人数据保护与竞争法等其他领域立法间的互动关系。随着人脸识别、算法推荐、自动驾驶等应用普及，欧洲数据保护委员会适时出台指南文件进行细化指引，尝试解决特殊类型个人数据处理、算法透明度、数据分级分类保护等问题，在特定场景下寻求数据保护和数据利用平衡之道。

通过对欧盟个人数据保护的实践考察发现，"基于风险"的规制路径对个人数据保护起到积极作用，但强化个人自决仍然是欧盟个人数据保护的核心方向。然而，面对个人数据的利益复杂性，无论是欧盟基本权利层面的人格权保护，还是集体层面的风险规制理论，都不足以化解人工智能时代数据利益划分的新问题和新需求。在未来制度建构中，应利用行为规制化解个人支配困境，通过利益衡量对个人数据利益进行公平分配，并引入政府远距离监管、注重合作对话的元规制模式。在这一路径指引下，应积极构建全面精细化的义务规范体系，创新监管理念和监管工具，更好应对人工智能时代的风险挑战。

第一章
人工智能时代欧盟个人数据保护的现实挑战

人类对于数据的收集、处理活动贯穿整个文明史，且数据处理能力随着技术水平的进步不断提升。"私人数据的收集同社会本身一样古老。它可能不是最古老的职业，但却是最古老的习惯之一。"[1]上古人类以结绳、刻木记人叙事，在发明文字之后，人类的数据处理能力大幅提升。受技术条件限制，在人类历史上很长一段时期内，只要采取一些物理和人员上的适当管制措施，就可以防止个人数据被不当收集、处理及利用。但在现代社会，尤其伴随人工智能、云计算、大数据等信息技术的不断发展进步，个人数据的处理逐步走向常态化、动态化、规模化。个人数据的广泛处理增进了公私机构和社会的福祉，但同时也对个人的自由和正当权益构成潜在的威胁。

一、人工智能时代的社会变革

当前，新一轮科技革命和产业变革蓬勃发展，网络化、数字化、智能化加速推进。作为引领未来的战略性技术，人工智能成为新一轮科技革命的重要驱动力量，成为当前国际竞争的新焦点和经济发展的新引擎。人工智能在极大提升人类生产生活水平的同时，对人类生存空间、社会生产要素、社会权力结构等均带来重大革新。

（一）虚实同构的双重空间

一部人类文明发展史，同时也是人类生存样态变化史。人类基于所掌控的技术水准建立起来的社会形态，伴随着技术的进步不断跃升，而每次重大的社会革命都会对人类生活产生深远影响。无论是人类历史上经历的漫长的石器时代、农业社会，还是近几百年来的工业社会，人类利用技术来竭尽所能地提升自己的活动能力和范围，但未超出自然物理空间。计算机、互联网技术的发展引发人类社会的信息革命，不仅使人类在自然物理空间中的活动能力得到空前提升，更为人类活动开辟了一个新的空间——

---

[1] [英]戴恩·罗兰德、伊丽莎白·麦克唐纳：《信息技术法》，宋连斌、林一飞、吕国民译，武汉大学出版社2004年版，第297页。

虚拟空间。

过去几十年，人类借助互联网，参照现实社会模型将生活中的场景逐步搬到网上，在畅游网络世界的同时也为自己创制了另一重身份。近年来出现的大数据、云计算、移动通信、人工智能、元宇宙等新技术、新业态，推动了网络空间的爆炸式发展，正在引导人类向人工智能时代迈进。在智能终端我们不需要每次退出特定应用程序，从网络时代初期的不断登录、离线转向了永远在线。人们越来越享受新技术带来的联络、购物、支付、出行等现实生活便利，同时也将越来越多的时间和精力投入网络空间，有意无意中制造出与个体相关的海量数据。

遥望未来，我们当前仍处于信息社会的初期，随着移动通信技术、传感器、新材料等的快速进步与迭代，万物互联的时代正频频向我们招手，虚拟世界与现实世界将会实现实时互动，相互嵌入、相互塑造并融为一体，线上线下将毫无区别，最终颠覆性地重塑人类的生存样态，形成虚实同构的新人类世界。[1]有学者指出，当前这个尚难以准确描述的时代，从基础设施视角看是"互联网+"的时代，从计算模式视角看是云计算时代，从信息资源视角看是大数据时代，从信息应用视角看是人工智能时代。[2]受信息技术发展的网络化、泛在化及智能化驱动，互联网及其延伸正在导向人—机—物融合的新时代。而这一切形态均围绕一样事物展开，那就是数据。人们通过对海量个人数据的收集、分析，可以从中不断发现新规律并用以对未来情况进行预测。这种数据处理方式的变革改变了人类认知世界的方式与视角，正重塑人们的生活样态。

这是最好的时代，也是最坏的时代。我们经历着新技术带来的快速社会变革，见证着人类由物理栖息地向数据空间的划时代大迁徙，也面临着前后社会交替间的彷徨与不安，承受着新旧秩序破立之间的混乱与不适。网络空间的线上生存本质上是一种数字化的生存方式，人们尽情体验在线

---

〔1〕 马长山："智能互联网时代的法律变革"，载《法学研究》2018年第4期。

〔2〕 梅宏："软件定义的时代"，载科学网，http://news.sciencenet.cn/htmlnews/2017/6/380886.shtm? id=380886，最后访问时间：2022年3月25日。

交流、网络表达、快捷购物、虚拟娱乐等服务，但随之产生的数据也全方位地覆盖了从摇篮到坟墓的全部个人生活，形成互联网中的"数字人"和"虚拟人格"，数据取代物理世界的行为成为人格的标识和标签。互联网技术正向"连接一切"和"任意连接"两个方向发展。电子设备作为人类身体的延伸，使得人和设备、设备和设备实现了任何时间、任何地点的连接。对未来一代而言，这种"电子移民"会更加彻底和完全。当他们与信息空间切断时，会愈加感到被剥夺、被驱逐甚至感到身体缺陷，犹如鱼儿失去了水。而对信息技术接受力较弱的群体而言，已经切实感受到信息获取、生活场景中的不便利和不平等性。

日光之下并无新事。回望过去，农业社会、工业社会以物为基础，个人拥有的最有价值物是劳动，统治者控制了土地和资本就可以驱使他人为自己劳动以创造价值；而信息社会以人为基础，个人拥有的最有价值物是数据，掌控海量个人数据的控制者将成为统治者。批判地看，置身虚拟世界的人似乎是互联网的主角，实际上却可能已经降维成为互联网世界的"原料"和"产品"。以跨国互联网企业为代表的数据控制者通过收集、控制、处理海量数据，构建起一个个"数据帝国"，而个人数据的主体则不可避免地化身为帝国属民，不得不"以数据换生存"、"以隐私换便利"。在此虚实同构的双重空间中，与个人数据相伴的价值与风险，成为个人数据保护研究的前提性和基础性问题。

(二) 个人数据价值的深度挖掘

掌握信息、了解情况是进行决策的前提，而数据资源是这一切的基础。无论是在人类文明走过的数千年历史中，还是在当今这个信息化社会，个人数据对于政府治理、社会管理和市场交易均具有重要的公共价值和商业价值。计算机、互联网诞生以来，特别是以大数据、人工智能等为代表的新技术迅速发展应用，全球数据呈现出爆发增长、海量集聚的特点。个人数据的价值随之凸显，被视为互联网产业的"新石油"、数字时代的"新货币"。个人数据应用正全面渗入政治、经济、社会、文化等各领域，"已不仅是人们获得新认知、创造新价值的源泉，还进一步成为改变市场、组织机构乃至政府与公民关系的方法"。[1]

1. 个人数据的公共价值

在政治统治中，对个人数据的大规模收集古已有之，其中最典型的方式是对国家人口信息的调查统计。为国之要，在于得民；得民之道，必先知民。欧美国家对于个人数据的调查统计有着悠久的历史。为实现征税目的，英国于11世纪进行了人口与财产大清查。[2]瑞典早在20世纪中期就建立了记录个人信息的公民身份号码系统。"二战"结束后，随着政府职能的增强和科技的发展，欧洲国家普遍开始大规模收集、处理、储存个人数据，建立了大量政府数据库，并广泛应用于政治选举、税款征收、刑事侦查、社会保障等公共事务中。瑞典于1963年开始计划建立国家数据库，以记录人口、土地、机动车以及警察档案等信息。[3]20世纪70年代初，联邦德国各州政府相继建立起公民信息数据库，其中黑森州是第一个建立州层级个人数据库的。[4]法国政府于1974年推行国家数据库计划，建立统一的公民身份号码系统，在公共注册、电脑网络等领域使用。[5]自20世纪90年代起，全球兴起了一场政务革命。政府为改善公共服务、提高透明度，积极运用新兴信息通信技术，从而提高政务效率、降低政务成本。2000年，欧盟提出"电子欧洲"计划，力图整合欧盟层面与各成员国的一体化信息化建设，推动欧洲电子政务的发展步入快车道。[6]

毫无疑问，个人数据在政府治理中的价值越来越难以替代。第一，个人数据应用有助于提高政府的决策能力和水平。通过运用先进的数据处理

---

[1] [英]维克托·迈尔-舍恩伯格、肯尼思·库克耶：《大数据时代 生活、工作与思维的大变革》，盛杨燕、周涛译，浙江人民出版社2013年版，第27页。

[2] See James P. Nehf, *Recognizing the Societal Value in Information Privacy*, 78 Washington Law Review 8 (2003).

[3] See Colin J. Bennett, *Regulating Privacy: Data Protection and Public Policy in Europe and the United States*, at 47 (Cornell University Press, 1992).

[4] See Colin J. Bennett, *Regulating Privacy: Data Protection and Public Policy in Europe and the United States*, at 48 (Cornell University Press, 1992).

[5] See David H. Flaherty, *Protecting Privacy in Surveillance Societies: the Federal Republic of Germany, Sweden, France, Canada, and the United States*, at 166 (University of North Carolina Press, 1989).

[6] 刘品新：《网络法学》，中国人民大学出版社2009年版，第73页。

技术，政府可以基于对大规模个人数据的动态、立体分析，快速发现和预测问题、风险，进而精准施策，提升决策的及时性、科学性、针对性、有效性。第二，个人数据应用有助于政府简政放权、履行服务职能。提供公共服务是现代政府的一项重要职能，个人数据中蕴藏着政府服务对象的真实需求，建立政府部门数据共享机制，打破"信息孤岛"，以"技术治理"助推简政放权，是提升政府服务质量的重要机遇。第三，个人数据应用有助于扩大民主参与，提高政府透明度。互联网的发展为公众参与政府决策提供了更为便捷的平台和渠道，政府在与公众的网络互动中收集的个人数据代表了民意诉求。通过政府与公众的互动参与，可以更好地发挥公众的力量，帮助政府解决棘手问题，实现多元共治，大大提升政治透明度。

随着人工智能技术的发展，个人数据应用范围逐步扩张，且应用价值不断提升。个人数据汇集而成的大数据已被应用于个性化医疗、流行病预测、智能交通、社会治安、环境保护等愈加广泛的社会场景，为提升公共服务创造更大技术红利。在社会公共领域嵌入个人数据应用，有效解决了传统社会公共服务中的瓶颈问题，提高了社会公共服务质量。比如，地图、导航软件收集的个人数据可以与交通管理部门掌握的数据相互补充、相互印证，实时整合车辆信息，缓解交通拥堵问题。

在较有代表性的医疗卫生领域，大数据已然大有作为。通过挖掘已有病例数据中的规律，腾讯公司开发的人工智能医学影像诊断产品，可实现食管癌、肺癌的早期筛查，准确率高达97%。2020年1月15日，国内首个应用人工智能技术的三类医疗器械"冠脉血流储备分数计算软件"获批上市。[1]这类产品的临床应用可大幅缓解医疗资源紧张和误诊误判的医疗事故问题。通过大数据技术将医疗仪器用于精准分析病人体征，亦可优化

---

[1] 2020年1月15日，科亚医疗旗下公司研发的产品通过器审中心审批，这是我国首个应用人工智能技术的三类器械过审，该产品是基于冠状动脉CT血管影像，由安装光盘和机密锁组成，该技术采用的是无创技术，可以降低患者多项不必要的手术成本，并且可以缓解患者的痛苦。参见"人工智能技术在医疗领域应用"，载中南检验，https://csmedlab.com/2020/06/12/%E4%BA%BA%E5%B7%A5%E6%99%BA%E8%83%BD%E6%8A%80%E6%9C%AF%E5%9C%A8%E5%8C%BB%E7%96%97%E9%A2%86%E5%9F%9F%E5%BA%94%E7%94%A8/，最后访问时间：2022年4月13日。

医疗方案，减少过度治疗或治疗不足。通过整合病例数据和健康数据，大数据能够更加精准地帮助医学实践研究，例如医学数据科学家借助大数据可根据有限特征（如击打键盘的特征）判断个体罹患特定疾病的风险。[1] 而在卫生管理层面，个人数据的收集、处理有助于预测和监控流行病，Google 开发的流感、登革热等流行病预测应用，通过对公众搜索数据的智能分析，可比官方机构提前一周发现疫情暴发状况。[2]

与此同时，信息技术和大数据已大幅渗入司法领域，"个人数据被广泛地用在法律制度的各个层面"。[3] 在司法判案中，大数据技术除具有类案推送、量刑辅助、裁判文书自动生成、虚假诉讼识别、判决结果预测、诉讼风险评估等功能外，还可实现类案自动关联、法律法规推送，为法官工作提供个性化、精细化、智能化服务，便于统一法律适用标准，避免"同案不同判"。[4] 美国已将自动化个人数据处理应用到量刑、保释、假释等决策中，由计算机综合挖掘犯罪嫌疑人的个性、年龄、种族、教育水平等近百种指标，为法官量刑提供建议。[5]

2. 个人数据的市场价值

个人数据的商业价值与大规模的数据积累及数据分析处理技术的水平密切相关。据中国信息通信研究院统计，2020 年，全球数字经济增加值规模已达 32.6 万亿美元。在中国，2020 年数字经济产值已超过国内 GDP 的 30%，其中新一代信息技术的贡献功不可没。[6] 如今，Google、Facebook、百度、腾讯、阿里巴巴等互联网巨头每天处理的数据量高达数百上千 TB，全世界每年生产的数据量约为 4000 万万亿字节，远超人类社会过去 5000

---

[1] 赵阳光：《医疗人工智能技术与应用研究》，载《信息通信技术》2018 年第 3 期。
[2] [英] 维克托·迈尔-舍恩伯格、肯尼思·库克耶：《大数据时代 生活、工作与思维的大变革》，盛杨燕、周涛译，浙江人民出版社 2013 年版，第 3 页。
[3] 於兴中：《当法律遇上人工智能》，载《法制日报》2016 年 3 月 28 日，第 7 版。
[4] 孙晓勇：《推动深度融合 助力智慧治理 让大数据更好为司法赋能》，载中国人大网，http://www.npc.gov.cn/npc/c30834/202104/5d64bfc252d04cc49262bc6fc6a933b1.shtml，最后访问时间：2022 年 4 月 13 日。
[5] 郑戈：《算法的法律与法律的算法》，载《中国社会科学文摘》2019 年第 2 期。
[6] 《全球数字经济白皮书——疫情冲击下的复苏新曙光》，载中国信息通信研究院，http://www.caict.ac.cn/kxyj/qwfb/bps/202108/t20210802_381484.htm，最后访问时间：2022 年 4 月 13 日。

第一章　人工智能时代欧盟个人数据保护的现实挑战

年所生产的数据总量。面对如此惊人的庞大数据，"通过对这些数据进行系统地加工并且正确地阐释，可以使人们对个人或者群体的行为乃至思想进行深入的推断"。〔1〕数据就是竞争优势的理念成为商业领域的金科玉律，个人数据在市场营销、内容推荐、用户标签、产品创新等领域显现出巨大的商业价值。

个人数据应用显著提升了市场营销效率，引导商业决策。早期的市场营销兴起于19世纪的商业广告活动，商家通过报纸、杂志、广播电台、电视等向潜在客户推介自己的产品或服务。由于对潜在客户的认知难以精准定位，商家不得不采取"广撒网"的模式面向大规模公众开展广告营销，这种方式不仅成本巨大，对于目标受众的影响也难以评估，效果大打折扣。因此，识别潜在客户、针对目标群体有的放矢地进行推介的定向广告开始勃兴。同时，经由对个人数据的收集、筛选、分析，精准识别目标受众，不需中间媒介，直接由商家向客户进行的"门对门营销"或"一对一营销"模式也在不断发展，此即直接营销，早期主要依靠电话和邮件渠道。互联网的发展，尤其是社交网络和算法技术的发展，极大促进了市场营销的方式变革。商家通过收集人们在互联网上产生的各类数据，借助技术手段分析处理，可以掌握用户的经济水平、兴趣偏好、行为模式等特征，从而对目标客户定点推送广告，进行有针对性的产品或服务营销，这就是个性化广告模式。个性化广告不仅能够避免浪费广告投入，还可以"俘获"更多更忠诚的消费者，从而大幅提升企业的利润。数据创新中心报告指出，个性化广告的点击率是非个性化广告的5.3倍，如禁止个性化广告将减少欧盟160亿欧元的数据驱动广告收入，导致应用程序开发者减少60亿欧元的广告收入，欧洲消费者将面临相关度更低的广告、更低质量的在线内容以及更多的付费场景。〔2〕研究数据显示，eBay购物网站通过优化广告投放，网上产品营销的广告费用降低了约99%，而销售额却节节攀

---

〔1〕〔德〕罗纳德·巴赫曼、吉多·肯珀、托马斯·格尔策：《大数据时代下半场　数据治理、驱动与变现》，刘志则、刘源译，北京联合出版公司2017年版，引言第9页。

〔2〕See Center for Data Innovation, *The Value of Personalized Advertising in Europe*, available at https://www2.datainnovation.org/2021-value-personalized-ads-europe.pdf, last visited 31-05-2022.

升。[1]

个人数据应用对于商家开发新产品、改善服务水平也具有重要价值。如上所述，商家通过对个人数据的收集、处理，提取准确、真实、有效的客户信息，挖掘数据背后隐藏的客户特征，可以实现对客户和市场需求的精准、动态掌握，进而及时作出反应，优化服务体系，创新市场产品，甚至为客户提供个性化的产品定制与服务，使客户获得更适合的产品、更优质的服务，增强用户黏性，创造商业利润。比如，高德地图通过用户共享的众包数据和出租车、物流车等提供的行业数据，实时掌握交通状况，不断优化导航服务。[2]

近年来，为更好地开发利用海量个人数据的商业价值，很多互联网企业开始聚焦研发数据产品，将个人数据中蕴藏的有价值信息加工为便于使用的产品，为有数据使用需求的企业提供服务。而随着移动互联网的普及和应用程序社交属性的拓展，个人数据对于公众选择产品和服务的影响也越来越大。比如，人们在网上购物时，往往首选用户好评率高的商家，用户对于商家产品或服务的文字评价及"晒图"推荐等，也对消费者评估商家信誉具有重要价值。而在自动驾驶、聊天机器人等场景下，个人数据又是算法模型的重要训练数据，海量多样的数据处理有助于推动智能产业快速发展，释放数字经济发展潜力。

（三）人工智能时代数据权力的兴起

伴随人工智能时代新兴技术的深入发展，物联网传感器、人脸识别等技术应用无处不在，个人数据日益成为人们赖以生存和发展的新型资源。这种资源的特性在于其控制者经过资源的开发和使用可对其他个体的认知、判断和行为施以控制。从商品购物、新闻获取、教育医疗乃至政治选举，无一不可实现。在人工智能时代，个人数据的利用与保护不仅与个体

---

[1] 李国杰、程学旗："大数据研究：未来科技及经济社会发展的重大战略领域——大数据的研究现状与科学思考"，载《中国科学院院刊》2012年第6期。

[2] 徐红："高德地图：交通大数据越来越'懂你'"，载参考消息，http://www.cankaoxiaoxi.com/china/20170401/1839661.shtml，最后访问时间：2022年2月22日。

有关，而且与整个社会运行机制和权力结构相关联。[1]

当下技术和数据的掌控者通过虚拟世界的代码运作实现了后现代哲学家福柯所描述的现代权力控制。在《规训与惩罚》一书中，福柯描述了一种现代权力，即通过矫正个人日常生活中的微小习惯来实现规训民众的目的。如在监狱的监禁过程中，通过对犯人身体持续地监控、有意地训练与不断地矫正来塑造"驯顺的身体"。同样的运作方式蔓延至军队、医院、工厂、学校乃至社区等各类社会场所，最终形成了福柯设想中的规训社会。[2] "依据数据对其场景化行为的评价反过来进一步成为影响其未来活动的重要约束力量。"[3] 此举逐渐演变成为一种新型的社会权力——数据权力。凭借数据权力，以互联网巨头为代表的私人主体成为数据主体的重要威胁，其收集个人数据的能力甚至超越了国家公权力。美国行为研究和技术研究所研究显示，经过技术设计的有政治偏见的网络搜索排名可以改变中间选民的投票取向，而平台界面可经数字技术精心设计而相对隐蔽，以致平台用户很难意识到自己被操纵。[4]

在虚拟空间中，少数互联网巨头拥有对海量数据进行聚合及深度分析的能力，他们凭借技术壁垒、数据霸权掌控着信息社会的数据开发与规则制定，逐步接管原本由政府承担的大量公共管理职能，衍变为新的公共治理主体。[5] 例如互联网电子商务中的主体间商业纠纷的替代性纠纷解决机制问题，对被遗忘权和言论自由的审查、平衡问题，隐私政策、商家运营

---

[1] 王锡锌："个人信息国家保护义务及展开"，载《中国法学》2021年第1期。
[2] [法] 米歇尔·福柯：《规训与惩罚》，刘北成、杨远婴译，生活·读书·新知三联书店1999年版，第235页。
[3] 胡凌："超越代码：从赛博空间到物理世界的控制/生产机制"，载《华东政法大学学报》2018年第1期。
[4] See Froomkin A. M., *The death of privacy*, 52 Stan. L. Rev. 1461, 1479（1999）.
[5] 例如，在冈萨雷斯诉Google案确立被遗忘权后，用户申请删除信息的，需要数据控制者在被遗忘权和信息自由、新闻自由间的利益衡量作出判定。为了打击电信诈骗，公安部与腾讯公司合作建立了"麒麟系统"，对全国范围内的基站运行实时监测系统。阿里集团与公安部刑侦局合作建立了"钱盾"反诈骗平台，其与公安部合作推动建立的"团圆系统"，作为一个新技术驱动下儿童失踪信息紧急发布的平台，通过接入新浪微博、高德导航、支付宝，实现了广泛的社会治理合作。参见樊鹏："利维坦遭遇独角兽：新技术的政治影响"，载《文化纵横》2018年第4期。

规则的制定问题，网约车平台对司机资质的审查管理问题等。可以说，互联网执行着不同于现实空间的另一套技术逻辑。在网络空间，立法者是程序设计师，不是立法机关；执法者是技术人员，不是行政机关；裁判依据是数据代码，不是法律规范。因此，少数巨型企业逐渐拥有了类似国家权力的准立法权、准行政权和准司法权，并可能同时扮演着规则制定者、纠纷解决者和利益相关者的角色。有学者认为，诸如 Google、Facebook 之类的大型跨国互联网运营商，在个人隐私、言论自由等领域拥有着远超任何君主、总统或法官的巨大权力。[1]

在技术力量面前，国家的立场和行为也在发生转变。基于降低成本、提高效率的需要，传统的政治国家开始积极拥抱和接纳大数据技术，国家治理越来越多地借助大数据予以实现。例如，政府可能利用互联网公司所掌控的海量的、动态的大数据替代传统的人口普查，也可能利用区块链技术进行征税。[2]人工智能司法、智慧城市建设亦将公权力导入算法等大数据技术之中，实现了权力流程再造和权力向技术力量的外溢。西方国家的新技术力量正积极凭借自身技术优势介入政治活动，极大程度上推动了"技术统治"。美国民主党在大选中积极主动与技术公司展开合作，利用大数据技术记录和分析政治对手口中的"每一个字"，借此可迅速识别细小的差异并给出对策建议。[3]而面对技术的强势渗入，公权力展现出"接受却难以控制"的状态。在剑桥分析事件后扎克伯格参与的"世纪听证会"上，整个长达 4 个多小时的质询中，美国媒体更多捕捉到这样的画面：资深立法者们对于网络平台和数据的了解可能比他们想象的要少很多。而这种认知鸿沟也普遍存在于监管者与数据控制者之间，数据控制者与数据主体之间。

总体来看，"技术赋权"和"数据集聚"现象加剧了国家功能变迁，政

---

[1] See Rosen Jeffrey, *The deciders*: *The future of privacy and free speech in the age of Facebook and Google*, 80 Fordham L. Rev. 1525 (2011).

[2] 樊鹏："利维坦遭遇独角兽：新技术的政治影响"，载《文化纵横》2018 年第 4 期。

[3] 樊鹏："利维坦遭遇独角兽：新技术的政治影响"，载《文化纵横》2018 年第 4 期。

治国家中心主义开始衰退,"公"与"私"之间的边界逐渐模糊。[1]托依布纳指出,当旧的国家行动按照市场方式组织起来时,私有化就构成了新的挑战,因为威胁基本权利的如今不再是国家行动,而是私人行动。[2]所以说在人工智能时代,数据主体不仅处于国家权力的监控之下,更深陷数据技术这一"柔性极权"之中。

二、欧盟个人数据保护的新形势背景

伴随人工智能等新一代产业技术革命快速发展,欧盟积极推动技术主权话语下的数字化转型战略,布局数字基础设施建设和相关政策立法,进而成为欧盟个人数据保护实践的新背景和新需求。

(一)技术主权引领下的数字化转型战略

为全方位提升数字经济全球竞争力,欧盟先后发布了一系列数字化转型战略与发展规划。2015年,欧盟委员会提出"单一数字市场"战略,目的是通过一系列方案消除欧盟境内数据流动障碍,将成员国市场打造为一体化数字市场,以加快繁荣欧盟数字经济。2018年,欧盟发布《欧洲人工智能》战略文件,[3]将"以人为本"确立为欧盟人工智能发展的基本价值理念,推动欧盟人工智能的技术研发、伦理规范与投资规划。2020年,欧盟紧锣密鼓地发布了指引欧洲适应数字时代的战略文件,包括《塑造欧洲的数字未来》《欧洲数据战略》《人工智能白皮书》《欧洲新工业战略》等,全方位多层次为欧洲不同领域的"数字化转型"设计了详细的政策目标和实施方案。2021年3月初,欧盟发布了《2030年数字罗盘:欧洲的数字十年之路》,[4]书写了未来十年欧盟实现数字化转型的目标、愿景和

---

[1] 齐延平:"论人工智能时代法律场景的变迁",载《法律科学》2018年第4期。

[2] [德]贡塔·托依布纳:《宪法的碎片 全球社会宪治》,陆宇峰译,中央编译出版社2016年版,第37页。

[3] See European Commission, *Artificial Intelligence for Europe*, available at https://eur-lex.europa.eu/legal-content/EN/TXT/? uri=COM:2018:237:FIN, last visited 13-04-2021.

[4] See European Commission, *European's Digital Decade*, available at https://digital-strategy.ec.europa.eu/en/policies/europes-digital-decade, last visited 20-04-2021.

路径。

首先，欧洲数字化转型以"技术主权"为重要价值引领。欧盟委员会主席乌尔苏拉·冯德莱恩指出，欧洲数字化转型无论是在设计上，还是在本质上，都应当是欧洲式的，[1]强调应遵循自身价值观及本土规则，即维护欧洲的技术主权。技术主权的构想源于对"欧洲战略自主"概念的延伸与阐发，其理论基础是传统的地缘政治理论、"经济与技术民族主义"观点和"干预主义"模式。[2]欧盟希望在人工智能和数字通信等尖端技术领域占据世界领先地位，自主掌控数据信息，并能够主导国际技术标准与法律规则体系的战略追求。有研究指出，欧盟对技术监管的态度由此前的放任转变为积极干预，在逐渐成为地缘政治经济博弈的数字空间中，欧洲必须保护其价值观、自身利益和公民权益。[3]

其次，欧盟的数字化转型注重经济收益与社会利益并重。伴随欧盟数字市场建设的逐步推进，个人数据保护、平台巨头垄断等问题日益凸显。在 GDPR 经验的基础上，《欧洲数据战略》《人工智能白皮书》等均进一步提出明确的立法规划。例如针对大型网络平台收集、处理、共享数据中损害竞争和创新的《数字服务法案》《数字市场法案》，旨在激励各方主体共享数据的《数据法案》等。欧盟希望通过其建立的数据保护、非歧视等基本人权体系、消费者权益保护、产品安全、责任规则等法律框架，持续监管包括个人数据处理、人工智能等在内的信息技术发展，并在《人工智能白皮书》《人工智能法案（草案）》中进一步提出通过新的监管框架来增强人们对人工智能的信任。

最后，欧盟数字化转型强调塑造本土特色，希望搭建一条不同于中美的"欧洲路线"。欧盟数字化转型确立了"服务于人的技术""公平竞争

---

[1] 洪延青："欧盟委员会主席首提'技术主权'概念"，载安全内参，https://www.secrss.com/articles/17295，最后访问时间：2022 年 4 月 13 日。

[2] 忻华："'欧洲经济主权与技术主权'的战略内涵分析"，载《欧洲研究》2020 年第 4 期。

[3] *Europe's digital sovereignty：From rulemaker to superpower in the age of US-China rivalry*，available at https://www.telefonica.com/en/wp-content/uploads/sites/5/2021/06/Collection-of-essays.pdf, last visited 13-04-2022.

的经济"以及"开放、民主和可持续的社会"三个关键目标，以确保欧洲能够在自身价值引领下进行数字化转型。一方面，从数字化转型的重点来看，欧盟意图以优势制造业为抓手，在产业升级战略中重点支持传统制造业的数字化转型。另一方面，从价值取向来看，欧盟既不认同美国将数据治理交由企业自治的自由放任做法，也不偏好中国政府和大型网络平台对数据空间的广泛介入。欧盟既要追求数据的自由流通和数字市场的完整性，又要在未来数字化转型进程中坚守"欧洲价值观"。[1]

（二）输出规则：力图主导国际数字治理走向

欧盟缺乏大型平台企业，通过规则抵制美国等国家对欧盟本土数据利益攫取，消除国家安全威胁，是欧盟重要的战略方向。

第一，保障个人数据权利，推动数据流动共享。数据规则方面，欧盟以建构"单一数字市场"为目标，相继发布 GDPR 和《非个人数据自由流动条例》《数据治理法案》《数据法案》等立法文本，在数据利用中的个人自决权、数据市场公平性、数据流通共享等方面构建完善的法律体系框架，将欧盟打造成全球数据赋能社会的引领者。一是将个人数据保护权作为基本权利予以保障，明确数据利用的最小化原则、目的限制原则、透明度原则等内容，确立了关于个人数据保护的权利、义务和监管职责等基本制度，成为欧盟在构建整体法律制度时必须遵守的总体原则。二是促进非个人数据欧盟境内自由流通，不允许欧盟成员国进行本地化限制。在处理公共部门数据的特定情况下，成员国必须向委员会通报已有的或计划中的数据本地化限制措施。同时，确保数据在欧盟境内可因监管目的而被跨境使用，鼓励在欧盟层面建立数据服务提供商"自我规制的行为准则"。三是促进欧盟内部数据共享，从公共机构数据共享、数据中介机构、数据利他主义三个方面确立明确、实用和公平的数据访问和再利用规则，确保在符合欧洲公共利益、保障数据提供商利益的前提下，促进数据共享信任、改善数据可用性、克服数据重复利用的技术障碍。

第二，规范数字平台发展，维护竞争社会秩序。针对数据垄断、信息

---

[1] 丁纯："欧盟数字化转型的特征与启示"，载《人民论坛》2021 年第 25 期。

内容风险等问题，欧盟加大对互联网平台的治理力度。2020年12月，欧盟委员会公布《数字服务法案》和《数字市场法案》，为网络平台制定了一套全面的新规则。《数字服务法案》将平台分为中介服务提供商、托管服务提供商、在线平台和大型在线平台四种类型，并设定了与其能力和规模相称的义务。其中，在欧盟内月活用户高于4500万的在线平台被认定为大型在线平台，包括每年对平台重大系统性风险进行评估、接受独立第三方合规审计、在用户协议中说明推荐算法的主要参数，赋予用户退出个性化推荐以及选择或修改推荐系统首选选项等权利。同时，设置国家服务协调员委员会，对大型平台享有监管权力。[1]《数字市场法案》旨在解决守门人（Gatekeeper）对数字市场竞争带来的负面影响。法案从市场规模（如年营业额或平均市值）、月活终端用户或年活企业用户，以及是否有持久牢固地位三大量化指标对守门人加以界定。在数据方面，法案要求不得将核心平台服务的个人数据与守门人其他个人数据、第三方服务的个人数据合并使用。对用户在平台活动中产生的数据提供有效的可携带保障，包括所需技术工具。[2]

第三，规制新兴技术风险，明确数据使用要求。2021年，欧盟发布《人工智能法案（草案）》，旨在对人工智能系统出台切实可行监管框架，标志着欧盟对于人工智能的监管正从理论探讨走向实践立法阶段，反映了欧盟建立数据监管框架的需求以及在人工智能风险和利益中寻求平衡的探索。[3]法案宽泛定义了人工智能系统，根据风险将人工智能系统划分为不可接受（对基本人权和社会公平构成明显威胁）、高风险（可能危及公民

---

〔1〕 See European Commission, *The Digital Services Act: ensuring a safe and accountable online environment*, available at https://ec.europa.eu/info/digital-services-act-ensuring-safe-and-accountable-online-environment_en, last visited 13-04-2022.

〔2〕 See European Commission, *The Digital Markets Act: ensuring fair and open digital markets*, available at https://ec.europa.eu/info/strategy/priorities-2019-2024/europe-fit-digital-age/digital-markets-act-ensuring-fair-and-open-digital-markets_en, last visited 13-04-2022.

〔3〕 See Jones Day, *Regulating Artificial Intelligence: European Commission Launches Proposals*, available at https://www.jonesday.com/en/insights/2021/04/regulating-artificial-intelligence-european-commission-launches-proposals, last visited 22-06-2021.

人身安全及基本权利)、有限风险(具有特定透明度义务)、极小风险(提供简单工具性功能)四个风险等级,构建起以风险为基础的四级治理体系,等级越高的应用场景受到的限制越严格。对"高风险"人工智能的开发、部署和应用等"全生命周期"提出风险评估、审查、透明度等多重合规要求。《人工智能法案(草案)》体现欧盟利用规则确保人工智能可信可控、着力维护欧盟技术主权的思路。[1]该法案与欧盟数据立法有效衔接,以保护人的基本权利为出发点,采取风险分析的区分方法,进一步明确人工智能系统的数据治理要求。

(三)硬件供给:充分开发数据要素价值

为充分发挥数据的经济效益、提升欧洲的战略自主权,欧盟强化了在基础设施层面需要努力的方向,减少对外国公司提供的数字基础设施的依赖,全面推进云存储、5G 网络和人工智能等领域基础设施建设,通过对数据的更多控制提高开发新产品和服务的能力,帮助欧洲中小企业发展壮大并提高竞争力。

在云存储方面,德法推出 Gaia-X 云平台,以替代 Amazon 和阿里巴巴等业内"超大规模"的美国和中国科技巨头,是欧洲将"技术主权"落地的重要举措之一。云存储是云计算的演变形式,是指借助网络、运用应用软件,为用户提供数据存储及访问功能的一个软硬件结合的数据集合系统。云存储本身并不是一种服务,它是为了实现数据存储服务功能而提供的一个系统支撑。[2]Gaia-X 项目设计是作为一个平台将几十家公司的云托管服务联合起来,让企业可以自由地移动他们的数据,所有信息都受到欧洲严格的数据处理规则的保护。欧盟认为,为了让欧洲现存的云服务供应商能够在数据共享的开源式应用中互联,构建享有主权并值得信赖的欧洲数据基础设施十分必要,Gaia-X 的重点便是为企业数据提供统一的 IT基础设施。

---

[1] 程莹、崔赫:"欧盟高风险人工智能监管的五个特点——欧盟人工智能法案(草案)初步解读",载《互联网天地》2021 年第 6 期。

[2] 齐爱民、祝高峰:"论云存储中数据安全的法律保护",载《重庆大学学报(社会科学版)》2017 年第 1 期。

在 5G 网络方面，欧盟委员会大力推动在欧洲部署 5G 网络基础设施建设。5G 时代进一步满足了海量物联网应用的多样化需求，在实现欧盟经济和社会的数字化转型中发挥核心作用。《欧盟 5G 网络安全风险评估报告》[1]显示，到 2025 年，全球 5G 收入预计将达到 2250 亿欧元，5G 技术和服务是欧盟能够在全球市场上竞争的关键资产。5G 网络的独立性是确保欧盟技术主权的关键要素。为减少对中美 5G 网络的依赖，欧盟大力部署 5G 网络基础设施建设，为激励私人投资创造条件，并弥合不同区域间的连通性和分散化问题，为促进欧洲单一数字市场创造条件。

在人工智能基础设施建设方面，2020 年 2 月，欧盟委员会提出超过 40 亿欧元的"数字欧洲计划"来支持高性能计算和量子计算，包括边缘计算和人工智能、数据和云基础设施。2020 年 4 月，欧盟对"欧洲高性能计算共同计划"作出相应调整，宣布投资 80 亿欧元旨在"为欧洲打造世界级的超算生态系统奠定基础，维持并提升欧洲在超算和量子计算领域的领先水平"。2021 年 4 月，欧盟委员会发布作为指导各成员国协调行动、共同实现欧盟人工智能发展目标的最新文件《人工智能协调计划 2021 年修订版》，提出要充分利用人工智能相关数据，开发其潜在价值；并推动关键计算基础设施建设，以提升人工智能相关能力等。[2]

三、人工智能应用中欧盟个人数据流转的风险

个人数据的价值和影响是在流转中产生、实现的。一般而言，数据流转过程由收集、处理、存储、加工、流通等多个阶段组成，这些阶段并非完全独立，而是互相交织的过程。伴随人工智能应用的深化和普及，个人数据处理风险与日俱增。欧盟相关战略文件指出，人工智能将越来越多地应用于公共服务和刑事司法领域，在娱乐、医疗和零售领域的使用将增

---

〔1〕 See European Commission, *EU coordinated risk assessment of the cybersecurity of 5G networks*, available at https://digital-strategy.ec.europa.eu/en/news/eu-wide-coordinated-risk-assessment-5g-networks-security, last visited 13-04-2022.

〔2〕 "人工智能基础设施发展态势报告（2021 年）"，载中国信息通信研究院，http://www.caict.ac.cn/kxyj/qwfb/ztbg/202201/t20220127_396271.htm，最后访问时间：2022 年 4 月 13 日。

第一章　人工智能时代欧盟个人数据保护的现实挑战

强，虚拟现实（AR/VR）技术将生成高度敏感数据；在未来5—10年，生物识别技术及各种形式的面部自动识别系统，都将对隐私和匿名性产生深远影响；5G技术和6G技术将使物联网成为可能，设备和数据的激增也会引发隐私和数据安全风险。[1]梳理和分析数据流转过程中的特性和问题，是理解个人数据保护领域利益诉求的前提和基础。

（一）个人数据收集阶段

数据收集是个人数据流转过程的必要初始程序，即取得数据主体个人数据的行为。未经数据主体同意，或在其不知情的情况下收集与使用目的无关的、不必要的个人数据损害了个人的自主利益，同时增加了数据被滥用的风险。随着大数据时代物联网、移动通信、生物识别系统、可穿戴设备等技术的发展，数据收集体现出精准化、全面化、简便化、隐秘化趋势，带来了更为深度、复杂的个人数据侵犯问题。

1. 数据收集的常态化

各种移动应用、智能技术的普及使得个人数据收集无处不在，如聊天记录、购物记录、位置轨迹、人脸数据等大量个人数据均存储于移动终端之上，随身携带的设备随时随地产生即时信息。这类数据收集由点状变为线状进而立体化为个人轮廓。以智能家居为例，从身体指标（如个人脸部特征、指纹、体温、心跳）、行为习惯（作息时间、饮食习惯）、个人喜好（音乐、电影）到社交网络（常用联系人）等，所有的个人生活轨迹均转化为数字进入后台。2017年德国修改《道路交通法》，允许完全自动化的汽车上路。但其中有关"黑匣子"存储的数据必须保留半年以上的规定引发争议，因为自动驾驶汽车上遍布的传感器和摄像头往往在未征得行人同意的前提下收集其个人数据。有学者用气泡室的物理现象描述这种数据实时收集的状态。[2]通常情况下颗粒运行路径是无法定义也不可见的，但由

---

[1] See European Data Protection Supervisor, *EDPS Strategy* 2020-2024：*Shaping a Safer Digital Future*, available at https://edps.europa.eu/data-protection/our-work/publications/strategy/edps-strategy-2020-2024-shaping-safer-digital-future_en, last visited 13-04-2022.

[2] 气泡室是一种装满了蒸馏水蒸气的容器，如果有一个活跃的颗粒穿行其中，与其接触的气体将会发生液化。

于气泡室的存在，我们得以探知颗粒的轨迹。人工智能时代的新兴技术为人类营造了完美的气泡室环境，生活中留下的各种痕迹使得我们的习惯、行为轨迹乃至心理变化、生理变化，从过去、现在到未来都变成"可见的"。

2. 数据披露的主动性

Facebook、Twitter 等社交网络的兴起利用了人们的社交天性与需求，使人们难以抵御新技术的磁场。哈佛大学科学家发现，当人们在公共场合（如在网络）谈论自己时，大脑高度兴奋的区域与人们通过食物、金钱、性得到满足感时大脑兴奋的区域是一致的。以往消极默存的个人隐私在互联网应用的驱动下焕发出积极利用的功能，回哺个人需求，并且不断地激发人们分享数据的欲望。在人类历史上，从来没有这么多的人向如此数量庞大的受众展示、记录和报道与自身有关的细节。人们一方面呼吁加强隐私保护，同时又主动分享大量电子痕迹，这一实践过程也潜移默化地重塑了人们对于个人隐私的微妙态度。美国皮尤研究中心的一份报告显示，用户对于自己的网络数据隐私日渐持有一种"言行不一"的行为作风——在清楚认识个人隐私安全重要性的同时，却完全不肯改变自身的网络行为来保护个人网络隐私数据。Amazon、共享经济等平台的兴起也在用便利交换用户数据。在针对具有良好教育程度和隐私认知的大学生的网络隐私调查中，受访者在准确意识到网络隐私数据重要性的同时也表示，在互联网商业关系中个人依然会选择让渡部分隐私以满足消费欲望。[1]面对商家利益的诱惑，个人数据的自愿转让也变得更为普遍。如个人应商家要求关注公众号、填写个人信息可获取折扣，使用支付账户登录共享单车可免押金等，实际是以个人数据为对价换取商家的让利。

3. 数据收集的隐蔽性

为躲避公众监督和政府监管，网络服务商通过不断开发新的技术，以极为隐蔽的方式跟踪用户、收集用户行为数据。目前已知的主要技术方式包括网页追踪（如 Cookies）、指纹识别等。网页追踪是指企业在用户浏览

---

[1] 申琦：《中国网民网络信息隐私认知与隐私保护行为研究》，复旦大学出版社 2015 年版，第 56~57 页。

网页时在该用户电脑中写入带有独特识别码的文件,可以将用户浏览过的网站、用户账号和密码以及用户浏览网页的习惯与偏好等浏览信息进行记录。实现网页追踪的技术文件始于互联网时代初期的信息记录程序("HTTP" Cookies),之后为了规避政府监管,广告商又发明出 Etags、Flash Cookies、HTML5 本地储存和 EverCookies 等技术。[1]跟踪技术的不断迭代源自网络服务商或广告商以更难被消费者察觉和阻挡的方式收集个人数据的需求。此外,云服务的出现使得个人数据远离个人终端,脱离个人控制。在云服务普及之前,用户的个人数据与资料通常保留在个人电脑终端,而在 Yahoo、Google 等云服务出现后,人们为了节约存储空间、避免数据丢失或为了使用便利,更加习惯和依赖云服务存储数据,且容易使用默认上传功能。云服务的广泛应用使得个人数据,包括电子邮件、照片、视频、文档等转移至个人电脑以外的其他服务器之上,个人往往并不清楚其个人数据的存储位置,也难以获知个人数据的使用情况。

(二)个人数据处理阶段

一旦个人数据被他人收集,就进入数据处理过程。数据处理[2]包括个人数据的编辑、加工、修改、封锁、存储、删除等行为。

1. 数据安全风险激增

在智能数字环境下,云计算、去匿名化技术的发展使得个人数据安全面临严峻挑战。云计算[3]以用户为导向,具有高动态和高可靠性,能够合理分配资源,但云数据中心的个人数据往往存在很多安全隐患。比如,如果在云计算基础架构中存在一些致命漏洞,会使得黑客乘虚而入。当海

---

[1] See Hoofnagle, Chris Jay, et al., *Behavioral Advertising: The Offer You Can't Refuse*, 6 Harv. L. & Pol'y Rev. 273 (2012).

[2] 需要说明的是,GDPR 中的数据处理采用广义概念,即数据处理行为包含了从最初数据收集到最终数据转让或销毁的所有环节。参见 GDPR 第 4 条第 2 款。而本节为便于清晰展示数据行为过程中的风险,因此采用了狭义数据处理的概念。

[3] "云"是一些可以自我维护和管理的虚拟计算资源。用户不必自己进行大规模投资,就能够几乎无限地获取满足自身需求的计算能力。云计算使得计算能力就像水、电、煤气一样,可以作为一种商品通过互联网进行流通,它使用方便,传输快捷,费用低廉。参见刘鹏:"云计算——将计算变成水和电",载《中国计算机学会通讯》2009 年第 10 期。

量的个人数据存储在一个大型云计算服务器上时，黑客通过一次攻击就可以对庞大数据取得控制。近年来因黑客攻击导致的海量用户数据泄露事件数不胜数，比如 Dropbox 安全漏洞事件、iCloud 信息泄露事件、数千家暗网（dark web）的托管公司 Freedom Hosting 被黑客攻击事件、职场聊天平台 HipChat 旗下一款云应用被黑客攻击事件等。云计算这种资源管理模式同时面临内部安全问题。由于云计算的数据存储完全由云计算提供商自行负责，意味着云服务提供商自身就可以直接获取用户的个人数据，或者对用户的个人数据进行分析、利用。[1]

匿名化技术的应用可确保在不识别到个人的前提下有效挖掘数据价值。但在数据种类和数据量不断增多的情势下，大数据技术使得数据内容交叉验证成为现实。计算机科学家能够将隐藏在匿名数据中的个人数据，利用技术手段毫不费力地进行"去匿名化"或"重新识别"。2006年，美国在线（AOL）在经过匿名化处理后公布了 2000 多万条旧搜索记录，本意是希望研究人员从中得出有趣的见解。然而，《纽约时报》在几天内即识别出一位 62 岁孤寡老人的个人身份。根据对在线影视出租服务的分析，科学家纳拉亚南和沙马提科夫发现，即使人们以匿名方式对公用网络电影进行评价，也有可能识别出评价者的真实身份。[2] 有学者认为，随着反匿名化技术的发展和互联网原初数据的无限扩张，不可逆的匿名化已经不太可能了。[3] 还有学者指出，传统的身份认证、访问控制及加密技术等手段在大数据面前已经捉襟见肘，传统上对隐私信息所采用的告知许可和匿名化、模糊化等手段也统统失去了效果。[4]

---

[1] 毛剑、李坤、徐先栋："云计算环境下隐私保护方案"，载《清华大学学报（自然科学版）》2011 年第 10 期。

[2] See Arvind Narayanan & Vitaly Shmatikov, *Robust De-Anonymization of Large Sparse Datasets*, at 111-125 (IEEE Symposium on Security and Privacy 2008).

[3] See Paul Ohm, *Broken Promises of Privacy: Responding to the Surprising Failure of Anonymization*, 57 UCLA Law Review 1701 (2010).

[4] [英]维克托·迈尔-舍恩伯格、肯尼思·库克耶：《大数据时代 生活、工作与思维的大变革》，盛杨燕、周涛译，浙江人民出版社 2013 年版，第 193~232 页。

2. 数据深度挖掘风险

随着大数据挖掘分析越来越精准、应用领域越来越广泛，政治集团和商业力量可能利用大数据技术操纵公众、谋求私利，影响个人自主性和人性尊严，个人数据保护问题也变得更为严重和迫切。

首先，深度挖掘增加了敏感信息的披露风险。大数据最本质的特征不在于"体量大"，而在于其"多样性"。多样性意味着数据的来源多，并且数据之间的关联性更强，容易实现数据间的交叉印证。它可以从那些当前的数据属性，推断目前不可知的属性，包括敏感数据。美国第二大零售商塔吉特公司针对孕妇群体所做的营销，已成为大数据时代广为热议的营销案例。该公司为提高营销精准率，通过分析顾客消费数据预测顾客偏好。这种精准营销方式又被称为数据画像（Profiling）。[1]塔吉特公司基于对顾客数据的挖掘分析，给一位美国高中女生邮寄了婴儿用品促销的优惠券，女孩的父亲发现后投诉塔吉特公司误导未成年人，而事实是女孩确已怀孕。[2]类似地，在一家影视公司启动的算法竞赛中，参赛者通过数据分析识别出了一名未出柜的同性恋者。[3]同时，数据画像变得越发容易。美国佛蒙特大学研究人员的一项研究显示，不必使用Twitter用户的个人账户数据，只需对与之互动率最高的9位Twitter好友的推文进行分析，就能够实现对用户的精准画像。

其次，数据深度挖掘中不公平使用现象突出。在商业领域，深度挖掘带来的个人隐私、自主侵害已成为常态。如网络平台基于利益需求，往往引导和激发用户跟随、效仿他们提供的某一选择，或者可以决定用户在社交媒体获取信息的先后顺序。在信用评分产品大肆应用的同时，信用评分

---

〔1〕 根据GDPR第4条第4款，数据画像（用户画像）是指为了评估自然人的某些方面而对个人数据进行的任何自动化处理，特别是为了分析或预测自然人的工作表现、经济状况、健康状况、个人喜好、兴趣、信用、行为举止、行迹或所在位置等而进行的处理。

〔2〕 See Kashmir Hill, *How Target Figured Out a Teen Girl Was Pregnant Before Her Father Did*, a-vailable at https://www.forbes.com/sites/kashmirhill/2012/02/16/how-target-figured-out-a-teen-girl-was-pregnant-before-her-father-did/? sh=6d8528286668，last visited 31-05-2022.

〔3〕 [英] 维克托·迈尔-舍恩伯格、肯尼思·库克耶：《大数据时代 生活、工作与思维的大变革》，盛杨燕、周涛译，浙江人民出版社2013年版，第199页。

标准、算法运作成为人们难以获知的黑箱，掩盖了任意评测、隐性歧视等问题。对益百利等三家美国征信机构的调查显示，在不同的征信局之间，至少有29%的用户评分会出现50分以上的差距，这意味着他们要在抵押贷款期间多付几十万美元的利息。而伴随大数据应用的普及，风险也由商业领域扩张至政治选举、司法裁判、警务预测等领域，潜在地操纵个人思想和行为。2018年欧盟GDPR正式实施前，剑桥分析事件的爆发进一步展示出人工智能应用的新型风险。在该事件中，政治势力雇用大数据公司投放政治广告，以较小的人力物力成本撬动政治活动，为特朗普胜选服务。该大数据公司还被指控参与包括英国脱欧、法国大选在内的多国民主选举活动。[1]一家航空公司的驾驶员称其曾先后80次在机场被拘禁，原因为机场人脸识别系统误将其识别为一位爱尔兰共和军领导。[2]在美国法院司法量刑软件应用中，部分内容被指控存在对少数种族的歧视问题。[3]各类新型数据处理方式已超出人类以往的想象和预期，成为个人数据保护的新型危机。复杂而又精准的数据处理似乎让部分公众悲观接受了"隐私已死""零隐私时代"的观点。有学者指出，"在数据深度挖掘之前，人仅仅由于行为才在法律面前显形；而现在，个人即使不作出任何行为，也在大数据的监控面前无所遁形"。[4]

3. 被遗忘的新生诉求

遗忘是人们生活中的常态现象，而由于全球网络和数字技术的发展，这一生活常识已经被打破。在云计算技术的支撑下，企业可以更为长久地

---

[1] 据英国《卫报》报道，2013年，一位同时在剑桥分析公司供职的剑桥大学心理学教授开发了一款可提供个性预测的应用软件，并将其链接至Facebook平台。有27万Facebook用户通过个人账户登录该软件，将自己的社交数据分享并同意"点赞""好友"等信息被用于"学术研究目的"，导致该测试的影响范围呈裂变式扩大。剑桥分析公司最终获得了超过5000万Facebook用户的数据，利用技术分析提取其个人喜好、政治倾向、宗教信仰等信息，并有针对性地精准发送"专属"政治广告。参见王如君："脸书'泄密门'持续发酵"，载《人民日报》2018年3月28日，第22版。

[2] 清辰："应建立第三方机构以管控作出糟糕决定的人工智能"，载搜狐网，http://www.sohu.com/a/125322861_465915，最后访问时间：2022年1月21日。

[3] 郑戈："算法的法律与法律的算法"，载《中国社会科学文摘》2019年第2期。

[4] 鲁楠："科技革命、法哲学与后人类境况"，载《中国法律评论》2018年第2期。

保存其收集的个人数据，以待日后挖掘。"如今，往事就像刺青一样刻在人们的数字皮肤之上，以往已然变成例外，相比之下记忆却成了常态。"[1] 2006年，一位25岁的美国女性应聘教师岗位被拒，理由是校方认为其在社交网站披露的一张醉酒且头戴海盗帽的照片与教师形象不符，易误导学生非法饮酒。当事人希望将该照片从网站上删除，但其个人网页已经被搜索引擎编录且被网络爬虫程序存档。对于当事人想要忘记的东西，互联网却使之成为长久记忆。[2]

在欧洲，有关数据遗忘问题一直存在较大争议。2010年，西班牙公民冈萨雷斯对Google和Google西班牙提起诉讼，要求对方删除Google搜索引擎中一项有关其个人的负面新闻链接。案件起因自1998年西班牙《先锋报》刊登了冈萨雷斯因无力偿还债务而遭到拍卖物业的公告。十几年后，冈萨雷斯发现，如在Google搜索他的名字，会出现链接指向该新闻网页，因此他希望删除这些负面信息。该案件一方面反映了数据的长久存储能力和呈现信息的便利性可能对个人权利产生的影响，另一方面体现了个人权利与公众言论自由、信息自由之间的冲突问题。面对互联网的无限期存储，每个主动抑或被动公开自己信息的人似乎都束手无策。永久记忆所带来的寒蝉效应对个人自由和权利的影响越发凸显。

（三）个人数据流通阶段

个人数据流通是指个人数据从一个数据控制者传输到另一个数据控制者的行为。个人数据流通分为境内流通和跨境流通。境内流通中，从私主体向公权力部门数据流通的过程深切影响个人数据保护，其中凸显公权力获取数据的范围、目的等权力限制问题；就跨境流通而言，实际关系到跨国公司及其政府对欧盟公民的跨境监控，危及国家利益和安全等问题。

1. 数据留存问题

数据留存是指对人们在通信活动过程中所产生的信息进行存储。在境

---

[1] [英]维克托·迈尔-舍恩伯格：《删除　大数据取舍之道》，袁杰译，浙江人民出版社2013年版，第5页。

[2] [英]维克托·迈尔-舍恩伯格：《删除　大数据取舍之道》，袁杰译，浙江人民出版社2013年版，第5~6页。

内数据流通中，数据留存是争议较大的问题之一，该问题因欧盟《数据留存指令》于 2014 年被欧洲法院宣布无效而受到更多关注和讨论。近年来，国际恐怖活动甚嚣尘上，尤其是在西班牙马德里恐怖爆炸案及伦敦公交系统遭遇恐怖袭击后，欧盟多国认为，欧盟亟须遏制恐怖主义活动，确保获得反恐、犯罪调查所需的通信数据。在此背景下，2006 年欧盟颁布《数据留存指令》，规定为反恐和调查严重犯罪需要，电信公司应将用户的通信数据保留六个月到两年。对于这些数据的整合可提供被留存人的确切信息，如日常生活习惯、生活居所、日常活动、社会关系、经常停留的场所等，使得公众会感觉个人生活受到持续监控。而司法机关对于所留存数据的制衡机制也极为有限，有的国家甚至直接授权执法机构可以从企业获取所需要的数据。在全球极端恐怖主义威胁与日俱增的形势下，对于隐私的保护往往不得不让位于国家安全。危害国家安全相关的敏感信息往往与其他各类信息储存在一起，想要在海量数据中找出与国家安全及严重刑事犯罪有关联的信息，可能意味着必须监控所有公民的个人数据。因此，是否以及在何种程度限制公权力部门获取个人数据，也成为欧盟个人数据保护面临的一大难题。

2. 跨境数据流动

基于国际数字贸易、跨境执法等需求，跨境数据流动成为丰富各国经济合作机制、促进全球经济发展的重要内容。然而数据跨境面临着日益严峻的主权冲突、跨境监控等问题。

2013 年发生的"棱镜门"事件成为欧盟改革跨境数据规则的导火索。当事人斯诺登是美国中央情报局的前雇员，他向外界揭露了美国情报机构实施的肆意监视、追踪民众私人关系和社会活动的"棱镜"项目。在该项目中，美国情报机构要求 Microsoft、Google、Facebook、Apple Inc. 等美国互联网公司以及一些大型通信服务商与其合作，向其提供大规模的用户资料以便其实施监控行动。[1] 奥地利的隐私活动人士马克斯·施雷姆斯随后

---

[1] "《2013 年美国的人权纪录》全文"，载中华人民共和国国务院新闻办公室官网，http://www.scio.gov.cn/ztk/dtzt/2014/2013nmgdrqjl/2013nmgdrqjl1/Document/1365462/1365462_1.htm，最后访问时间：2019 年 3 月 10 日。

向Facebook欧洲总部所在地爱尔兰当局提出申诉，指控Facebook参与美国情报机构实施的监控计划，非法追踪用户的数据资料。他认为，美国情报机构被揭露出的大规模网络监控行动，有力证明了美国的法律和实践并未充分保护欧盟公民的个人数据。因此，他要求爱尔兰的数据保护监管机构履行其法定职责，禁止Facebook爱尔兰公司将他的个人数据转移至美国。

这实际上凸显了欧盟在全球互联网领域所处的被动地位。一方面，美国的一些互联网企业堪称世界级巨头，凭借其技术优势主导互联网领域的"游戏规则"，大肆攫取欧盟成员国及其公民的数据利益，欧盟需要利用监管规则予以制衡。另一方面，欧盟未能培育出有实力的本地互联网企业，导致欧洲民众只能选用美国互联网企业的服务。大数据时代欧洲民众新的权利诉求与欧盟的互联网安全忧虑以及数据控制者的经济利益互相交织，政治、经济、科技等多重因素博弈其中，使得个人数据保护问题变得更为复杂。

第二章
人工智能时代欧盟个人数据保护的代际更替

面对不断革新的信息技术挑战,欧洲诞生了世界第一部数据保护立法,且始终高举个人数据保护立法领先旗帜,引领着世界范围的个人数据保护立法走向。总体来看,欧洲个人数据保护历经由个别国家为先导,再到国际立法融合国内法,最后在欧盟层面形成统一数据保护立法的发展历程。自1970年起,部分欧洲国家陆续制定个人数据保护法。[1]继此之后,国际性数据保护立法行动不断涌现。1981年,欧洲委员会《关于个人数据自动化处理的个人保护公约》(第108号公约,以下简称《108公约》)[2]颁布实施。1995年,经过近十年的激烈争论,欧盟通过了《关于保护个人享有的与个人数据处理相关的权利以及个人数据自由流动的指令》(第95/46/EC/号指令,以下简称《1995指令》)[3],用于引导各成员国制定明确、一致的数据保护立法。2016年,经过对《1995指令》近五年的立法改革,GDPR终于成型,并于2018年5月25日正式实施。

一、欧盟各国早期数据保护立法演进

20世纪70年代,欧洲国家掀起了规制自动化数据处理的热潮。德国、瑞典、法国等欧洲国家率先拉开了数据保护立法的帷幕。如果将欧洲国家数据保护立法发展看作一个连续的进程,考察不同数据保护模式的兴起、盛行及衰落,将有助于更为深刻地理解数据保护的历史背景和价值内涵。

---

〔1〕 1970年,德国黑森州出台世界上第一部数据保护法。1973年,瑞典出台第一部国家层面的数据保护法。1977年,德国出台《联邦数据保护法》(BDSG)。1978年,法国、奥地利、挪威、丹麦通过数据保护法。1984年英国、1987年芬兰、1992年瑞士分别出台数据保护法。

〔2〕 See Council of Europe, *Convention for the Protection of Individuals with regard to Automatic Processing of Personal Data*, available at https://rm. coe. int/Co-ERMPublicCommonSearchServices / Display DCTMContent? documentId=0900001680078b37, last visited 31-05-2022.

〔3〕 See European Data Protection Supervisor, *Directive 95 /46 / EC of the European Parliament and of the Council of 24 October 1995 on the protection of individuals with regard to the processing of personal data and on the free movement of such data*, available at https://edps. europa. eu/sites/default/files/publication/dir_ 1995_ 46_ en. pdf, last visited 31-05-2022.

(一) 第一阶段意在规训科技

计算机的最初设计是为了跟踪导弹和破解密码。适逢欧洲国家启动大范围社会改革并发展社会福利体系，个人事务越来越多地交由社会承担。而这一义务之转变要求成立一套复杂的政府计划，由此产生了对数据自下而上（由几百万个人数据集中产生总体规划信息）和自上而下（将复杂的社会规制目标转变为具体的个人利益）的双向需求。因此，政府部门决定利用计算机技术，力图汇集民众的个人数据打造巨型国家"数据银行"（Data Bank）。20世纪60年代后期，瑞典立法机关提议将所有个人数据资源统一纳入国家数据银行。[1]在德国，计算机技术也逐渐渗入联邦政府、司法部、内政部等公权力运行中，如联邦司法部着手打造全国范围的个人犯罪记录系统，内政部也计划为民众创建个人身份编号。德国联邦政府还设立了专门协调委员会，试图将市、州和联邦数据银行融入统一系统。

难以抹杀的纳粹统治历史使德国民众对个人监控充满忧虑，公众对这一自动化、去人性化的"老大哥"（Big Brother）[2]的恐惧引发了跨越国境的数据保护运动。因此，第一阶段的数据保护立法体现了对中心化国家数据银行的直接回应。[3]1970年德国黑森州数据保护法[4]、1973年瑞典数据法案[5]、1974年德国莱茵兰—普法尔茨州数据保护法[6]、1974年奥地利数据保护法案草案[7]，以及1977年德国联邦数据保护法案[8]在结

---

[1] See Colin J. Bennett, *Regulating Privacy: Data Protection and Public Policy in Europe and the United States*, at 47 (Cornell University Press, 1992). David H. Flaherty, *Privacy and Government Data Banks: An International Perspective*, 105 (Mansell Publishing, 1979).

[2] 源自英国小说《一九八四》，用于形容政府的集权统治。参见 [英] 乔治·奥威尔：《一九八四》，董乐山译，上海译文出版社2006年版。

[3] See Colin J. Bennett, *Regulating Privacy: Data Protection and Public Policy in Europe and the United States*, at 45-53 (Cornell University Press, 1992).

[4] Hessisches Datenschutzgesetz vom 7. 10. 1970, GVBl 1970 I.

[5] Datalag (Swedish Data Act), dated May 11, 1973.

[6] Law against the misuse of data of the 24th of January 1974, GVBl. 31.

[7] Government Proposal of a Federal Statute to Protect Personal Data, Nr. 1423 d. Sten. Prot. NR 13. GP.

[8] German Federal Data Protection Act BGBl. I 1977.

构、语言和方法上均代表了第一代数据保护规范。具体来看，这些规范的重点并非对个人隐私的直接保护，而是首先作为规训科技的一种手段。对于个人数据进行的技术处理，应当服从社会的整体目标，并且不得有损于个人利益。[1]较为典型的立法内容如对数据银行或数据库的注册审批要求。个人救济也并非个人数据保护的主要路径，而是诉诸专门的监管机构，如德国黑森州数据保护委员会、德国联邦数据委员会、瑞典数据调查委员会等。这些规范中较少使用隐私、信息、私密等词汇，更多使用的是技术性语言，如数据、数据银行、数据记录、数据文件等。

由于大型数据银行的数量有限，这种以复杂注册审批程序为核心的行政监管路径，被认为是可接受且具有实效的。然而，20世纪70年代微型计算机的出现打破了业已成熟的数据保护机制。与以往动辄占用几十平方米空间的集中式数据处理方式不同，微型计算机的发明使得数据处理得以分散化、低成本化、普及化。大量的小型组织乃至个人都开始具备数据处理的条件和能力。面对复杂的注册审批程序、高昂的数据保护合规成本，众多小型数据处理组织和个体开始公开漠视法定的数据保护程序。[2]公众也开始切身感受到数据收集和处理带来的威胁，要求保护个人隐私和数据权利的诉求明显超越了立法者最初规训数据处理技术的目的。

（二）第二阶段聚焦个人隐私

微型计算机的问世使得个人数据保护由规训科技转向关注个人隐私。学者们开始从起源于启蒙运动、法国革命和美国《独立宣言》的个人消极自由概念出发探究数据保护的根基。"不受干扰的权利""划定自我私人空间的权利"等广为人知的隐私概念被纳入数据保护语境下探讨。人们所面对的威胁不再仅来自公权力部门的数据行为，同时还包括企业、非

---

[1] See David H. Flaherty, *Privacy and Government Data Banks: An International Perspective*, at 105 (Mansell Publishing, 1979).

[2] See Colin J. Bennett, *Regulating Privacy: Data Protection and Public Policy in Europe and the United States*, at 45-53 (Cornell University Press, 1992).

法人组织、个人越发频繁、日常化的数据处理行为。法国[1]、奥地利[2]、丹麦[3]和挪威[4]是这一阶段数据保护立法的代表国家。与第一阶段相比,这一时期的数据保护法不再和科技联系那么紧密,而是追求技术中立。条文内容并未使用大量的科技术语,对个人数据的定义也变得更为抽象。数据保护监管机构的职权也发生了改变,如由严格的审批简化为简单的注册程序。

同时,一些欧洲国家宪法明确将数据保护作为一项基本权利,如比利时宪法、塞浦路斯宪法、法国宪法、葡萄牙宪法、西班牙宪法、瑞典宪法等。[5]葡萄牙1976年宪法第35条规定了个人享有获取和修改数据的权利。[6]西班牙1978年宪法第18条隐私权条款规定,计算机使用应确保公民隐私;公民在某些情况下享有获取公共档案的权利,以对公共部门使用计算机加以约束和监督。[7]奥地利1978年数据保护法案第1条规定,个人享有基于尊重私人和家庭生活的数据保护基本权利。[8]荷兰在1983年修改宪法,规定了"尊重个人生活领域的一般性权利",其中包含了对记录、散播个人数据的规制内容,也规定了个人有权获取、修改与自己相关的数据。个人数据保护的宪法化使得个人权利得以加强、扩展和充实,从这些规定可以看出,个人数据保护主要依附于隐私权条款或与隐私价值存在密切关联。

由此,数据保护由规训科技的工具转变为一项个人权利。个人救济被认为是最理想的数据保护方式。[9]然而,披露个人数据是个人参与社会的

---

[1] Act Nr. 78-17 on Data Processing, Data Files and Individual Liberties of January 6, 1978.

[2] Law of October 18, 1978 on the protection of personal data (DSG), BGBl. 565/78.

[3] The Danish Public Authorities Registers Act, Nr. 621 of October 2, 1987.

[4] Norwegian Data Protection Act Nr. 48 of June 9, 1978.

[5] [德] Christopher Kuner:《欧洲数据保护法 公司遵守与管制》,旷野等译,法律出版社2008年版,第20页。

[6] Art. 35 of the Portuguese Constitution 1976.

[7] Art. 18 para. 4 Spanish Constitution 1978.

[8] Art. 1, (Constitutional Provision) of the Austrian Data Protection Act (DSG) 1978. See G. G. Fuster, *The Emergence of Personal Data Protection as a Fundamental Right of the EU*, at 69 (Springer 2014).

[9] See Simitis Spiros, *Reviewing privacy in an information society*, 135 (3) University of Pennsylvania Law Review 707 (1987).

前提，个人数据保护与欧洲复杂的社会福利国家功能存在明显冲突与对立。[1]因此，这种维护个人消极自由的个人数据保护解读更大程度上是一种政治愿想。

(三) 第三阶段凸显信息自决

信息技术的普及使个人数据呈现与日俱增的人格价值和财产价值。受美国"个人信息控制理论"[2]影响，以德国为代表的部分国家立法由强调防止隐私侵犯的消极性权利，逐渐向强调个人参与的信息自决权转变。个人数据保护问题转变为一项如何参与社会活动的问题。[3]在1983年德国人口普查案中，德国联邦宪法法院通过一般人格权造法功能创设信息自决权。法院认为，现今个人信息的保护重心已不再是昔日消极、被动地主张不受干扰或独处的权利，而是不断转向于主动、积极地主张每个人对于自己个人信息的有效支配、控制与自我决定。因此，政府在向个人收集个人数据时，必须解释收集事由以及公民拒绝提供数据可能面临的结果。信息收集、处理、传输的所有阶段均受到宪法约束。[4]

信息自决权强调个人有权通过披露个人数据塑造其参与社会的方式。在信息自决权影响下，个人参与权的内容不断丰富，如德国数据保护立法增加个人数据的删除权。然而，信息自决权的概念在当时并没有获得普遍接受，一方面受限于大量的德语文献并未翻译，另一方面该学说体现了德国本土的法律秩序和民主选择，因此仅被部分国家吸收认可。[5]如1986年

---

〔1〕 See Colin J. Bennett, *Regulating Privacy: Data Protection and Public Policy in Europe and the United States*, at 57 (Cornell University Press, 1992).

〔2〕 个人信息控制理论是指个人享有控制其个人信息在何时、何地及在多大程度上被他人收集处理的权利。具体阐释见本章隐私权理论部分。

〔3〕 See Alan F. Westin & Oscar M. Ruebhausen, *Privacy and freedom*, at 7 (Atheneum, 1967).

〔4〕 BverfGE 65, 1 (44). -*Volkszählung/Census* (1983), available at http://www.servat.unibe.ch/dfr/bv065001.html, last visited 10-10-2018. 英文版本参见 Jürgen Bröhmer, Clauspeter Hill & Marc Spitzkatz (eds.), *60 Years German Basic Law: The German Constitution and its Court. Landmark Decisions of the Federal Constitutional Court of Germany in the Area of Fundamental Rights* (2nd ed.), at 144-149 (The Malaysian Current Law Journal and Konrad-Adenauer-Stiftung e. V., 2012).

〔5〕 See Orla Lynskey, *The Foundations of EU Data Protection Law* (Oxford University Press, 2015).

奥地利数据保护法修正案[1]、挪威数据保护法案[2]、1987年芬兰个人注册法案[3]以及1990年德国联邦数据保护法修正案[4]。

此外，鉴于个人与数据处理机构间的不平等地位，数据保护立法在部分领域施与了更强力度的保护。如挪威数据保护法规定在信用领域适用无过错赔偿，[5]禁止处理敏感数据的规定也得到普遍肯认。在各国司法判例中，个人数据保护内容不断丰富。如瑞士联邦最高法院在判例中广泛阐述了数据保护不同方面的内容，包括个人数据的定义，处理个人数据的规则，如何界定数据控制者以及对数据获取权的限制等问题。[6]也有国家开始认可个人数据权利的独立性，如1991年匈牙利宪法法院No.15-AB案，该案涉及政府通过国家普查的方式以建立国民资料库，宪法法院在判决中认为这一做法违反宪法第59条规定的个人数据保护权。宪法法院在该案判决中确认：无特定目标、为将来任意使用而对个人数据进行的收集及处理，以及出于无限制的使用为公民建立统一的个人识别码，均属于违宪。

通过梳理欧盟统一立法之前欧洲各国数据保护法的代际演变，不难发现在个人数据银行兴起之时，立法者的关注点在于解决实际问题，力图对个人数据处理加以限制和管理。随着微型计算机和分散化数据处理的普及，个人数据保护法不再是单纯用于塑造和影响信息处理技术的功能性建构，而是逐渐转向了个人权利保护。个人权利路径从隐私这一消极自由逐步转向强调个人主动参与的信息自决权，并通过逐渐丰富的获取权、更正

---

[1] 1986 amendment of the Austrian dataprotection law.
[2] §40, Norwegian Data Protection Act.
[3] §18-§20, Henkilörekisterilaki (Finnish Persons Register Act). See Colin J. Bennett, *Regulating Privacy: Data Protection and Public Policy in Europe and the United States*, Cornell University Press, 1992.
[4] §7, German Federal Data Protection Act 1990.
[5] Article 40, Norwegian Data Protection Act.
[6] See A und B AG v. Tamedia AG, 20 Minuten AG und Espace Media AG (6 May 2015) BGer 5A_ 658/2014 (Switz); Bank X AG v. AY und BY (17 April 2012) DFC 138 II 425 (Switz); Logistep (8 September 2010) DFC 136 II 508 (Switz); Street View (31 May 2012) DFC 138 II 346 (Switz); TdG-Urteil (14 January 2013) BGer 5A_ 792/2011 (Switz).

权、删除权等权利内容得以巩固和加强。由于起因于政府数据银行和公共管理，诸多欧洲国家在宪法层面讨论个人数据保护，甚至直接将数据保护列入宪法条文。同时，随着经济全球化和跨国贸易的需求，个人数据的使用、传输不再限于单一国家，而是逐渐演变为一个跨国性的全球问题。

二、欧盟数据保护立法一体化进程

从欧共体演进为现在的欧盟，从欧共体早期活动至《1995 指令》，在漫长的统一立法进程中，欧盟对于数据保护的理念也经历了由早期以市场为中心到现在以平衡人权保护与单一数字市场发展为中心的根本转变。

（一）欧盟数据保护早期探索

欧盟数据保护统一立法受到国际和区域数据保护立法的影响。早期个人数据保护的跨国协作可追溯至世界法学家协会的相关活动。该协会成立于 1963 年，致力于人权保护和人类法治。世界法学家协会于 1967 年在瑞典斯德哥尔摩召开了以个人隐私保护为主题的会议。学者们在讨论中指出，隐私权的保护关系人类福祉，各国应通过立法并采取措施切实保护个人在各个方面的隐私权。[1]在北欧地区，自 20 世纪 60 年代起，由瑞典、丹麦等多国成立的北欧理事会也开始密切关注个人数据保护问题，并呼吁各国政府统一个人数据保护措施。[2]1968 年，在纪念《世界人权宣言》二十周年的德黑兰大会上，由西方尤其是美国技术为主导的电脑科技受到广泛讨论。该会议解决的基本问题是可能影响个人权利的电子设备的使用及限制，即科技发展和人类价值的协调问题。

欧洲委员会是较早涉足个人数据保护的区域性国际组织之一，对于欧洲数据保护的发展和后期欧盟数据保护统一化进程产生了深远影响。早期，欧洲人权法院通过扩大解释《欧洲人权公约》第 8 条隐私权条款涵盖

---

[1] See Colin J. Bennett, *Regulating Privacy: Data Protection and Public Policy in Europe and the United States*, at 132 (Cornell University Press, 1992).

[2] See Frits W. Hondius, *Emerging Data Protection in Europe*, at 75 (North Holland Publishing, 1975).

个人数据保护问题。[1]因此有学者指出，欧洲的个人数据保护肇端于对个人隐私的保护，属于公民所享有的不可剥夺的基本人权。[2]伴随着数据处理普遍化带来的一系列问题，1968年，欧洲委员会要求部长委员会考察《欧洲人权公约》和各成员国立法是否以及在多大程度上可保护个人免于遭受自动化数据处理带来的风险。[3]1970年，部长委员会所委任的专家组出具报告指出，尽管民事和刑事立法可有效制止如窃听设备或电子照相机的滥用问题，但个人数据处理中计算机使用引发的问题需要新的解决方案。专家组认为，《欧洲人权公约》并不足以应对计算机处理数据带来的新问题。一是与《欧洲人权公约》第8条隐私权内容相比，计算机滥用带来的问题要宽泛得多。二是《欧洲人权公约》仅规制个人和公共机关间的关系，而不适用于私主体之间的关系。三是《欧洲人权公约》未阐明第8条隐私权和第10条信息自由间的平衡问题，故难以解决日益严峻的权利冲突问题。[4]

意识到现有立法之不足，欧洲委员会于1976年成立专家组，着手起草一部关于境内与跨境数据处理中隐私保护的公约。专家组结合各国立法及有关情况，对数据处理中的相关问题进行深入考察，对于公约的法理基础及具体细节达成共识，并于1979年提出了公约草案文本——《108公约》草案。经过近两年的讨论，《108公约》[5]于1981年由欧洲委员会正式颁布，在欧洲层面首次建立了统一的个人数据保护法律制度，可谓是欧洲数

---

[1] See P. De Hert & S. Gutwirth, *Data Protection in the Case Law of Strasbourg and Luxemburg: Constitutionalisation in Action*, in S. Gutwirth, Y. Poullet, P. De Hert, C. De Terwangne & S. Nouwt (eds.), *Reinventing Data Protection?* at 3 (Springer 2009).

[2] See Bartosz M. Marcinkowski, *Privacy Paradox (es): in Search of a Transatlantic Data Protection Standard*, 74 (6) Ohio State Law Journal 1188 (2013).

[3] Council of Europe, Convention for the Protection of Human Rights and Fundamental Freedoms, 04.11.1950; Council of Europe, Parliamentary Assembly Recommendation 509, Human Rights and Modern Scientific and Technological Developments, 31.01.1968.

[4] See Frits W. Hondius, *Data Law in Europe*, Stanford Journal of International Law, Vol.16 (1980), p.86.

[5] Council of Europe, Convention for the Protection of Individuals with regard to Automatic Processing of Personal Data, ETS No.108, 1981.

据保护的奠基性法案。该公约提出了普遍性的法律原则要求，包括数据保护目标的确立，数据保护范围的明确，公平合法使用个人数据及合目的性原则、有限存储原则等原则的设定。同时，公约将保护范围限定于自动化数据处理活动，而不适用于手动的个人数据处理行为。尽管内容较为简单化，但这些尝试无疑对日后欧洲各国立法的完善及欧盟立法奠定了重要基础。

（二）欧盟数据保护发展阶段

在《108公约》的立法过程中，欧共体议会就个人数据处理问题颁布了三项立法决议，要求欧盟委员会起草相关数据保护立法。在此期间，欧共体议会成员曾口头质询欧盟委员会在数据保护问题上的立场。欧盟委员会认为，成员国的数据保护立法和政策差异有碍行业发展，大量跨境企业面对各成员国迥异的法律规则承担着过高的合规成本，进而限制了跨境数据流动中的经济发展。[1]在此背景下，欧盟委员会于1990年颁布以《数据保护指令（草案）》为核心的一系列指令草案。其后，欧洲议会及欧盟理事会于1995年10月24日正式颁布《1995指令》。[2]尽管《1995指令》不具有直接的法律效力，但却为欧盟各成员国制定和实施个人数据保护法律提供了基本框架。

作为欧盟首部个人数据全面保护立法，《1995指令》一并适用于公私领域中的个人数据处理活动，其确立了严格的数据处理标准、全面有效的数据保护执行机制及全新的跨境数据流通标准。在权利基础问题上，尽管《1995指令》为个人创设了如查阅权、修改权、删除权等广泛的个人权利，但并未一般性地承认"个人数据保护权"的概念，而是承袭《108公约》中"隐私权"的表述。在机构设置方面，欧盟根据《1995指令》第29条规定设立了"第29条工作组"，作为个人数据保护的专门研究机构，负责持续跟踪研究并报告个人数据保护的发展状况。该机构对《1995指令》条

---

[1] Reply to Oral Question 122/73 (E. P. Debs. No. 168 at 104), 13 November 1973.

[2] Directive 95/46/EC of the European Parliament and of the Council of 24 October 1995 on the protection of individuals with regard to the processing of personal data and on the free movement of such data, OJ L 281, 23.11.1995.

款的诸多指南（Guidelines）、意见（Opinions）等文件为《1995 指令》的具体适用提供了官方性解读。欧盟各成员国设立的国家数据保护监管机构负责本国内的数据保护监管，并在区域间展开合作执法。

欧盟在《1995 指令》的基础上，还针对特定行业、特定类型数据进行专门立法，形成了一系列指令。例如，《电信行业个人数据处理的隐私保护指令》（1997 年）[1]、《隐私和电子通信指令》（2002 年)[2]、《公共部门数据重复使用指令》（2003 年）[3]、《数据留存指令》（2006 年）[4]、《Cookies 指令》（2009 年）[5]等。

然而，由于指令并不具有直接适用的效力，因此在《1995 指令》实施过程中，欧盟各成员国在转化适用时往往采取不同的解释与选择。作为欧盟主要驱动力的德国也因长期未能有效采取行动将指令转化为国内法，甚至一度于 2000 年遭到欧盟起诉。[6]由于《1995 指令》实施状况不够理想，造成各成员国在法律规则上存在诸多冲突。法律适用上的复杂性、不确定性既增加了行政负累，也使在欧盟范围内开展业务的企业在各成员国不同的个人数据保护法之间疲于应对。[7]并且，《1995 指令》是在互联网

---

[1] Directive 97/66/EC of the European Parliament and of the Council of 15 December 1997 Concerning the Processing of Personal Data and the Protection of Privacy in the Telecommunications Sector, OJ L 24, 30.1.1998.

[2] Directive 2002/58/EC of the European Parliament and of the Council of 12 July 2002 concerning the processing of personal data and the protection of privacy in the electronic communications sector.

[3] Directive 2003/98/EC of the European Parliament and of the Council of 17 November 2003 on the Reuse of Public Sector Information, OJ L 345, 31.12.2003.

[4] Directive 2006/24/EC on the retention of data generated or processed in connection with the provision of publicly available electronic communications services or of public communications networks and amending Directive 2002/58/EC.

[5] Directive 2009/136/EC of the European Parliament and of the Council of 25 November 2009 Amending Directive 2002/22/EC on Universal Service and Users' Rights Relating to Electronic Communications Networks and Services. Cookie 是互联网常用的用户跟踪和识别技术，该指令的核心内容是对电子商务中 Cookie 的使用加以规范。

[6] 蒋舸：“个人信息保护法立法模式的选择——以德国经验为视角”，载《法律科学》2011 年第 2 期。

[7] See Sohin Gautam, *21st Century Problems: Will the European Union Data Reform Properly Balance Its Citizens' Business Interests and Privacy Rights?* 21 Southwestern Journal of International Law 198 (2014).

发展初级阶段制定的，当时欧洲个人信息在互联网上的存储量只占全部电子通信信息的1%，[1]现在普遍流行的大部分互联网服务，如社交网站、云计算、定位服务等在当时也尚未出现。面对个人数据处理指数级增长所带来的新挑战，以《1995指令》为核心的欧盟数据保护立法越发难以适应，对于个人基本权利与自由的保护效力大打折扣，[2]乃至影响了欧洲经济的竞争力和欧洲消费者的信心。据统计，2014年欧洲网民约占总人口的75%，但只有15%的欧洲民众曾涉足跨国网络交易，欧洲中小企业中开展跨国网络销售业务的仅占7%。[3]麦肯锡全球研究院（McKinsey Global Institute）的研究指出，欧盟各成员国对于数字产业潜力的开发极不均衡，而且总体水平比较落后，平均开发利用率只有12%。[4]因此，基于个人权利保护和促进数据流通、提振经济发展的双重目的，欧盟数据保护改革的呼声与日俱增。

（三）欧盟数据保护成熟阶段

自2010年11月起，为进一步加强数据保护立法的一体化，在《欧盟基本权利宪章》《里斯本条约》《108公约》及《1995指令》的基础上，欧盟进行了大刀阔斧的立法改革。2010年11月4日，欧盟委员会向欧洲议会和欧盟理事会提交《欧盟个人数据保护综合方案》，提出了欧盟数据保护改革的基本方案。经过对相关政策的评估考察，欧盟委员会决定以条

---

[1] See European Commission, *Special Eurobarometer 359-Attitudes on Data Protection and Electronic Identity in the European Union*, available at http://ec.europa.eu/public_opinion/archives/ebs/ebs_359_en.pdf, last visited 31-05-2022.

[2] See European Commission, *Safeguarding Privacy in a Connected World A European Data Protection Framework for the 21st Century*, available at https://eur-lex.europa.eu/legal-content/en/TXT/?uri=CELEX%3A52012DC0009, last visited 31-05-2022.

[3] See European Commission, *A Digital Single Market requires better access to online goods and services, both for people and for businesses*, available at http://ec.europa.eu/commission/index_en, last visited 31-05-2022.

[4] See McKinsey Global Institute, *Digital Europe: Pushing the Frontier, Capturing the Benefits*, available at https://www.mckinsey.com/~/media/mckinsey/business%20functions/mckinsey%20digital/our%20insights/digital%20europe%20pushing%20the%20frontier%20capturing%20the%20benefits/digital-europe-full-report-june-2016.ashx, last visited 31-05-2022.

例的形式建立欧盟个人数据保护的统一框架,以替代《1995指令》。2012年1月,欧盟委员会发布《关于个人数据处理和自由流通中的个人保护的条例(草案)》。2016年4月8日,这一条例正式由欧洲议会和欧盟理事会表决通过,欧盟官方将之简称为GDPR[1],于2018年5月25日正式实施。

GDPR从《1995指令》34个简单条文扩展到现在99条极为详细、完善、精致的法律规范,在整个欧盟地区具有直接且统一的适用效力。体例安排上,GDPR包括第一章一般规定(立法目的、适用范围、地域管辖范围、诸项定义)、第二章原则(数据处理原则、处理合法性要件、特殊类型数据处理)、第三章数据主体的权利、第四章数据控制者和数据处理者、第五章跨境转移规则(向第三国或国际组织传输个人数据)、第六章独立监管机构、第七章监管机构合作与一致性,以及第八章救济、责任与惩罚等内容。

具体而言,GDPR确立了收集、处理个人数据的合法、公平、透明原则,合目的性原则,有限存储原则,最小化原则,数据质量原则,完整保密原则,并要求数据控制者对履行上述原则承担举证责任。GDPR对数据的控制者和处理者提出了颇为细致、全面且具创新性的义务规范,要求企业指定数据保护专员负责内部监督和外部沟通协调。GDPR要求各成员国设立独立的数据保护监管机构,并制定了严格的监督惩罚机制:对于一般违法行为的涉事企业,最高罚款额为1000万欧元或该企业上一年度全球总营业额的2%;对于严重违法行为的涉事企业,最高罚款额为2000万欧元或该企业上一年度全球总营业额的4%(均取其较重者)。这是目前全球个人数据保护领域最为严厉的违法处罚规定。GDPR虽为欧盟立法,但其适用并不限于欧盟。只要是设立于欧盟境内的数据控制者均适用GDPR,不考虑其数据处理行为的发生地域;对于在欧盟境外设立的数据控制者,其为欧盟公民提供服务过程中进行的数据处理行为,也受制于GDPR规定。

---

[1] Regulation of The European Parliament and of The Council on the protection of individuals with regard to the processing of personal data and on the free movement of such data (General Data Protection Regulation).

第二章 人工智能时代欧盟个人数据保护的代际更替

这一地域管辖规则糅合了属地原则、住所原则、设立地原则及市场地原则，管辖范围的大幅扩张也是互联网无国界运营及各国政治经济博弈的必然结果。

GDPR 构建的制度牵涉多个相互交叉的法律部门，对于国家、企业及个人进行一体规制。GDPR 规定的内容既涉及电信法、信息法和媒体法，也与经济法相关，更是一部揭示信息技术发展对于个人自由与社会公平之风险所在的"风险法"。[1]因此，GDPR 在价值目标及具体制度上均呈现出多类型、多维度、多层次的复杂面貌，难以按照传统的部门法体系将其归类。

伴随欧盟个人数据保护领域的立法规范从《1995 指令》转变为改革后的 GDPR，一些针对特定行业、特定类型的专门立法也进入一体化规制的转型进程。在刑事犯罪领域，欧洲议会于 2016 年 4 月 14 日通过《2016 年刑事犯罪领域个人数据保护指令》[2]，对各成员国公共机构在刑事犯罪侦查、起诉等司法活动中利用个人数据提供法律依据和必要限制。在电子通信领域，欧盟委员会于 2017 年 1 月 10 日通过《隐私和电子通信条例（草案）》[3]，以取代 2002 年《隐私和电子通信指令》，与 GDPR 内容保持一致。而针对非个人数据的跨境流通问题，2018 年 11 月，欧洲议会和欧盟理事会通过《非个人数据自由流动条例》[4]，构建了基本法律框架。在 GDPR 规范指导下，欧盟在法律层面上正式形成了以个人数据保护为主题、

---

[1] See Martin Eer, Philipp Kramer und Kai von Lewinski, *Auernhammer DSGVO BDSG: Datenschutz-Grundverord-nung, Bundesdatenschutzgesetz und Nebengesetze Kommentar*, Carl Heymanns Verlag, 2017, SS. 16-21. 转引自金晶："欧盟《一般数据保护条例》：演进、要点与疑义"，载《欧洲研究》2018 年第 4 期。

[2] Directive (EU) 2016/680 of the European Parliament and of the Council of 27 April 2016 on the protection of natural persons with regard to the processing of personal data by competent authorities for the purposes of the prevention, investigation, detection or prosecution of criminal offences or the execution of criminal penalties, and on the free movement of such data, and repealing Council Framework Decision 2008/977/JHA.

[3] Proposal for a Regulation of the European Parliament and of the Council Concerning the Respect for Private Lifeand the Protection of Personal Data in Electronic Communications and Repealing Directive 2002/58/EC (Regulation on Privacy and Electronic Communications), 10.01.2017, COM (2017) 10 final.

[4] Regulation (EU) 2018/1807 of the European Parliament and of the Councilof 14 November 2018 on a framework for the free flow of non-personal data in the European Union.

涵盖公私各部门之统一的数据保护和监管标准及机制，其内容亦体现出欧洲在该领域内统一化、标准化和一体化的立法与执法特质。

三、GDPR 的定位

（一）GDPR 是一部基本权利保护法

欧盟数据保护立法改革中显著的变化之一是权利基础的更替。长期以来，欧盟将隐私权视为个人数据保护的首要权利。例如，《1995 指令》第 1 条规定："各成员国应当根据本指令，对自然人的基本权利和自由予以保护，尤其应当保护与个人数据处理相关的隐私权。"而 GDPR 则采用了与之不同的表述，其在第 1 条规定："本条例旨在保护自然人的基本权利和自由，尤其是个人数据保护权（Right to the Protection of Personal Data）[1]。"不同于《欧盟基本权利宪章》第 8 条有关个人数据保护权的原则性规定，GDPR 第三章"数据主体的权利"中以较大篇幅对权利内容作了详细规定，包括更正权、限制处理权、删除权、被遗忘权、可携带权等多项权能，表明个人数据保护权自身具备了独立、完整的形态以及明确、清晰的权利基础。与此同时，GDPR 也宣告个人数据保护自此摆脱了过往以隐私权为主而又难以精确描述的尴尬处境，个人数据保护权已经取代隐私权成为欧盟数据保护法的首要权利。[2]

作为一项基本权利，个人数据保护权在欧盟层面的确立并非偶然，而是经历了信息科技影响下逐渐形塑的过程。1998 年，位于法国斯特拉斯堡的欧洲委员会议会全体大会（Parliamentary Assembly of the Council of Europe，PACE）在其第 1165 号决议中明确指出，鉴于存储、使用个人数据之信息

---

[1] 个人数据保护权的表述与欧洲早期对于"数据保护"这一语词的选择有关。这一语词的选择曾饱受诟病，因为"保护的并不是'数据'而是与数据相关的个人。因此'数据保护'一词并不能直观表现其所保护的价值或利益。然而完全舍弃数据保护这一被大家熟知的术语也并非最佳解决方案。因此，欧洲最终坚持使用'数据保护'这一表述。"See Mayer-Schönberger, Viktor. *Generational development of data protection in Europe*. In Agre, Philip E. & Marc Rotenberg, eds., *Technology and privacy: The new landscape*, at 219（MIT Press, 1998）.

[2] 刘泽刚："欧盟个人数据保护的'后隐私权'变革"，载《华东政法大学学报》2018 年第 4 期。

通信技术的新发展，对于隐私权的定义应该包含公民对个人数据的控制权。[1]在1997年《阿姆斯特丹条约》实施后，欧盟委员会委托专家组对欧洲立法中出具一份新的基本权利清单的可能性展开分析研究。欧盟委员会指出有部分问题尤其值得关注，如反映信息社会挑战的新兴权利问题。该专家组主席由德国数据保护法的起草者、欧盟委员会数据保护事务咨询专家西米提斯担任。该专家组于1999年发布报告指出，目前欧盟法中有关基本权利的保护现状并不理想，呼吁不仅应承认《欧洲人权公约》第2条至第13条的所有权利，同时应增加一些新的条款以作补充，其中显著的新兴权利之一即"决定个人数据使用的权利"。[2]

1999年6月，欧盟理事会拟制定《欧盟基本权利宪章》。在宪章起草过程中，部分成员国提出应增加部分重要的"现代性"权利，如有关计算机、生物伦理、环境及消费者保障相关的权利。1999年9月，第29条工作组提交的建议案强调，一些欧洲国家已经将数据保护基本权利纳入宪法，还有部分国家通过判例赋予了该权利以宪法身份。与此同时，欧洲议会也签发一项决议指出，宪章应有所创新和开放，确保公民的基本权利不受来自如信息科技领域带来的新的威胁。在此背景下，欧盟理事会正式将宪章的起草工作委任于由各国代表组成的工作组，其中部分成员对数据保护的研究颇为精深，如工作组主席为德国前总统、联邦宪法法院前院长、宪法学教授赫尔佐克，对德国信息自决权的判例尤为熟悉；来自法国、意大利、西班牙等多国的专家均有参与过本国或区域数据保护立法或实践的丰富经历。[3]无疑，他们对《欧盟基本权利宪章》中增加"个人数据保护"条款发挥了积极作用。

各位小组成员在提交的建议稿中对于个人数据保护权条款取得普遍共识，建议条款内容如"在不与第三人权利冲突的前提下，每个人均享有决

---

[1] 刘文杰：《被遗忘权：传统元素、新语境与利益衡量》，载《法学研究》2018年第2期。

[2] See Erdos David, *The Emergence of Personal Data Protection as a Fundamental Right of the EU*, 74 (2) Cambridge L. J. 374, 189 (2015).

[3] See Erdos David, *The Emergence of Personal Data Protection as a Fundamental Right of the EU*, 74 (2) Cambridge L. J. 374, 191-192 (2015).

定披露和使用其个人数据，以及获得有关其数据存储信息的权利"，"每个自然人均有权使其个人数据获得保护"，"每个人均有权决定其个人数据是否被披露以及如何被使用"，等等。有专家建议稿补充指出，该权利源于《欧洲联盟条约》、《1995 指令》及《108 公约》。有小组成员主张将数据保护和个人身份、人性尊严或保密性相关联。最终 2000 年 7 月宪章草案的确定版本单独规定了第 8 条"个人数据保护"条款。[1]概括而言，个人数据保护权可界定为个人数据应基于个人同意或其他法定事由，且基于特定目的获得公平处理；个人享有更正、删除个人数据的权利。[2]至此，《欧盟基本权利宪章》成为首个在欧盟层面将个人数据保护权和隐私权予以区分的立法。2009 年 12 月 1 日，在原《欧盟宪法条约》的基础上修改而成的《里斯本条约》生效，根据条约规定，《欧盟基本权利宪章》也同时生效，对欧盟各成员国产生正式的约束力。

个人数据保护权的演进也体现于欧洲法院判例中。自 1970 年以来，欧洲法院通过 70 多例判决在一定程度上对个人数据保护规则进行了重塑。[3]欧洲法院对于个人数据保护的定位，经历了由内部市场整合到基本权利权衡的转变过程。尽管《1995 指令》将个人数据保护的目的定位于个人基本权利与数据流通之平衡，但欧洲法院早期判例并不愿意支持其基本权利保护目标，主要原因在于《1995 指令》的法律基础源于《欧盟运行条约》[4]之第 114 条，该条款涉及欧盟机构对第三方采取直接监管措施的法律依据，并未涉及基本权利保护。[5]在 Rundfunk 案和 Lindqvist 案中，欧洲法院强调要克服个人数据在内部市场的流通障碍，[6]力图推动数据流通下的内部

---

〔1〕 See Erdos David, *The Emergence of Personal Data Protection as a Fundamental Right of the EU*, 74（2）Cambridge L. J. 374, 195-196（2015）.

〔2〕 Article 8, Charter of Fundamental Rights of the European Union ［2000］OJ C364/1.

〔3〕 金晶："欧盟《一般数据保护条例》：演进、要点与疑义"，载《欧洲研究》2018 年第 4 期。

〔4〕 Treaty on the Functioning of the European Union（2007）.

〔5〕 See Orla Lynskey, *The Foundations of EU Data Protection Law*, at 87-88（Oxford University Press, 2015）.

〔6〕 C-139/01, sterreichischer Rundfunk and Others, 20. 05. 2003；C-101/01, Bodil Lindqvist, 06. 11. 2003.

市场整合。而自 2009 年起,《欧盟基本权利宪章》和《里斯本条约》将个人数据保护权纳入欧盟基本权利体系,欧洲法院立场出现了重大转折。欧洲法院在判例中开始将数据保护之基本权利目标纳入视野并逐步夯实。其中,Eifert 判例具有转折性意义,欧洲法院在该案中首次判定,个人数据保护权及隐私权系受《欧盟基本权利宪章》保护的公民基本权利,只有在严格必要之情形下才能对个人数据保护权予以限制,违反这一原则的派生性法律无效。〔1〕欧洲法院在该案之后的判例中,对于个人数据保护的基本权利维度也越发重视。〔2〕

与此同时,个人数据保护权的独立性在欧洲法院判例中得到肯认。相较于早期对此不愿提及的立场,2008 年,欧洲法院在 Promusicae 判例中直接使用了"个人数据保护权"这一概念。〔3〕2010 年,在一起合并处理的案件中,两原告向德国威斯巴登行政法院提出诉请,以涉嫌侵犯其个人数据保护的基本权利为由,要求黑森州不得刊登与他们有关的数据。德国联邦法院因而提请欧洲法院就欧盟相关规定的合法性进行审查。欧洲法院认为,欧盟相关规定侵犯了当事人私生活受尊重的权利,特别是侵犯了其个人数据保护权,最终判决支持原告的立场。〔4〕

同时,依据《欧盟基本权利宪章》对于个人数据保护权的规定,欧洲法院不断对个人数据保护权进行应用和解释。〔5〕例如,在 Eugen Schmidberger 案中,欧洲法院认为不应将个人数据保护权当作一项绝对权利,而是要结合各种相关因素在不同的情境下具体考量。2011 年,欧洲法院在 Deutsche Telekom 判例中明确指出,确保个人数据保护权为《1995 指令》

---

〔1〕 C-92/09, Volker und Markus Schecke and Eifert, 09.11.2010.

〔2〕 C-28/08, Commission v. Bavarian Lager, 29.06.2010; C-131/12, Google Spain, 13.05.2014.

〔3〕 See Promusicae v. Telefo nica de Espana, C-275 /06.

〔4〕 Joined Cases C-92/09 and C-93/09 Volker und Markus Schecke and Eifert [2010] ECR I-0000.

〔5〕 See Gloria González Fuster & Rapha Gellert, *The fundamental right of dataprotection in the European Union: in search of an uncharted right*, 26 (1) International Review of Law, Computers & Technology 76, 79 (2012).

之立法目的，体现了与早期倾向于主张隐私权的区分。[1]尽管欧盟确立的个人数据保护权受到一定的限制，[2]但作为一项基本权利，它在欧盟的立法及法院判例中，无论是适用的对象范围，[3]还是适用的地域范围，都在快速扩张；相较于信息自由、经济利益、公共安全等其他方面的权利或利益，其重要性也越来越得到认可。至此，欧洲个人数据保护经历了从指令机制到基本人权的演进过程，个人数据保护权也成为欧盟权利体系中的一员。

（二）GDPR 是一部欧洲市场统一法

推动欧盟单一数字市场是欧盟改革的另一个重要战略背景和立法目标。1992 年欧盟成立，旨在紧密连接各个成员国的贸易和工商业，力图为欧盟的经济增长铺平道路。2015 年，欧盟委员会推出"单一数字市场战略"，[4]旨在通过一系列举措消除各成员国的法律差异性和监管障碍，将欧盟市场打造为一个有效连通的数字市场，以更好地繁荣欧盟数字经济。在这一战略中，欧盟提出三大支柱，一是"接入"（Access），即为公众和企业机构提供更优质的数字产品和服务。通过修订现行立法或出台新法，其中包括出台措施促进跨境电子商务发展；保障消费者权益；提供速度更快、价格更优惠的快递服务；打破地域边界，改变不同成员国同种商品不同价格的现状；改革版权保护法；推动提供跨境电视服务。二是"环境"（Environment），旨在"创造有利于数字网络和创新服务繁荣发展的良好条件和公平竞争机会"，包括全面改革欧盟的电信规章制度；重新审查视听媒介组织框架以更好地适应新时代需求；全面分析评估包括社交媒体、搜索引擎、应用商店等在内的在线平台作用；加强个人数据等数字化服务领域的安全管理等。三是"经济和社会"（Economy and Society），力图"最大化实现

---

〔1〕 Deutsche Telekom AG v. Bundesrepublik Deutschland, Case C-543/09, Judgment.

〔2〕 See Jeanne Pia Mifsud Bonnici, *Exploring the Non-absolute Nature of the Right to Data Protection*, 28 (2) International Review of Law, Computers & Technology 131, 143 (2014).

〔3〕 GDPR 第 4 条第 1—2 款。

〔4〕 See European Commission, *Digital Single Market*, available at https://ec.europa.eu/digital-single-market/en, last visited 17-03-2021.

数字经济的增长潜力",包括提出欧洲数据自由流通计划,推动欧盟境内的数据自由流动;在数字医疗、智能交通等对单一数字市场发展颇为关键的领域,推动建立欧盟统一标准和互通功能;建成一个包容性的数字化社会,使民众能抓住互联网发展带来的机遇和就业机会。[1]

根据欧盟法的规定,GDPR 无须欧盟成员国转化为各国国内法,而可以直接适用于欧盟境内的个人和企业。GDPR 通过后,将在欧盟 27 个成员国之间建立统一的个人数据保护和数据流动规则,同时将取代欧盟各成员国有关个人数据保护的国内法,实现"一个大陆、一部立法"的个人数据保护制度新局面,为欧盟企业创造更为便捷、低成本、友好的营商环境。GDPR 第 1 条第 3 款指出,个人数据在欧盟境内的自由流通不得因保护自然人而被限制和禁止,申明了促进欧盟境内数据流通的立法目的。欧盟希望借助这一规划布局,重新夺回全球科技产业的战略主导权。

---

[1] See European Commission, *Shaping the Digital Single Market*, available at https://ec.europa.eu/digital-single-market/digital-single-market, last visited 30-10-2018.

第三章
人工智能时代欧盟个人数据保护的理论框架

自 20 世纪 70 年代起，有关个人数据保护的各种理论就一直层出不穷。自《欧盟基本权利宪章》生效起，有关个人数据保护的理论研究也不断涌现。有关隐私权内涵的独处权说、有限接近自我说、个人信息控制等多种学说理论从不同视角阐释了隐私本质，并对个人数据保护的解读有着不可替代之影响。部分大陆法系国家运用一般人格权理论阐释个人数据保护的价值，个人数据保护也因此成为一般人格权发展的全新命题。基于一般人格权的造法功能，德国联邦宪法法院在 1983 年人口普查案中确立了个人信息自决权，强调个人对其个人数据的自主自决利益。考虑到个人数据保护的公共利益和功能，风险规制逐渐成为个人数据保护的重要理论支撑，也体现在欧盟个人数据保护立法之中。上述代表性学说构筑了欧盟个人数据保护的理论基石，但同时也存在自身的局限性。本章拟通过对这些学说、理论的梳理和评析，厘清欧盟个人数据保护的理论背景和功能价值。

一、个人数据基本内涵界定

（一）个人数据的认定标准

"数据"（Data）一词来源于计算机科学，是指能够在计算机之间输入和输出，并能够被计算机程序处理的介质，具体表现为由二进制代码 0 和 1 组合而成的比特流。[1] 一般认为，数据彻底脱离了物质性原子构成，而呈现为非物质的比特（bit）形式。数据必须依附于通信设备，如服务器、计算机终端、手机、移动存储设备等实体。可以说，数据是现代信息科技发展的产物。而信息（Information）是特定语境之下与诸如某种事件、事实、过程或理念等特定含义客体有关的知识。在互联网环境下，信息通过数据的形式产生、存储和传输，控制数据是提取和掌握信息的前提。易言之，数据是信息传播的媒介，信息是数据的价值所在。因此，数据和信息具有天然的共生性与一致性。

---

[1] 梅夏英："数据的法律属性及其民法定位"，载《中国社会科学》2016 年第 9 期。

从各国立法来看，欧洲大陆国家通常使用个人数据（Personal Data），美国、日本、加拿大和我国常用个人信息（Personal Information）。而对这两个语词翻译的不同也导致学界使用的混乱。然而，对比欧盟GDPR、美国2018年《加利福尼亚州消费者隐私法案》、我国《网络安全法》等代表性立法中的概念发现，法律条款中的"个人数据""个人信息"并未体现出数据和信息在学理内涵上的差异，而是指向了基本相同的含义和内容。正如张新宝教授所言，"个人信息保护领域名称的选用更多的是出于'接轨'的考虑"。[1]"概念的不同主要是源于不同的法律传统和使用习惯，实质上并不影响法律的内容。"[2]有学者更为直接地指出，"欧洲的个人数据保护其实说的就是个人信息保护"。[3]而且实际上，"在大数据时代，已无法将数据与信息加以分离而抽象地讨论数据上的权利了"。[4]可见，在个人数据保护领域，各国立法的差异主要是由于法律传统、使用习惯和翻译不同所致，其实质内容是一致的。有鉴于此，本研究并不特意区分个人数据和个人信息、个人资料之间的差异，行文中以欧盟"个人数据"的概念为主，并尊重引用文献中的称谓选择。

作为个人数据保护的核心概念，个人数据内涵和外延的界定尤为重要。如个人数据范围过窄，将导致本应保护的数据被边缘化，大量承载个人利益的数据处于风险之中。如个人数据范围过宽，则不利于数据资源的开发，有碍数据流通和大数据红利的共享。因此，如何恰到好处地厘定个人数据是数据保护研究的基础性问题。GDPR第4条第1款规定，个人数据是指与已识别（Identified）或可识别（Identifiable）的自然人（数据主体）相关（Relating to）的数据，可识别的自然人是指一个能够被直接或间接识别的自然人。直接识别是指通过单一数据即可确定数据主体的身

---

[1] 张新宝、Liao Zhenyun："中国个人数据保护立法的现状与展望"，载《中国法律：中英文版》2007年第2期。

[2] 周汉华：《中华人民共和国个人信息保护法（专家建议稿）及立法研究报告》，法律出版社2006年版，第29~30页。

[3] 杨立新："个人信息：法益抑或民事权利——对《民法总则》第111条规定的'个人信息'之解读"，载《法学论坛》2018年第1期。

[4] 程啸："论大数据时代的个人数据权利"，载《中国社会科学》2018年第3期。

份，如个人肖像、声音、DNA 编码、指纹、虹膜、脸部识别信息等生物特征数据，或依赖于国家认证或科学认证的数据，如身份证号、护照号等。[1]间接识别是指单一数据无法直接指向某人，但可通过与其他数据的结合比对锁定数据主体的身份。间接识别确保了概念的开放性，为信息技术的发展预留了空间。除概括性定义外，GDPR 第 4 条第 1 款还对常见的个人数据类型做了列举，包括个人的"姓名、身份号码、定位数据、网络标识符号或者自然人特有的一项或多项身体、心理、基因、精神状况、经济、文化、社会身份等识别符"。

识别标准作为个人数据界定的核心已成为比较法的共识，采用"识别性"已经基本成为通说。[2]当一项数据可直接或间接识别到个人身份时，即为个人数据。个人数据保护的本质在于对个人利益的保护，如某项数据无法识别个人身份，则对此数据的收集、处理和传输自然不会为个人利益带来损害，也就没有限制这一类数据处理的必要。1980 年经济合作与发展组织（OECD）《隐私保护指南》[3]第 1 条规定，个人数据是指任何关于一个已被识别或可被识别的自然人信息。2000 年加拿大《个人信息保护与电子文件法》中指出，个人信息是可以与可识别的个人相关的信息。2003 年日本《个人信息保护法》[4]第 2 条第 1 款指出，个人信息是与生存的个体相关的信息，该个体可通过姓名、出生日期以及其他包含在信息中的内容而被识别。2018 年美国《加利福尼亚州消费者隐私法案》规定，个人信息是指直接或间接地关系到，能够识别、关联、描述，或者可合理地连接到特定消费者或家庭的信息。2021 年我国《个人信息保护法》第 4 条第 1 款规定，个人信息是以电子或者其他方式记录的与已识别或者可识别的自

---

[1] 李谦："人格、隐私与数据：商业实践及其限度——兼评中国 cookie 隐私权纠纷第一案"，载《中国法律评论》2017 年第 2 期。

[2] 张新宝："《民法总则》个人信息保护条文研究"，载《中外法学》2019 年第 1 期。

[3] See OECD, *OECD Guidelines on the Protection of Privacy and Transborder Flows of Personal Data*, available at https://www.oecd.org/sti/ieconomy/oecdguidelinesontheprotectionofprivacyandtransborderflowsofpersonaldata.htm, last visited 28-05-2022.

[4] *Japan Act on the Protection of Personal Information Law No.* 57, 2003, available at https://www.cas.go.jp/jp/seisaku/hourei/data/APPI.pdf, last visited 28-05-2022.

然人有关的各种信息，不包括匿名化处理后的信息。

尽管识别性定义已被各国立法普遍采用，然而随着大数据技术的发展，识别性定义，尤其是间接识别的可能性变得难以判断。深度挖掘技术下海量数据集的结合、比对使得数据之间的关联度大幅提升。相比传统的个人数据范围，可间接识别个人身份的数据越来越多，如购物记录、浏览记录、Cookies、搜索记录、IP 地址等，个人数据的范围不断扩大。有学者指出，在大数据时代，个人数据的识别性定义太过于宽泛。几乎每个数据都有可能被认定为个人数据，如考试成绩单、在互联网上停留的时间、在 Google 搜索的记录……如此，欧盟数据保护法将变成有关一切事物的立法。[1] 有学者形象地指出，就像光有时像颗粒，有时像直线一样，数据有时是可识别的，而有时又是不可识别的。个人数据和非个人数据的界限变得越来越模糊。[2] 还有学者不无失望地指出，大数据分析使得可识别和不可识别数据的二元区分已无实质意义。[3] 可识别数据范围的大幅扩张，将导致权利客体范畴的不确定性。

是否将某一类数据界定为个人数据，应当根据普遍的技术水平，并考虑合理的时间和人力成本。如 GDPR 所指出的："为了确定是否有合理的可能使用各种手段来识别自然人的身份，应考虑到所有客观因素，如识别身份所需的成本和时间，同时考虑到处理时的可用技术和技术发展情况。"[4] 总体而言，欧盟个人数据的界定坚持识别标准，且以相应技术水平、社会观念等现实状况确定识别的合理性，采用了概括式和列举式定义相结合的方式，兼顾个人数据定义的稳定性和开放性。

（二）个人数据的特征

第一，个人数据兼具人格属性和财产属性。个人数据承载的人格利益

---

〔1〕 See Purtova & Nadezhda, *The Law of Everything. Broad Concept of Personal Data and Future of EU Data Protection Law*, Innovation and Technology, 1-42（2018）.

〔2〕 See B. J. Koops, *The trouble with European data protection law. International Data Privacy Law*, 4（4）Social Science Electronic Publishing, 250-261（2014）.

〔3〕 See Omer Tene & Jules Polonetsky, *Big Data for All：Privacy and User Control in the Age of Analytics*, 11 Nw. J. Tech. & Intell. Prop. 239（2013）.

〔4〕 GDPR 序言第 26 条。

内涵丰富,既承载了姓名、肖像、隐私等具体人格利益,也承载了人格平等、人格尊严、人性自由等一般人格利益。通过个人购物记录可了解个人偏好,通过个人行为轨迹可知悉个人生活习惯,通过新闻浏览记录、浏览时长、个人评论可判断个人政治偏好。个人数据的泄露和不当公开有损隐私利益;个人数据的恶意篡改,可能会扭曲个人人格形象;对种族、性取向等敏感个人数据的恶意使用有损人格平等;对个人数据的非法商业利用有损人格自由、人格尊严等。因此,个人数据承载广泛的人格利益,难以被某一项具体人格权所涵盖。

同时,个人数据的人格要素可实现财产价值。个人数据可体现个人偏好、行为信息,可用于精准营销、支持商业决策、产品研发等多种商业用途。商家为获取个人数据通常会提供优质的免费网络服务、商品折扣等经济利益回馈。然而,个人数据的财产价值具有低密度性,单个数据的价值非常有限。就个人而言,全面收集与个人有关的数据比单纯一种类型数据总和的价值大得多。[1]就群体而言,"除非将个人数据与其他相近社会经济类别的个人数据汇总在一起加以利用,否则无名之辈的个人数据并不值钱"。[2]价值的低密度性使得个人数据的使用和结果之间的因果关系变得模糊和薄弱。此外,相比传统的静态数据,动态的日常数据如行为轨迹、网页浏览记录逐渐显现出更高的商业价值。

第二,个人数据具有非独占性和共享性。数据的非独占性是指同一数据可以在不同时空被不同的人所开发利用。[3]数据的非独占性与数据的可复制性有关,个体间可通过极低的成本和极为便利的手段实现数据的复制和转移。因此,个人数据主体其实并无法通过"占有"来实现对数据的独占性,这与有形物的天然排他性具有显著的差异。同时,与以往权利侵犯的对立性不同,通常情况下个人数据的产生往往基于获取服务或配合管理

---

[1] See J. E. Cohen, *Symposium: Cyberspace and Privacy: A New Legal Paradigm? Examined Lives: Informational Privacy and the Subject as Object*, 52(5)Stanford Law Review 1373, 1438(2000).

[2] See Joseph W. Jerome, *Buying and Selling Privacy: Big Data's Different Burdens and Benefits*, 66(47)Ssrn Electronic Journal, 52(2013).

[3] 齐爱民:《现代知识产权法学》,苏州大学出版社2005年版,第7页。

的需求，如邮箱地址、家庭住址、网上交易数据等个人数据。个人数据的生成、收集、处理符合数据主体的意志及个人利益。所以在个人数据产生时一般没有直接的对抗性和冲突性，反而带有一定的互利性。[1]这颠覆了传统立法中对法益的认知和划分，其中的利益交错互织使得利益识别更为复杂。

第三，个人数据具有反复使用的价值。数据分析技术，尤其是目前正逐渐普及和成熟的自主学习算法技术，是大数据变革的推动力。其特点在于对个人数据的二次挖掘和使用，从而生成更多增值服务和衍生应用。这些应用与服务之间进一步互动与影响，进而产生更为高效复杂的应用模式。所以数据分析和提取可以在大数据中产生比数据简单集合所体现的表面价值大得多的新价值。这种特征使得无论是个人数据主体还是数据控制者对数据使用的收益和风险都难以提前作出准确、及时的预判，导致个人对个人数据处理难以实现理性判断。

二、欧盟个人数据保护的理论基础

(一) 个人数据保护与隐私权的界分

隐私的理念随着人类智慧的生成而萌发，但关于隐私权的探讨不过一百多年的时间。隐私权理论的形成与发展围绕着私人生活、私人秘密、私人数据而展开。故而隐私权理论的发展也推进着个人数据保护研究的进程，影响着个人数据保护的内在价值。

1. 隐私权的本质解读

随着工业革命的兴起和科技变革，快拍相机、电报纸媒的出现催生了人们心中的隐私权利诉求。1890年，《哈佛法律评论》发表了美国学者路易斯·布兰代斯和萨缪尔·沃伦合作的《隐私权》一文，文中将隐私权阐释为一种个人独处、保持自我个性的权利。[2]怀特曼教授在有关美欧隐私

---

[1] 吴伟光："大数据技术下个人数据信息私权保护论批判"，载《政治与法律》2016年第7期。

[2] [美] 阿丽塔·L.艾伦、理查德·C.托克音顿：《美国隐私法 学说、判例与立法》，冯建妹等编译，中国民主法制出版社2004年版，第14~17页。

文化的对比研究中指出,"欧洲与美国在隐私概念上的差异在于,应当将隐私视作个人人格尊严还是个人自由的一部分"。[1]从美国的隐私理念出发,个人享有自我决定于何时何地、以何种方式展示、表达自我的权利,也享有随时从大众关注范围内退出的权利,这是古老的自然法所赋予的自由。[2]而欧洲隐私权保护的核心在于保护他人的人格尊严不受侵犯。在古罗马文化中,个人基于为社会所作出的贡献而获得尊严,尊严亦可看作是个人在社会群体中所享有的声誉。"尊严是个人自主、自治之结果,人若受到他治或他律,则无尊严可言。"[3]"二战"后,在对纳粹暴行的沉痛反思下,欧洲大陆国家将人格尊严确立为法律体系之伦理基石和价值基础。是故与美国的自由理念相比,欧洲国家更为注重从人格尊严出发强调保护私人生活的价值。德国联邦法院在19世纪末期总是将隐私保护问题看作侵犯荣誉权、人性尊严,认为可以用反侮辱法处理。[4]"当隐私被非法暴露于公众面前时,我们的自尊也被摧残了,这即是法律之所以保护隐私的缘由。"[5]其实,无论是个人自由抑或人格尊严,隐私权之目的本质上是满足人们不愿被他人探知及独立于公共视野免受他人干涉的需求。

然而,如何进一步清晰界定隐私权并非易事。隐私的内涵不仅具有文化上的相对性,[6]而且在不同历史时期、基于不同社会观念,甚至对不同个体而言,都呈现着不同面貌。常被学者们讨论的,如"隐私是一种不被打扰的独处生活的权利","隐私实际上是人们对自己个人数据的控制","隐私是保护一个人在未经其许可的情况下,不论身体还是个人数据不被他接触或接近",等等。[7]

---

[1] See James Q. Whitman, *The Two Western Cultures of Privacy*: *Dignity Versus Liberty*, 4 Yale Law Journal 114 (2004).

[2] Pavesich v. New England Life Inn. Co. (1905).

[3] 李震山:《人性尊严与人权保障》,元照出版有限公司2000年版,第10~17页。

[4] 王秀哲:《我国隐私权的宪法保护研究》,法律出版社2011年版,第72页。

[5] Ruth Gavison, *Privacy and the Limits of Law*, 89 Yale Law Journal 421, 471 (1980).

[6] 王郁琦:《资讯、电信与法律》,北京大学出版社2006年版,第3页。

[7] [美]阿丽塔·L. 艾伦、理查德·C. 托克音顿:《美国隐私法 学说、判例与立法》,冯建妹等编译,中国民主法制出版社2004年版,第13页。

在这些各有侧重的隐私权解读中，独处权说可称为人们对隐私权最为原初的肯认。独处权理论认为，面对现代发明、报纸传媒，个人享有不受打扰的权利。易言之，个人有权选择自己想要的生活方式，非因社会确切需要及合法依据，外界不得干扰或侵扰。爱德华·布鲁斯通认为，"是否放弃独处以及个人在多大范围内独处，包含在个人自由与人类尊严之本质中。若个人住宅可被他人随意闯入，个人婚姻或家庭细节可被他人任意获知，则是对个体的贬低。"[1]道格拉斯法官进一步强调，"独处权应当包括个人有权规划自己的事务，有权不受干扰地以自己眼中最理想的方式规划个人生活，做自己想做的事，去自己希望去的地方。"[2]无论是不得侵入私人住所，还是不得非因法定事由干涉私人事务，抑或扩展到不得公开或传播私人数据，其实都旨在维护个人独处、不被打扰的状态。独处权说阐明了隐私权中私人数据不受非法公开和传播的意涵，却难以解释人们在信息时代场景下希望积极控制、分享个人数据以展示自己的需求。

意识到"完美独处"和"过度隔离"的不足，有学者提出了有限接近自我的理念，"个人有权自行决定在何种程度上被公众关注和讨论"。[3]或者说，隐私权应当是关涉他人能否及在何种程度上接近一个人，包括其思想、行为、个人数据等内容的一项权利。有不少学者提出类似观点，比如嘉维森认为，"隐私权意指他人在何种程度上知悉与我们相关的数据，在何种程度上接近我们以及我们在何种程度上成为他人关注的对象"。[4]同有限接近自我说类似的还有从社会交互关系出发的亲密关系理论：人们在社会交往中形成了各不相同的亲疏关系，关系的亲密程度对自我披露的要求也有所不同。人们一般只会向自己关系亲密的人分享个人数据和事务，而不会向所有人分享。这一理念考虑了个人参与社会交往的需求，但仅从

---

[1] Edward J. Bloustein, *Privacy as an Aspect of Human Dignity: An Answer to Dean Prosser*, 39 NYUL Rev. 962 (1964).

[2] Dove v. Bolton, 40 U. S. 179 (1973).

[3] See Edward L. Godkin, *Libel and its Legal Remedy*, 12 J. Soc. Sci. 69, 80 (1880).

[4] Ruth Gavsion, *Privacy, Law and Public Poilicy*, at 16 (New York: Praeger Publisher, 1979).

发展人际交往和情感关系视角解读隐私权未免过于偏颇。

在所有隐私权解读中，与个人数据最为契合的当属个人信息控制权说。在信息时代，人们每天都在常规地将有关自己的信息交给他人。因应这一时代发展与社会需求，个人信息控制权理论对于隐私权的宗旨不再厘定为消极的排斥他人对私人事务之干涉，而强调隐私权应以权利主体对其个人数据的控制能力为核心内容。易言之，个人有权自行控制于何时何地、以何种方式、在何种程度以及向什么人披露自己的个人数据。哈佛大学法学院教授弗里德指出，"从表面上看隐私似乎与保密有关，旨在限制他人对自己的了解。而事实上隐私的本质为，个人有权选择在何时、何种情景下，以及最为重要的，在何种程度上期望与他人分享或避免他人知晓其态度、思想、行为和意见"。[1]爱荷华大学教授贝詹森认为，"对隐私最恰当的定义为信息自决，即权利主体控制与自己有关的个人信息流动的能力，应将个人信息控制权作为隐私权的核心内容"。[2]纽约大学法学教授米勒强调，"有效隐私权的一个基本特征是个人有能力控制与自己相关信息的流动"。[3]而随着个人数据保护的需求越来越广泛，甚至有学者开始主张用内涵愈加宽泛的个人数据概念涵括隐私权中私人事务、私人空间的部分，直接表达为"隐私就是我们对自己所有的信息的控制"[4]。

个人信息控制权说无疑是对隐私权革新性的解读，这与信息科技的推动是分不开的。该学说主要起源并兴盛于美国，故美国常采用信息隐私的称谓表达对个人数据的保护。深入该学说的内核可以发现，个人信息控制已经超出了传统隐私法消极防御的内涵，而是借用隐私的名义对个人数据加以保护。基于这一学说，学者们对个人数据的范围难以达成一致见解，有学者将之限定为敏感数据，也有学者将之界定为亲密性数据，还有学者

---

〔1〕 Charles Fried, *Privacy*, 77 YALE L. J. 475, 477 (1968).

〔2〕 See Randall P. Bezanson, *The Right to Privacy Revisited: Privacy, News, and Social Change*, 1890-1990, 80 Calif. L. Rev. 1133 (1992).

〔3〕 Arthur Raphael Miller, *Assault on Privacy*, at 25 (University of Michigan Press, 1971).

〔4〕 See Alan F. Westin & Oscar M. Ruebhausen, *Privacy and Freedom*, at 7 (Atheneum, 1967).

借用欧盟立法经验,将其认定为可识别至个人的数据。[1]对个人数据范围界定的不明确,加之"控制"概念的难以把握,使得个人信息控制权在实践中遭遇困境。同时,该学说过于强调个人控制而忽视了个人数据的社会价值。

2. 隐私权与个人数据保护的关系

隐私权内涵的演变历程展现出隐私与个人数据关系的变迁。最初,人们只是从隐私的角度认识个人数据,认为个人数据不过是隐私的一种表现形态,"隐私的三种基本形态包括个人数据、个人领域和个人私事"。[2]信息社会下个人数据范围的不断扩大,个人数据价值的快速提升,使得人们产生了利用个人数据展现自我、实现自我的需求。这成为隐私权概念演变的重要推动力。概言之,人们希望通过扩大隐私权的内涵实现对个人数据的全面保护。例如,索罗夫教授认为,个人数据权利是隐私权的一个方面,数据保护法的不同要素均可以在隐私问题的基础上证成。[3]有学者从信息社会发展的角度指出,数据保护是隐私权发展的最新阶段,尽管隐私最初被定义为"个人生活不被打扰的权利",但现在其内容正不断丰富,发展为可涵盖"对个人数据进行控制"的内容。[4]亦有学者提出类似观点,认为建立独立的个人数据权利在很大程度上背离了隐私权自身的概念及精神,并强调隐私权的固有概念和其"控制权"的发展倾向足以解决个人数据的保护问题,并且是一种更为现实和高效的方式。[5]

个人数据保护与隐私权确实有着难以分割、互相重叠的价值。

第一,二者在本质上均体现出个人对自己私生活的自主决定。个人隐私和个人数据都与自然人人格相关联,是共同维护个人自我发展、组成人

---

[1] See Richard S. Murphy, *Property Right in Personal Information: An Economic Defense of Privacy*, 84 Geo. L. J. 2381 (1996).

[2] 梅绍祖:"中国隐私权和个人数据保护的现状与原则",载《中国信息界》2005 年第 Z1 期。

[3] See D. J. Solove, *The Digital Person: Technology, and Privacy in the Information Age*, at 8-27 (NYU Press 2004).

[4] See Y. Poullet, *Data Protection Legislation: What is at Stake for our Society and for Democracy?* 25 Computer Law and Security Review 211 (2009).

[5] 马特:"个人资料保护之辩",载《苏州大学学报(哲学社会科学版)》2012 年第 6 期。

类尊严的必要成分。有学者援引德国人口普查案判决指出，个人数据保护和隐私权都有促进个人自我发展，促进个人行为与合作的自主能力。[1]隐私的价值基础乃是对于人格尊严与人格自由发展之保护；个人数据保护则体现出对个人自决等相关人格利益之保护，对个人数据保护的日益强化亦与其关涉人格尊严与人格自由密切相关。

第二，二者在客体上有交错重叠部分。个人数据和隐私的关联密切，隐私在很多场景下均以个人数据为"载体"。特别是数字化技术的不断发展，使得隐私在很多场景下均以个人数据为表现形式。比如，个人的通信隐私甚至当面交谈的隐私，经过技术处理都可能被数字化保存；通过智能水表、智能电表等显示的用户每天用水量、用电量的变化等，可判断其生活习惯、家庭访客、外出活动等个人隐私。随着物联网技术的普及，以往难以获知的个体活动轨迹、心理活动、生理变化等个人隐私信息均可以通过个人数据被捕捉、存储和处理。另外，部分未公开的个人数据原本在隐私范畴之内。事实上，人们对于许多个人数据都不愿对外公布，这些私人数据属于个人不愿他人介入的私人领域，无论其有无经济价值均体现着人格利益。

尽管个人数据和隐私的关联非常紧密，但二者并非浑然一体，隐私权既难以全面体现个人数据的价值，也难以提供有效的保护路径。

首先，隐私和个人数据并非完全对应的关系。隐私权侧重保护私密性的数据或私人活动，而个人数据保护的对象并不限于隐私数据，个人数据的处理过程中所产生的各种数据权益均受保护。伴随虚拟空间大数据应用的飞速演进，不可纳入隐私范围的个人数据比重越来越大。不论是否关涉个人隐私，只要能够识别到个人的数据即为个人数据，因而个人数据的范畴远超隐私数据。例如目前的技术手段可将个人的搜索记录（如在Google中搜索"流感"一词）与其他数据合并识别到个人，因此近年出台的数据

---

[1] See Antoinette Rouvroy & Yves Poullet, *The Right to Informational Self-determination and the Value of Self-development. Reassessing the Importance of Privacy for Democracy*, in Serge Gutwirth, et al. (eds.), *Reinventing Data Protection*, at 71 (Springer, 2009).

保护立法均将搜索记录新增为个人数据，[1]而这类搜索记录直观来看很难被认定为具有个人私密性。当然，个人隐私也有一部分并非以个人数据的形式呈现，如物理空间隐私强调禁止他人未经许可对个人的身体、居所或其他私人物理空间的侵入。

面对信息技术的发展，欧洲人权法院尝试通过对《欧洲人权公约》第8条"家庭和个人私生活"条款所保护的利益作出相对动态的解释，涵盖了较为宽泛的数据，如电话记录中的数据、视频监控影像、工作邮件[2]均被解释为私人生活的范畴。但法院进一步指出，在判定个人数据是否属于私生活范围时，需要考虑多种因素，比如数据被记录和存在的具体情境、记录的性质、记录被使用的方式等。[3]这说明欧洲人权法院通过隐私权条款保护个人数据，仍需要考虑多种因素，而并非不加区分地适用于所有个人数据。

其次，隐私和个人数据所体现的价值有所差异。尽管受到个人信息控制学说的影响，欧洲规范层面的隐私权概念仍然限定在对个人私密生活领域的保护，其预设是隐私不被利用。相较而言，个人数据保护法则是以个人数据利用为预设前提，旨在控制数据的流向，避免非法使用。易言之，个人数据保护更加注重在数据被使用的过程中保护数据主体权益，而非局限于不公布或保密。欧洲学者保罗·德·赫特和塞尔吉·古特维斯从消极和积极属性的视角对隐私权和个人数据保护权的区分加以阐释。两位学者指出，隐私是不透明度工具，而数据保护是透明度工具。不透明度工具是一项带有例外的禁止性规则，即除非基于国家安全、公共利益等原因，不得侵入个人私人领域。而透明度工具是在规则前提下的"接受"，即数据控制者在遵守数据保护规则的前提下，得以对个人数据进行收集和处理。[4]

---

〔1〕 如美国 2018 年《加利福尼亚州消费者隐私法案》、GDPR。

〔2〕 Perry v. United Kingdom (2004) 39 EHRR 3, Copland v. United Kingdom (2007) 45 EHRR 37.

〔3〕 See Juliane Kokott & Christoph Sobotta, *The Distinction Between Privacy and Data Protection in the Jurisprudence of the CJEU and the ECtHR*, 3 (4) Hypertension Research 222, 228 (2013).

〔4〕 See Paul De Hert and Serge Gutwirth, *Privacy, Data Protection and Law Enforcement. Opacity of the Individual and Transparency of Power*, in Erik Claes and others (eds.), *Privacy and the Criminal Law*, at 70 (Intersentia, 2006).

透明度工具强调政府或私主体不可秘密处理个人数据，而应做到公开透明，以迫使其负责地、公平地处理个人数据。

这一允许数据使用的理念一方面是基于个人通过个人数据发展个人人格的需求，另一方面是基于信息经济时代对个人数据的社会需求而作出的考量。离开个人数据的使用和流通，现代人类的日常交往、电子商务、公共管理社会模式将难以维系。张新宝教授在隐私权与个人数据保护的对比中指出，"不同于传统隐私权从个体出发为个体提供单一向度的权利保护，个人信息需要从保护和利用两个角度兼得的视角加以考量"。[1]

最后，在权利保护和救济方面，对于隐私权的保护一般采取事后救济的模式，而个人数据保护则更注重事先防御。就权利属性而言，隐私权是一种消极防御性权利，权利主体只能在遭受实质侵害后行使请求权，要求侵权者停止侵害、排除妨碍、赔偿损失。在侵权事件发生前，要求个人积极主动行使权利是不现实的。而个人数据保护强调事先预防。个人数据处理是一个脱离个人可见范围的持续性、长期性的行为过程，不同的数据处理方式也往往产生不同的结果和风险。GDPR 在个人数据保护权的构建上即遵循保护前置的理念，将对于个人数据的保护前置到收集、处理阶段。[2] 数据主体通过行使知情权、更正权、删除权等个人数据保护权，避免数据处理脱离个人控制范围，预防对个人人格、财产等多层面利益的侵害。

隐私权保护主要体现在法律诉讼层面，而个人数据的保护方式则更为多样化。在欧盟数据保护中尤为明显的是数据保护监管机构的介入，即由专门机构通过行政手段对非法收集、处理个人数据的行为展开调查，给予行政处罚，受理公民投诉等。[3] 同时，侵犯隐私权的侵权标准须对个人隐私利益造成一定程度的伤害，而个人数据保护权不以是否造成显著损失为

---

〔1〕 张新宝："从隐私到个人信息：利益再衡量的理论与制度安排"，载《中国法学》2015 年第 3 期。

〔2〕 金晶："欧盟《一般数据保护条例》：演进、要点与疑义"，载《欧洲研究》2018 年第 4 期。

〔3〕 王利明："论个人信息权的法律保护——以个人信息权与隐私权的界分为中心"，载《现代法学》2013 年第 4 期。

前提，只要未能满足个人获取、更正、删除等自主性要求，即是对个人数据保护权的侵犯。

可见，尽管隐私权可以宣示个人数据保护的基本原则与大体方向，在具体适用上却多有不甚切合之处。个人数据与隐私虽然在概念外延上可能存在一定程度的重合，但二者既无法相互替换，也难以互相包容。如无限扩大隐私概念，试图将所有个人数据纳入其中，则无异于抽离隐私的客观标准，进而危及传统隐私保护之价值，对隐私权制度自身之完整性与内在统一性造成破坏。即便美国在实践中将个人数据保护纳入隐私法保护，但由于受到隐私这一价值的限制，美国语境下对个人数据的侵害必须在结果上达到高度冒犯标准，方能获得救济，因此对个人人格利益的保护效力仍是不周延的。

（二）一般人格权理论溯源

在信息时代，几乎所有的人类活动均可转化为个人数据，人类已经成为各种数据组成的集合。当这些数据累积到一定程度，也就构成了与实际人格相似的"数字人格"。[1]在这一前提下，传统人格利益不再仅仅体现于特定人身之生物体上，亦体现在与人身相分离之个人数据上。于是，运用人格权理论解读个人数据保护具备了现实意义，抑或说，个人数据保护是一个关乎一般人格权发展的全新课题。

1. 一般人格权的理论演进

根据人格权理论，任何人在不侵犯他人权利、不违背宪法秩序、不违反公序良俗的前提下，均有自由发展自身人格的权利。在人格权理论中，一般人格权是晚近才出现的概念。无论是在立法还是在法学研究中，人格权理论均经历了由特别人格权到一般人格权再到特别人格权的过程。历经两次世界大战之惨痛教训，人们的权利意识开始觉醒，越发看重人格尊严、人格平等及人权诉求。社会经济越是发达，人们越是关怀私有财产之外的事务，越发认真对待人身安全、人格自由及人格尊严。人格权在"二

---

[1] [美]阿丽塔·L.艾伦、理查德·C.托克音顿：《美国隐私法 学说、判例与立法》，冯建妹等编译，中国民主法制出版社2004年版，第207页。

战"后得到了普遍重视与发展。人不再是臣服于金钱和财物的奴仆,也不再是只为财产利益驱动的皮囊,而是更加注重个人自由和人格尊严。"人格正向财产夺回桂冠。"〔1〕同时,战后不断变革的科学技术使得人格遭受侵害的可能性与严重性也大大增强,人们普遍认为通过法定的特别人格权已不足以为个人人格提供全面的保护。

在一般人格权基础上,各国在法治实践中又将人格权的内容逐步细化,扩展至现今的诸多类型。今日如此规模的特别人格权体系大多源自一般人格权。当社会发展催生出新型人格要素时,便可通过发挥一般人格权的解释、补充等功能予以保护;随着现实案例与权利需求逐渐累积到一定程度,一个理性的国家就会发挥一般人格权之创设功能对人格权制度进行调整,从而创设出新型特别人格权,以对新型人格要素进行全面、合理的规范和保护。〔2〕因此,一般人格权又被称为"口袋权利"。一般人格权制度弥补了特别人格权的不足,为那些顺应社会发展而出现,却尚未纳入实定法的各种人格利益提供保护。

2. 个人数据的人格利益

一般人格权的制度价值也体现在个人数据保护领域。随着信息技术的发展,个人数据体现为一种崭新的人格利益。"个人数据是对个人生活事实的记载,是对自然人人格的勾画,是人格尊严的一部分。"〔3〕个人数据既承载了姓名、肖像、隐私等具体人格利益,也承载了人格平等、人性自由、人格尊严等一般人格利益。承载其上的人格利益乃个人数据之本质表现,亦为个人数据相关权利之本质内涵,是现代社会个人数据应受人格权法律保护之根本原因。

首先,个人数据关涉人格尊严利益。可识别个人身份是个人数据最鲜明的特征,对个人数据毫无节制和约束的收集、使用甚至商品化,将导致个人生活的透明化和人的物化,以致损害人的尊严。"尊严"(Dignity)一

---

〔1〕 梁慧星:《民法总论》,法律出版社1996年版,第106页。

〔2〕 杨咏婕:"个人信息的私法保护研究",吉林大学2013年博士学位论文。

〔3〕 孔令杰:《个人资料隐私的法律保护》,武汉大学出版社2009年版,第94页。

词源自拉丁文"Dignitas",意指尊贵、威严。古希腊著名哲学家普罗泰戈拉提出的"人乃万物之尺度"命题对后世影响深远。基于基督教伦理和教会法,通过托马斯·阿奎那、格劳秀斯、普芬道夫等学者的著作,人性尊严作为人的一项本质特征,得到广泛接受与认可。[1]作为人性尊严思想的集大成者,康德指出:"不论是谁,在任何时候都不应把自己和他人仅仅当作工具,而应该永远视为自身就是目的。"[2]

可以说,个人数据保护本质上是为了确认与维护其所蕴含的人性尊严。人性尊严明白宣示,面对新科技发展,特别是数据处理与人类基因问题,在未来具有重大意义。[3]许文义教授认为,"收集、处理或利用数据""基因科技与伦理"均与人性尊严具有密切关系,收集进而处理、利用个人的大量数据,该人即成为透明之人,无隐私亦无尊严可言。[4]个人数据处理,特别是对基因、种族、宗教等特殊类型个人数据的处理,很可能导致数据主体的人格尊严遭受贬损。因此,世界各国的数据保护立法通常会禁止或限制对特殊类型个人数据的处理。而对个人数据的随意买卖与散播,也使得个人人格沦为他人谋利之手段。

其次,个人数据关涉人格自由利益。由于个人数据能够直接或间接地识别到个人,每个人都怀有控制、支配自身个人数据的愿望,这种控制与支配即为人格利益之体现。如果个人不具有控制其个人数据的权利,则有损人的自主性。黑格尔的先验哲学指出,"自为地存在的意志即抽象的意志就是人,也就是说人的本质在于人的意志"。[5]德国学者布勒克曼认为,不论每个人的个性如何,身心有无缺陷,也不论其对社会"道义"的价值有多大,均"得在其行为与决定上有自由,而且任何人都享有同等自由",

---

[1] See Gert Brüggemeier, Aurelia Colombi Ciacchi & Patrick O'Callaghan (eds.), *Personality Rights in European Tort Law*, at 7 (Cambridge University Press, 2010).

[2] [德]伊曼努尔·康德:《道德形而上学原理》,苗力田译,上海人民出版社2005年版,第53页。

[3] See E. Fechner, Menschenwuerde und generative Forschund und Technik, JZ 1986, S. 658ff. 转引自许文义:《个人资料保护法论》,三民书局2001年版,第46页。

[4] 许文义:《个人资料保护法论》,三民书局2001年版,第46~47页。

[5] [德]黑格尔:《法哲学原理》,范扬、张企泰译,商务印书馆1961年版,第46页。

第三章 人工智能时代欧盟个人数据保护的理论框架

"平等、自由之个人,在人格自由发展前提下,自由决定其生活方式、行为及未来"。[1]

具体而言,可将人格自由分为两种,一种是保持人格的自由,另一种是发展人格的自由。[2]以此推论,个人数据乃个人人格之外在表现形式,则人格自由要求数据主体对现有个人数据施以控制的同时,亦得依据人格发展之需要而对其个人数据进行支配。一方面,数据主体应有权控制和支配真实体现其个人人格的个人数据,包括经技术挖掘后形成的数据集。在数字互联网时代,网络平台已经可以通过收集、挖掘个人数据干涉个人的人格自由。"互联网平台拥有能够运用数字技术和商业关系直接干预用户智识活动的强大能力,进而意味着互联网平台能够塑造乃至操纵用户的人格养成和需求欲望。"[3]另一方面,对于不准确或者过时的个人数据,数据主体享有要求更正的权利。发展数字人格的自由体现在个人可按照个人意愿适时更新、分享个人数据,形塑个人人格。比如,在电子商务平台中更新个人兴趣和偏好,在社交网站分享个人生活、工作动态等。数据主体不但可以通过发展个人数据自由发展其人格,也有权控制人格自由发展的表现形式以确保其符合人格的内容。欧盟数据保护立法中不断丰富的各项数据权利内容,如访问权、更正权、删除权、限制处理权、可携带权、拒绝权等,均体现了数据主体人格自由价值。

概言之,个人数据中蕴含着数据主体不可抛弃的人格利益,人格尊严、人格自由、人格发展等朴素的自然法价值,决定了在当今万物互联、全球互通的数据处理高速运转网络中,个人数据所蕴含的人格利益理应也必须得到尊重、善待和保护。

德国法哲学家拉伦茨在论及一般人格权时,专门就一般人格权与个人数据保护的关系做了精辟论述:"对个人人格的保护还有一项特别规定。

---

[1] See Vgl. A. Bleckmann, a.a.O., S.451. 转引自李震山:《人性尊严与人权保障》,元照出版有限公司2011年版,第13~14页。

[2] 杨立新:《人身权法论》,人民法院出版社2002年版,第381~382页。

[3] 李谦:"人格、隐私与数据:商业实践及其限度——兼评中国cookie隐私权纠纷第一案",载《中国法律评论》2017年第2期。

《联邦数据保护法》及德国各州数据保护法中规定,只有经法律许可,或经当事人同意,方能收集和处理个人数据,以避免个人数据存储和传输而侵犯个人利益。每个人均有权获知其个人数据的存储状况,在法定情形下,个人有权请求将之封锁或删除。这是一般人格权在法律中的具体体现。"[1]有学者认为,一般人格权能够提供一个更为宏大的个人数据保护规范。认可一般人格权对自我决定权能和人格自由发展的保护,即认可所有个人数据的自主使用均具有保护价值。该种保护既不以是否"严重破坏生活安宁"为评判标准,亦不以个人数据之内容为界定依据,任何对个人数据自主价值之侵犯均应受一般人格权制约。"这样所形成的乃是对所有个人信息给予普遍保护的一般性规范,区别于各种具体人格权,以及……涉及某一具体类型个人信息保护的特别规范。"[2]

总体来看,一般人格权关注了个人数据的伦理基础和精神底蕴,可适应时代变迁,包容个人数据所产生的新型人格要素。但一般人格权的包容性也注定其存在"模糊性和不确定性"。也有学者指出,"一般人格权是抽象和宏阔的权利概念,并不适合个人数据保护这种非常具体的情境"。[3]随着实践中侵权案件的增多,借用一般人格权保护个人数据已经不合时宜。面对现实中个人数据保护需求的变化,德国在法治实践中又基于一般人格权理论发展出"信息自决权",为欧洲乃至世界范围的个人数据保护提供了理论源泉。

(三) 信息自决权理论的创设与意义

一般人格权理论为创设具体人格权创造了条件,个人信息自决权正是在此基础上获得了法律与文化上的认可。[4]作为大陆法系的统领者,德国

---

[1] [德] 卡尔·拉伦茨:《德国民法通论(上册)》,王晓晔等译,法律出版社2002年版,第171页。

[2] 谢远扬:"信息论视角下个人信息的价值——兼对隐私权保护模式的检讨",载《清华法学》2015年第3期。

[3] 刘泽刚:"欧盟个人数据保护的'后隐私权'变革",载《华东政法大学学报》2018年第4期。

[4] See Marc Rotenberg & David Jacobs, *Updating the law of information privacy: the new framework of the European Union*, 36 Harv. J. L. & Pub. Pol'y 605 (2013).

从宪法一般人格权理论发展出信息自决权,不仅强调数据主体对其个人数据的控制,同时兼顾个人数据的社会价值。这一理论为德国的数据保护发展独辟蹊径,对欧洲数据保护制度产生了重要影响。[1]

1. 信息自决权理论的兴起

德国早期的个人数据保护司法实践主要受到领域理论的影响。领域理论主张构建私人生活领域的"同心圆",根据每个部分与核心区的远近划分多个层次,借此认定"私领域"之保护范畴。[2]在1969年的"小普查案"[3]中,德国联邦宪法法院指出,宪法为每一位公民均提供了不可侵犯的私人生活领域,但并非所有的统计调查均会损害私人生活领域。可见在这一阶段,德国仍适用隐私概念解释个人数据保护问题。自1970年德国黑森州数据保护立法出台,至1983年确立信息自决权的人口普查案期间,德国联邦及各州逐渐构建起一套完备的个人数据保护立法体系。在这期间的1970年雇主查阅离婚案卷、1972年有关病例提供、1973年将某犯人之案情拍成纪录片等多项联邦宪法法院判决中,法官逐渐扬弃传统的领域理论,而肯认一种观点,即每个人有权自主决定其生活图像是否以及如何公开。[4]

在此期间,德国学者对个人数据保护问题进行了广泛研究与探讨。1971年,德国学者施泰姆勒受德国内政部委托主持《联邦个人信息保护法(草案)》的起草工作。在草案说明中,最先使用了"信息自决权"的概

---

[1] See Herbert Burkert, *Privacy-Data Protection: A German/European Perspective*, at 53-55 (Nomos Verlagsgesellschaft, 2000).

[2] 王泽鉴:"人格权的具体化及其保护范围·隐私权篇(中)",载《比较法研究》2009年第1期。

[3] 1969年7月16日德国联邦宪法法院"小普查案"判决(BVerfGE 27, 1),对1957年3月16日通过的《居民及职业生活抽样统计实施法》进行违宪审查。该案主要争议条文规定:在本法有效范围内,自1956年到1962年以每季度为单位,进行有关居民及职业生活的抽样统计调查,并以此作为联邦统计调查的一部分。调查的范围包括选定对象之住户的数量、姓名、性别、年龄、工作职位、婚姻状况、子女数量、国籍、居住地、居住地变迁状况、身体是否残疾及其原因、农地有效面积。德国联邦宪法法院判决该案所涉法律条文没有违反宪法。参见杨芳:"个人信息自决权理论及其检讨——兼论个人信息保护法之保护客体",载《比较法研究》2015年第6期。

[4] 李震山:《人性尊严与人权保障》,元照出版公司2000年版,第280页。

念。他主张,个人有权自由决定自己的所思所想及行为在何种程度上被外界知悉。[1]个人信息自决权的提出,是基于现代信息技术的急剧发展,对国家获得强力监控个人生活可能性的回应,同时有助于平衡个人和信息掌控者之间的失衡地位。德国数据保护领域的著名学者施皮罗斯·西米提斯指出,"为了对抗日益增多的个人数据收集、处理和利用行为,法律上应该赋予当事人足以与之抗衡的地位,亦即在具体规则的设计上应当有意地降低数据控制者的地位,增强当事人对于个人数据的控制能力"。[2]

2. 信息自决权与个人数据保护

信息自决权的正式确立是在 1983 年人口普查案中,该案堪称德国数据保护领域的里程碑判决,其中详尽阐释了信息自决权保护的背景、依据、概念、必要性及限制问题。王泽鉴教授评价说,"德国学者认'人口普查案判决'系德国数据保护法发展上的大宪章"。[3]1982 年 3 月,《联邦人口普查法》经德国议会通过。依据该法,德国公民须填写包括收入来源、教育背景、居住情况等在内的各种个人信息;所收集的信息将用于地方政府的行政规划、公共管理、环境保护等行政事务,地方政府还可将这些信息与当地的住房登记数据相比对,并在必要时修改。依据该法,德国联邦政府开始对全国人口信息展开全面采集,这在当时的德国引起了轩然大波。大批民众向德国联邦宪法法院提起宪法诉愿,以期对此进行合宪审查。根据该案判决,信息自决权对个人数据保护的推动体现在以下几个方面。

第一,通过信息自决权保护个人数据的必要性和紧迫性。在该案判决

---

[1] Steinmüller/Lutterbeck/Mallmann/Harbort/Kob/Schneider, Grundfragen des Datenschutzes, Gutachten im Auftrag des Bundesministeriums des Inneren, 1972, BT-Drucksache VI 3826, 1. Aufl., S. 87. 转引自杨芳:"个人信息自决权理论及其检讨——兼论个人信息保护法之保护客体",载《比较法研究》2015 年第 6 期。

[2] Spiros Simitis, Kommentar zum Bundesdatenschutzgesetz, 6. Aufl., 2006, § 1 Rn. 36. 转引自杨芳:"个人信息自决权理论及其检讨——兼论个人信息保护法之保护客体",载《比较法研究》2015 年第 6 期。

[3] Hoffmann-Riem, Informationelle Selbstbestimmung in der Informationsgesellschaft - Aufdem Wegzueinem neuen Konzeptdes Datenschutzes, A. R. 123 (1998), 513 (515). 转引自王泽鉴:"人格权的具体化及其保护范围·隐私权篇(中)",载《比较法研究》2009 年第 1 期。

中,德国联邦宪法法院指出,"因现代化发展及随之产生的对人格的新威胁,此项权利之重要性得以被认可"。[1]数据自动化处理技术发展对信息自决权形成威胁的关键特征体现在,"对于已识别(或可识别)特定(或可得特定)个体的个人数据,在技术上可毫无限制地进行存储,且任何时候、不论距离远近都能够在几秒内提取,进而对个人造成危害"。[2]而数据自动化处理技术发展对信息自决权最核心的侵害在于,"个人数据可与收集的其他数据,组合成部分或相当全面的个人人格图像,而权利主体却对其正确性及使用缺乏足够的控制"。[3]当人们面对一个无法确定何人、因何事、在何时及何种情况下知晓其个人信息的社会秩序,或者使上述社会秩序成为可能的法律制度时,则任何人都无法确定其自身有违常规的行为是否会被随时记录下来,并作为一种数据被持续地储存、使用及传播。基于此可能产生的后果是,人们为免于受到关注,将对自身行为予以自我审查及约束,以试图规避"反常"行为。例如,人们如预期到参加集会将会被政府机关记录在案而使自己面临风险,可能会放弃行使集会自由的基本权利。如此,则不仅对于个人自由发展不利,也有损于公共利益。因此,"对于一个基于人们有行为能力及参与能力的自由民主社会而言,信息自决权乃是其根本要件"。[4]

第二,信息自决权源自宪法一般人格权与人性尊严。德国基本法第1条第1款"人之尊严不可侵犯"与第2条第1款"人人有自由发展其人格之权利"所构筑的人性尊严与一般人格权,是德国联邦宪法法院形塑信息自决权的基础。联邦宪法法院指出,"作为自由社会之成员且在自由的自

---

[1] BVerfGE 65, 1 (41), BVerfGE 65, 1 (44). - *Volkszählung/Census* (1983), available at http://www.servat.unibe.ch/dfr/bv065001.html, last visited on 10-10-2018. 英文版本参见 Jürgen Bröhmer, Clauspeter Hill & Marc Spitzkatz (eds.), *60 Years German Basic Law: The German Constitution and its Court. Landmark Decisions of the Federal Constitutional Court of Germany in the Area of Fundamental Rights* (2nd ed.), at 144-149 (The Malaysian Current Law Journal and Konrad-Adenauer-Stiftung e.V., 2012)。

[2] BVerfGE 65, 1 (42).

[3] BVerfGE 65, 1 (42).

[4] BVerfGE 65, 1 (43).

决下活动之人的价值与尊严,是基本法秩序的核心。在其他已特别保障的自由权利之外,由一般人格权对人的价值与尊严提供保障。……延续以往判决的观点,一般人格权应当包括基于自决观点而得出的个人权限,即一般而言,个人可自行决定于何时及在何种范围内公开其个人生活事项。鉴于此,在现今数据自动化处理环境下,基本法之一般人格权包含此项保护内容"。[1]个人数据保护的重心已不再是昔日之主张免受干扰或独处的消极、被动权利,而是逐步转向积极、主动主张任何人对自己的个人数据有权进行支配、控制及自我决定。

第三,信息自决权适用范围不再区分是否与私生活相关,而是适用于所有个人数据。德国联邦宪法法院明确了个人数据保护不再适用领域理论,"信息自决权存在于个人数据处理的各个步骤,也存在于所有的个人数据之上"。[2]"这项权利适用于一切个人数据,包括那些看上去似乎无关紧要的个人数据。我们不再简单要求根据个人数据的内容来划分哪些处于私人领域,哪些处于公共领域。"[3]作出这一决定的理由在于计算机处理可将诸多"不重要"的信息组合为"重要"的信息。对于信息是否敏感或秘密的认定也不再基于是否关乎隐私,而应综合考量该信息所具有的个体人格意义、信息使用的具体情形或者结合其他信息进行判断,进而决定是否对信息的控制权予以限制。

第四,信息自决权不是一项绝对权利,须兼顾个人数据之社会价值。德国联邦宪法法院在判决中明确表示,没有绝对不得限制的信息自决权,易言之,任何人对自己的个人数据并不享有绝对的支配权。盖因"个人乃社会之成员,个人人格之自由发展仰赖于社会交往,即便与私人事务紧密

---

[1] BVerfGE 65, 1 (41, 43).

[2] Alexander Roβnagel, Modernisierung des Datenschutzrechts-Empfehlung eines Gutachtens für den Bundesinnenminister, RDV 2002, 61, 62. 转引自杨芳:"个人信息自决权理论及其检讨——兼论个人信息保护法之保护客体",载《比较法研究》2015年第6期。

[3] Christoph Mallmann, Datenschutz in Verwaltungsinfourmaitonssystem: zur Verhältnismässigkeit des Austauches von Informationen in der normvollziehenden Verwaltung, 1976, S. 22. 转引自杨芳:"个人信息自决权理论及其检讨——兼论个人信息保护法之保护客体",载《比较法研究》2015年第6期。

相关之个人数据，亦为社会生活之写照，不能排他地为当事人所有"。[1]每个人都是"与共同体相关，并受共同体约束的个人"，信息自决权在原则上必须接受重大公共利益的限制。比如对于政府公共计划所需要的某些数据，个人作为社会成员有义务对官方所开展的人口调查及涉及自身的相关事项予以回答。[2]在满足法定条件之前提下，政府得收集、处理、存储、传播个人之有关数据。

为了防止政府滥用对信息自决权的限制，德国联邦宪法法院指出应当对该限制加以约束。其一，须遵循目的明确原则。根据德国基本法第2条第1款规定，对于信息自决权的限制须具有合宪的法律基础，限制之前提与范围均须明确，并且对人们而言应当可辨认、可识别。一者，法律须明确规定收集、使用个人数据之目的，禁止为了不确定或尚不能确定之目的而收集、使用个人数据；二者，政府对于个人数据之使用应受上述特定，不得将收集的个人数据用作其他目的。[3]在该案中，《联邦人口普查法》授权地方政府可以将人口普查数据同当地房屋登记做比对。德国联邦宪法法院认为，人口普查统计数据结合个人化的房屋登记，可能导致特定个人被识别，进而造成人格权被侵犯。因此，为将来任意使用而收集、存储非匿名的个人数据是不被允许的，禁止与最初目的相背离的数据流通及使用。其二，须遵循比例原则。"议会制定有关限制个人信息自决权的法律时，必须遵循比例原则。国家仅能在保护公共利益的必要范围内对公民的信息自决权予以限制。这项原则源自基本权利的特殊属性，且被提升至宪法规范的高度。"[4]其三，须遵循组织及程序保障义务。"考虑到国家在使用数据自动化处理中所涉及的风险，立法应比此前任何时期都更有责任去采纳组织及程序上之预防措施，以保护个人免受对其人格自由

---

[1] BVerfGE 65, 1 (43).
[2] BVerfGE 65, 1 (51).
[3] Spiros Simitis, Die informationelle Selbstbestimmung-Grundbedingung einer verfassungskonformen Informationsordnung, NJW 1984, S. 395. 转引自杨芳："个人信息自决权理论及其检讨——兼论个人信息保护法之保护客体"，载《比较法研究》2015年第6期。
[4] BVerfGE 65, 1 (44).

的侵犯。"[1]总体来看，德国联邦宪法法院的判决内容描述了数据处理的部分规范要求，包括法律保留原则、目的明确原则、比例原则、组织及程序保障义务，这些均成为合理限制信息自决权的前提。此外，政府还应履行告知、解释及解答义务，以作为在更全面程序上为个人提供保护的预防措施。[2]

考察信息自决权的发展历程不难发现，信息自决权起源于隐私权，但并未止于隐私权范畴，而是通过宪法判例被确立为一项与隐私权并列的具体人格权。信息自决权以个人之自治、自决为核心，赋予个人权利的同时也限制了其绝对控制权。有学者指出，事后救济不能充分保护个人数据主体的权益，信息自决权作为一项前置保护措施而归入宪法的公民权利范畴之中，实有必要。[3]由于德国将信息自决权定位为一项宪法性基本权利，其基本权法教义学中关于基本权利之双重属性和多维功能的认知，推动了信息自决权之内涵、范畴及功能的学理界定。比如，信息自决权作为主观权利，具有抵御国家不当收集、使用、储存、传播个人数据的防御权功能，确保公民对于个人数据的控制与自决，防止国家通过数据自动化处理技术对私人生活进行无限度的干预。而信息自决权所具有的客观价值属性，又赋予公民得向国家提出积极作为要求的权能，以借助国家提供的组织、机构、程序支持，促进其信息自决权有效实现。再者，从作为基本权利的信息自决权之客观价值属性出发，也能够合逻辑地推导出，当公民的信息自决权遭受第三方侵害时的国家保护义务。[4]信息自决权理论确立了个人对个人数据的自由决定利益，且兼顾个人数据的社会价值，承认限制权力的必要性。

（四）理论反思：利用行为规制化解个人支配困境

欧盟个人数据保护在很大程度上建立在信息自决理论基础之上。信息

---

[1] BVerfGE 65, 1 (44).
[2] BVerfGE 65, 1 (45-46).
[3] 谢永志：《个人数据保护法立法研究》，人民法院出版社2013年版，第38页。
[4] 赵宏："从信息公开到信息保护：公法上信息权保护研究的风向流转与核心问题"，载《比较法研究》2017年第2期。

自决强调对个人数据处理的控制能力,在该理论支撑之下,个人数据保护的中心由免受干扰或独处的消极、被动权利,转向积极、主动对自己的个人数据进行支配、控制及自我决定。然而,信息自决在实践中遭遇正当性和合理性质疑。

一方面,以知情同意为核心的信息自决效果不彰。知情同意通常被理解为维护个人自主、实现个人自决的有效手段。但在实践中,知情同意模式却逐渐式微,看似彰显了个人的控制力和支配力,但实际上却缺乏权利行使的针对性与必要性,实践效果有限。缺乏制衡能力与信息资源的个人无法单纯凭借"支配权"来实现对个人信息权益侵害风险的防御。[1]面对人工智能时代海量而多样的数据,以及个人数据的深度挖掘特性,即便数据主体能够判断部分数据处理带来的直接风险,但通常很难全面判断海量数据整合挖掘带来的累积性、动态化风险,数据主体难以真正作出科学、审慎的选择。[2]在人脸识别、算法应用等场景下,这一问题尤为明显。用户基于便利等需求,对人脸数据、行为数据处理可能带来的"种族歧视""干扰选举倾向"等风险并不能做到理性认识。索罗夫教授认为,在数据保护领域知情同意面临个人认知能力的有限性、多方数据处理主体的复杂性及隐私所内含的重大社会价值等因素,导致个人难以权衡数据处理的成本与收益问题,而将此权衡交由"父爱主义"路径同样会减少个人的选择。"人们要么面临无意义的选择,要么没有选择。"[3]可见,新形势下潜藏的系统性风险难以仅凭个体选择和支配的方式加以应对。

另一方面,由个人完全支配数据走向已难以适应人工智能时代数据复合利益的现状。个人数据在处理和流通共享中产生价值,个人数据代表着

---

〔1〕 张翔:"个人信息权的宪法(学)证成——基于对区分保护论和支配权论的反思",载《环球法律评论》2022年第1期。

〔2〕 参见吕炳斌:"个人信息保护的'同意'困境及其出路",载《法商研究》2021年第2期。

〔3〕 See Solove D. J., *Privacy Self-Management and the Consent Dilemma*, 126(7) Harvard Law Review (2013).

社会实施，一旦流动进入社会化利用，便很难保持个人支配性和独占性。如上文所述，人工智能时代个人数据的生产机制决定了个人数据的利益复杂性，其价值并不完全由个人创造，因此支配思维并不符合个人数据的事物本质。可以说，由个人完全控制个人相关数据的收集和流动，在技术上和经济上都不是最优方案，容易导致对个人和社会不利的选择，可能根本性地破坏个人数据利用的生态。[1]

在新形势背景下，改变支配权思维，以"免予对人格发展的过度妨碍"作为个人数据保护的规范目标，有利于更为包容和灵活地协调个人数据的保护与利用的关系，在保护个人自决的同时，为数据产业的发展保留空间。[2]个人数据保护权成为宪法意义上的"受尊重权"，不将权利指向客体支配，而是指向行为干预。这一路径不以个人是"效用最大化者"为预设前提，而是通过规则的建构来重塑个体选择的"参照系"，"助推"个体调整经他本人认可的具有更高福利的行为。[3]不单一强调个人对自身个人数据的支配权，就不会过度挤压数据控制者处理个人数据的空间。相反，应从效果上考量个人数据处理行为是否不合乎人类尊严地将个人工具化和客体化，是否过度、不当地妨碍了个人人格自由发展。正如张翔教授所言，其指向的并不是对客体的支配，而是约束数据控制者和处理者的行为，形塑公正有效的公共规制模式，为个人在公正、理性、透明的数字环境中生活、实现人格自由发展营造空间。[4]

三、欧盟数据保护改革中风险规制理念的兴起

所谓风险规制，一般是指对于可能危害公共利益的风险，由专业行政

---

[1] See Paul M. Schwartz, *Privacy and Participation: Personal Information and Public Sector Regulation in the United States*, 80 Iowa Law Review (1995).
[2] 张翔："个人信息权的宪法（学）证成——基于对区分保护论和支配权论的反思"，载《环球法律评论》2022年第1期。
[3] 那艺、贺京同："行为经济学的兴起及其与新古典经济学关系的演变"，载《中国社会科学》2019年第5期。
[4] 张翔："个人信息权的宪法（学）证成——基于对区分保护论和支配权论的反思"，载《环球法律评论》2022年第1期。

第三章 人工智能时代欧盟个人数据保护的理论框架

机构在所进行的评估、监测基础上,通过制定规则并监督执行等法律手段,减轻或消除风险。[1]以实施主体观之,风险规制是典型的政府规制。鉴于传统民事、刑事法律制度应对风险社会的束手无策,风险规制作为风险社会的有效预防手段得到全世界广泛认可。伴随人工智能时代来临,数字风险复杂程度更高、影响范围更广、不确定性更加凸显,传统个人责任追究方式已力不从心,集体性的风险防治模式渐趋盛行,风险规制理论[2]逐步成为欧盟个人数据保护的重要理论基础。

(一) 人工智能时代数据处理风险凸显

在传统数据保护问题中,风险一般局限于数据存储安全领域,数据控制者仅需履行注意义务,运用技术手段防范数据泄露。而以大数据和算法为基础的智能数据处理带来了隐私深度侵犯、隐性歧视、行为操纵等新的风险,并已成为数据保护领域重点关注的问题。[3]风险社会理论的奠基者、德国著名社会学家贝克指出,"棱镜门"事件的爆发标志着人类社会进入数字风险时代。[4]"智能的数据处理产生了新的复杂风险,与更普遍的工业产品产生的传统安全风险不同,增加的智能特征改变了产品使用的风险轮廓。"[5]

具体而言,风险在深度和广度上均得以扩展。智能技术的深度挖掘能力增加了隐私、歧视风险。例如,通过大数据集之间交叉验证可由匿名数据识别到个人;可从邮政编码、节假日等中性特征中提取出种族、宗教等

---

[1] 赵鹏:"风险社会的自由与安全——风险规制的兴起及其对传统行政法原理的挑战",载《交大法学》2011年第1期。

[2] 丁晓东:"个人信息私法保护的困境与出路",载《法学研究》2018年第6期;马长山:"人工智能的社会风险及其法律规制",载《法律科学》2018年第6期;王锡锌:"个人信息国家保护义务及展开",载《中国法学》2021年第1期。

[3] See Kuner Christopher, et al., *Machine Learning with Personal Data*: *is Data Protection Law Smart Enough to Meet the Challenge*? 7 (1) International Data Privacy Law 1, 2 (2017).

[4] See Beck Ulrich, *Five Minutes with Ulrich Beck*: *Digital Freedom Risk is one of the Most Important Risks we Face in Modern Society*, available at http://eprints.lse.ac.uk/72044/, last visited on 15-08-2018.

[5] Macenaite M., *The "Riskification" of European Data Protection Law through a two-fold Shift*, 8 (3) European Journal of Risk Regulation 506, 540 (2017).

敏感数据，进而带来歧视风险。同时，大数据处理技术的不可控性也直接为个人权利带来风险。大数据的特征正是依赖由大量数据集和分析工具集合所带来的结果的不可预测性。当下备受推崇的自主学习算法可自行学习和改进算法而不受人类干预，其结果具有不确定性、不可解释性和不可控性。可见，新兴技术将数据处理风险进一步放大，数据保护面临着对科技风险的控制和防范问题。在 GDPR 序言中，有多项条款提及"对自然人权利和自由的风险"问题。[1]

（二）风险规制在个人数据保护中的功能

作为风险规制理论起源较早的国家，美国学界对风险规制的研究相当深入。美国联邦最高法院的大法官史蒂芬·布雷耶评论称，美国政府的风险规制陷入了误区，在"公众认知""国会反应"和"规制过程不确定"三者间形成恶性循环。布雷耶建议构建一套目标导向的、去政治化的"超级专家理性"制度，以打破美国风险规制陷入的恶性循环。[2]布雷耶的思考对各国在风险规制方面均具有重要参考价值。欧盟也较早涉入风险规制领域，1992 年欧盟《马斯特里赫特条约》，即出于风险社会应对考量，将德国行政法中的风险预防原则纳入条约之中。[3]

在个人数据保护领域，风险规制并非新名词。长期以来，数据保护立法将控制风险作为合理处理数据、有效保障个人基本权利的重要工具。1988 年美国《计算机匹配和隐私保护法案》要求政府机构对数据匹配展开成本收益分析。在最近几年的其他数据保护立法和政府报告中，风险管理也得到了强调和重视。如经济合作与发展组织（OECD）《隐私保护指南》2013 年修改稿中提到了"实施风险路径"[4]。在其解释备忘录中也提到

---

[1] GDPR 序言第 84—86 条、第 89—96 条等。

[2] 杨小敏、戚建刚："风险规制与专家理性——评布雷耶的《粉碎邪恶循环：面向有效率的风险规制》"，载《现代法学》2009 年第 6 期。

[3] 高秦伟："论欧盟行政法上的风险预防原则"，载《比较法研究》2010 年第 3 期。

[4] See Organization for Economic Co-operation and Development, *Supplementary Explanatory Memorandum to the Revised Recommendation of the Council Concerning Guidelines Governing the Protection of Privacy and Transborder Flows of Personal Data* (2013), 30.

第三章　人工智能时代欧盟个人数据保护的理论框架

"风险评估在发展隐私保护政策和措施中的重要性"。[1]同时，有大量的政府报告（如法国、美国、英国等）中也提到有关数据保护中风险控制的内容。[2]还有学者将数据保护类比环境保护，认为个人难以合理评估、管理环境污染状况，对数据处理行为应从公法层面给予事前和事后规制。当前受到普遍认可的数据保护影响评估最初就由环境影响评估发展而来，体现出风险规制的思路。

在欧盟数据保护改革中，GDPR首次采用了"基于风险的路径"，即根据风险大小额外增加义务或豁免部分义务。一方面，数据处理原则为数据控制者确立了严格的、不可突破的行为底线；另一方面，基于风险的路径则提供了更为灵活的义务履行方式，这进而搭建了数据控制者既有原则性又不失灵活的自我规制框架。[3]有学者指出，"从统一的个人数据保护转向以风险为导向的差别保护，是个人数据保护法发展的最新动向"。[4]也有学者指出，在大数据时代，GDPR对场景和风险理念之重要性予以特别强化，初步搭建起风险管理的框架。[5]还有学者更为直接地指出，GDPR可称为一部"基于风险"（Risk-based）的个人数据保护法，风险概念体现于文本的许多条款中。[6]对于人工智能应用中的个人数据处理行为，风险规制理论具有重要的解释和规范意义。[7]

第一，风险规制路径有助于降低规制成本，激励数据控制者积极探索

---

[1] See Organization for Economic Co-operation and Development, *OECD Guidelines Governing the Protection of Privacy and Transborder Flows of Personal Data*, C（80）58/FINAL, as amended by C9（2013）79（2013）, 12.

[2] Federal Trade Commission, Protecting Consumer Privacy in an Era of Rapid Change（2012）, 30. Trilateral Research & Consulting, Privacy Impact Assessment and Risk Management（2013）, 15-16. UK Information Commissioner's Office, Conducting Privacy Impact Assessment Code of Conduct（2014）.

[3] See Raab C., *The meaning of "accountability" in the information privacy context*, in Ilten C. et al.（eds.）, *Managing privacy through accountability*, at 15, 32（Palgrave Macmillan, 2012）.

[4] 田野："大数据时代知情同意原则的困境与出路——以生物资料库的个人信息保护为例"，载《法制与社会发展》2018年第6期。

[5] 范为："大数据时代个人信息保护的路径重构"，载《环球法律评论》2016年第5期。

[6] 洪延青："解锁GDPR的正确姿势：风险路径"，载《中国信息安全》2018年第7期。

[7] 梅夏英："社会风险控制抑或个人权益保护——理解个人信息保护法的两个维度"，载《环球法律评论》2022年第1期。

自我规制路径。考察规制理论的发展路径，"鉴于许多欧洲国家在20世纪八九十年代经历的规制危机，基于风险的规制代表了反对过度规制、墨守法定规则及高成本规制的力量"。[1]在个人数据保护领域，数据具有随时产生、多点存储、多次开发、跨场景应用、多人经手、跨国界传输、收集与处理分离、生命周期短、需要技术解决方案等特点，若全部加以保护，技术、经济上有很大难度，会产生很高的保护成本。"转向基于风险路径主要是基于有效性考虑，可更为充分、高效、有针对性地利用规制资源，并集中解决最具风险的个人数据处理实践。"[2]尽管GDPR基于风险的路径是针对数据控制者而设定，但实际上也间接影响监管机构以基于风险的方式执行GDPR，节约规制资源并按优先顺序安排执法活动。因此，基于风险的路径不仅可节约数据控制者的成本，也同时削减数据保护监管机构的行政负担。

第二，风险规制路径可提供情境化、合比例判定。GDPR平衡个人权利与数据使用利益的立法初衷决定了合比例分析是数据保护必不可少的工具，部分条文也体现出数据保护的目的不是防止对数据主体的任何消极影响，而是防止不合比例的影响。[3]而基于风险的路径恰恰可提供动态的、全程的、情境化的、合比例的分析。基于风险的路径内含成本收益平衡的思想，为数据控制者所采取和选择的保障措施提供依据和基础，"使用科学的风险评估工具和技术有助于更客观、更透明及更好的成本收益平衡规制"，[4]

---

[1] See Bridget M. Hutter, *The Attractions of Risk-based Regulation：Accounting for the Emergence of Risk Ideas in Regulation*, available at https：//www.researchgate.net/publication/263336209_ The_ Attractions_ of_ Risk-Based_ Regulation_ Accounting_ for_ the_ Emergence_ of_ Risk_ Ideas_ in_ Regulation, last visited 31-05-2022.

[2] See Orla Lynskey, *The Foundations of EU Data Protection Law*, at 84（Oxford University Press, 2015）.

[3] 如GDPR第6条规定，数据控制者为履行职务、保护他人利益、维护公共利益而进行的必要的数据处理是合法的。该条款中的"必要的"体现了合比例性思想。Article 29 Working Party's Statement on the role of a risk-based approach in data protection legal frameworks, available at https：//ec.europa.eu/justice/article-29/documentation/opinion-recommendation/files/2014/wp218_ en.pdf, last visited 31-05-2022. 另外，如第35条第7数据保护影响评估条款中对处理行为的必要性和称性的评估。

[4] See Bridget M. Hutter, *The Attractions of Risk-based Regulation：Accounting for the Emergence of Risk Ideas in Regulation*,（2005）*Centre for Analysis of Risk and Regulation*, *Discussion paper No.*33, 1, available at www.lse.ac.uk/accounting/CARR/pdf/DPs/Disspaper33.pdf, last visited 08-08-2018.

第三章　人工智能时代欧盟个人数据保护的理论框架

帮助数据控制者判断基于目的、利益的合比例性，决定是否仍继续带有部分风险的数据处理。[1]另外，还可根据数据主体类别、数据主体规模、时间、行业领域、数据类别等情境判断应提供何种类型的保障措施。

第三，风险规制路径有助于提高透明度。基于风险的路径目的是管理有争议的风险，向社会开放，使公众和专家参与对风险的理解和构想。[2]有学者认为，如公众参与机制不健全，则不利于外部专家来协助识别复杂技术系统对于个人权利可能产生的影响，因此，对于识别数据保护领域的问题以及寻求问题的解决方案而言，咨询不同立场的利益相关者是一个关键步骤。[3]数据保护影响评估作为一项对风险的持续性评估过程，贯穿从系统规划、建设、运行到结束的全生命周期。评估结果一般应在一定程度上予以公布，方便数据主体及时查阅，以确保所作的评估能否满足数据主体的利益期待。

第四，风险规制的路径体现了对风险的防御姿态。考察科技的发展史可以发现，科技的每一次革新均与风险相伴，而我们之所以仍然继续推动科技发展，是基于内在的巨大利益考虑。如药品、疫苗尽管存在风险，但实际为我们带来了更大的福利。同样，"智能的数据处理产生了新的复杂风险，与更普遍的工业产品产生的传统安全风险不同，增加的智能特征改变了产品使用的风险轮廓"。[4]因此，个人数据驱动的产品和服务需要在风险和利益间寻求一种不同形式的妥协。在快速变化和科技复杂的环境中，这种基于风险的防御姿态对于新科技规制者来说更加重要，因为他们的干预总是不可避免地落后一步。风险规制路径可对人

---

[1] See Bridget M. Hutter, *The Attractions of Risk-based Regulation*: *accounting for the emergence of risk ideas in regulation*, (2005) *Centre for Analysis of Risk and Regulation*, *Discussion paper No 33*, 1, available at www.lse.ac.uk/accounting/CARR/pdf/DPs/Disspaper33.pdf, last visited 08-08-2018.

[2] See Julia Black, *The Role of Risk in Regulatory Processes*, in Robert Baldwin et al. (eds.), *The Oxford Handbook of Regulation*, at 309 (Oxford University Press, 2010).

[3] See Wright D., et al., *A Comparative Analysis of Privacy Impact Assessment in Six Countries*, 9 (1) Journal of Contemporary European Research 160, 171 (2013).

[4] See Macenaite M., *The "Riskification" of European Data Protection Law through a two-fold Shift*, 8 (3) European Journal of Risk Regulation 506, 540 (2017).

工智能进行持续、实时的风险控制，有助于增加研发者、经营者的责任意识。

第五，风险规制有助于平衡数据利用与数据保护。从风险规制理论入手，更容易实现个人数据保护的精细化、情景化治理。事实上，由于人工智能技术的迭代发展，个人数据的范围和分类、个人数据的匿名化等实现均面临较大挑战。例如，个人数据的可识别标准难以适应动态、高频的数据处理活动，风险评估等风险规制工具可在具体场景中判定数据处理的风险等级，进而厘定某项数据是否应纳入个人数据范围。同样，风险评估能够更好实现个人数据的分级分类，从风险层面提供更为客观的评级标准。在敏感数据、匿名数据等数据分类中，与隐私的相关性已不再是判定数据类别的唯一标准，例如人脸数据并非与隐私有较大关联，但在风险防范中却处于较高位阶。

（三）国家保护义务与个人数据保护风险规制

如前文所述，欧盟将"个人数据保护权"作为一项基本权利，在宪法层面确立个人数据受保护的基本权利与国家相应的保护义务，逐渐成为欧盟成员国的价值共识。[1]理解国家保护义务的实质，应溯源德国联邦宪法法院提出这一理论时所作的宪法解释。1975年，在"第一堕胎案"判决中，德国联邦宪法法院首次提出："国家（对公民基本权利）的保护义务应当是全方位的。它不只是要求国家不得直接侵犯发育中的生命，还对国家积极作为以保护、促进生命权提出要求。即国家应对他人非法侵害胎儿的行为采取措施予以抵制。"在此，判决正式指出国家对保护公民基本权利免遭第三人侵害负有保护义务。[2]在1993年的"第二堕胎案"判决中，德国联邦宪法法院进一步明确指出，国家权力对保护包括胎儿在内的人类生命负有广泛义务，国家除不得直接侵害发育或成长中的人类生命，也应尊重人类尊严进一步采取措施保护人类生命免受他人非法侵害。[3]这一判

---

[1] 王锡锌："个人信息国家保护义务及展开"，载《中国法学》2021年第1期。

[2] See Dieter grimm, *The Protective of the State, European and US Constitutionalism*, at 137 (Cambridge University Press, 2005).

[3] 郑贤君：《基本权利原理》，法律出版社2010年版，第260页。

决重申国家负有保护公民基本权利免受他人侵害的义务，并根据尊重人类尊严的原则明确课予国家采取必要措施的保护义务。"二战"结束后在全世界范围内兴起的人权理论，也越来越重视基于防止第三人侵害的视角来阐述基本权利的保护义务。如挪威人权专家艾德提出的"义务层次理论"认为，政府负有尊重、保护以及实现人权之义务，"保护的义务则要求政府应当防止第三方对权利的侵犯"。[1]

国家保护义务的法学本质是基本权利的水平效力，即对于来自"第三人"的侵害，得要求国家采取相应措施加以救济，[2]而非针对传统意义上国家对个人可能造成的侵害。也就是说，国家保护义务关注的是国家在私人之间侵权问题中应承担何种义务的问题。从表面上看，上述国家保护义务和基本权利之防御功能是相对立的，但实质上其目的均是保护公民基本权利免遭侵害。区别只是基本权利的防御功能所针对的对象是国家公权力机关，要求国家履行不作为的消极义务，而保护义务针对的则是除国家外的"第三人"的侵害行为，此时国家必须采取针对性措施加以救济，即履行作为的积极义务。[3]随着时代的快速发展，国家以外的"第三人"通过非法行为侵害公民基本权利的情况越来越普遍，威胁程度迅速提高，比如新兴犯罪样态不断出现，因高度工业化导致的环境生态污染日益严峻等，给人们带来超出个人能够预料和监控的生命、财产、安全、健康威胁。这也对国家基于成立之目的履行保障公民基本权利的义务提出了更为迫切的现实要求。

"国家保护义务范围很广，表现形态多样，依权力主体不同，立法者有制定法律规范的义务；行政权承担的义务是执行立法者制定的保护性法律，包括行使裁量权；宪法法院应根据保护义务标准，对立法权、行政权的作为或不作为进行审查；普通法院的义务是根据保护义务标准审理并裁

---

[1] [挪] A. 埃德："国际人权法中的充足生活水准权"，载刘海年主编：《〈经济、社会和文化权利国际公约〉研究 中国挪威经社文权利国际公约研讨会论文集》，中国法制出版社2000年版，第226页。

[2] 法治斌、董保城：《宪法新论》，元照出版有限公司2006年版，第137页。

[3] 法治斌、董保城：《宪法新论》，元照出版有限公司2006年版，第138页。

判民事案件。"[1]可以说，基本权利作为客观价值秩序，在为立法权、行政权、司法权提供指导与动力的同时，也即对各国家机关传达了宪法命令，要求各国家机关依各自职权贯彻这一最高价值，所有国家机关都有义务将其体现在具体的工作职能中。[2]与此同时，这一客观价值秩序功能还要求国家有义务提供适当的组织和程序。比如，按照一定的程序组织国家机关，为基本权利的实现创造有利条件；依托一系列预防手段把可能侵害基本权利的各种行为防患于未然；在公民基本权利受到侵害时，通过特定的组织或程序为受害者提供救济等。

传统国家保护义务理论通常较为关注立法机关的制度供给和司法机关的诉讼救济，行政机关的角色并不突出。然而，个人数据处理技术尤其是人工智能技术的发展推动了风险行政的步伐。相较于其他角色，行政机关在个人数据权利侵害的预防、排除和救济层面发挥着更为关键的作用，其手段包括风险预防、行政处罚等。在风险预防层面，行政机关拥有显而易见的优势。行政机关可依据法律的明确规定，或根据实际情况在法定范围内合理行使裁量权，构建侵害预防机制，并积极发挥组织协调作用。在数据风险的预防中，行政机关可有效组织专业人士、企业、公众等各方主体制定数据处理的安全标准和监管办法。同时可适时对企业进行数据处理规范检查，以促进数据处理合规，预防数据处理泄露或其他侵犯个人数据权利的行为发生。有学者提出，政府应做好对市场与科技发展的宏观调控工作，鼓励开发对保护个人隐私有利的技术。[3]这也是国家在预防层面的一种保护义务。根据国家权力配置的"功能适当原则"，国家应将其职能配置给在组织、结构、程序上具有优势，从而最有可能作出最优决定的机关。[4]从欧盟数据保护发展史来看，行政机关也被赋予了更多的权力和职

---

[1] [德] Christian Starck："基本权利之保护义务"，李建良译，载《政大法学评论》1997年第58期。

[2] [德] 伯阳：《德国公法导论》，北京大学出版社2008年版，第66页。

[3] See Paul M. Schwartz, *Internet Privacy and the State*, 32 Conn. L. Rev. 815 (1999).

[4] 张翔："国家权力配置的功能适当原则——以德国法为中心"，载《比较法研究》2018年第3期。

能，一直是数据保护机制的重要乃至主导力量。

风险的复合性与广泛性是风险社会之显著特征，意味着相同性质之风险可能在不同的地方同时发生。在此情境下，如继续适用个人主义的传统追责模式，即使能够防范其中某一情境下风险的发生，也难以有效防范其他情境下的风险。作为一整套目标导向为集体性治理的风险防控行政模式，风险规制具有系统的规制机构和庞大的规制体系，拥有制定标准、发布命令、信息披露以及经济激励等多重手段，对于不特定的多数群体能够有效实现预防、规制风险的目的。在风险日益复杂、广泛的今天，这种规制模式显然更为科学。从根源上讲，侵权法控制集体风险的功能不足，是由于其制度设计的核心在于实现个体正义。只有当个体正义实现后，侵权法制度才间接具备防止其他同类侵害发生的预防机能。而集体性风险治理是通过设定准入门槛、行为标准、要求强制披露风险活动的信息等方式来达到减少风险的目的。因此风险规制强调的不仅仅是个体救济，更为重要的是整体层面的权衡与把控。就国家层面而言，国家保护义务包含了立法、执法、司法机关的义务，同时也涉及机构保障、制度保障、程序保障、组织保障等多个方面的内容。[1]个人数据处理技术尤其是人工智能技术的发展推动了风险行政的步伐。相较于其他角色，行政机关在个人数据侵害的预防、排除和救济层面发挥着更为关键的作用，其手段包括风险预防、行政处罚等。

总体而言，个人数据是社会交往的重要内容，而人工智能时代对个人数据的自动化、规模化开发威胁到了个人数据的自主使用。如前文所述，在欧盟数据保护改革中，个人数据保护权的设立是通过赋予个人对个人数据使用自主决定和控制的权利，实现个人人格尊严、人格自由利益，以及人格要素衍生的财产利益。它不仅是消极防御他人对个人数据的干涉，同时也是保障个人对个人数据的积极利用，以实现对人格的自由发展。换言之，个人数据保护权的着眼点并非保障自然人在信息时代独处的隐私利益，而是保障个人在人工智能时代维持行动、思想自由，防止个人被数字

---

[1] 郑贤君：《基本权利原理》，法律出版社2010年版，第263~277页。

化、物化，确保个人对个人数据的自主自决权利。在欧盟语境下，个人数据保护权是源于人性尊严和人格利益保护的一项基本权利。可见，确保个人对个人数据的有效控制是欧盟 GDPR 的核心价值理念，是建构欧盟数据保护机制的理论基石。同时，为适应人工智能时代数据风险的泛化，欧盟引入风险规制理论予以补强，以强化企业责任和国家保护义务。

第四章
人工智能时代欧盟个人数据
保护核心制度分析

在物联网、云计算、算法、5G等信息技术推动下，人类经历由物理栖息地向虚拟空间的划时代大迁徙，也面临和承受着新旧秩序破立之间的混乱与不适。面对人工智能时代的现实挑战，以维护个人控制、促进单一数字市场为重要价值目标，欧盟个人数据保护制度进行了重大改革，确立了一套全面系统且独具特色的数据保护体系，成为对个人数据所承载的个人利益和社会利益平衡保护的精致范本。一方面，进一步明确个人数据保护范围、强化个人信息自决，除传统的知情权、访问权、更正权等权能外，欧盟又增加可携带权、删除权（被遗忘权）、自动化决策解释权，进一步强化个人控制。另一方面，初次引入"基于风险的路径"，并推动数据跨境流动规则更替，更好地维护欧盟数字主权。通过分析欧盟个人数据保护核心制度，厘清欧盟立法改革的重点内容，有助于我们理解和把握欧盟个人数据保护的制度内容。

一、厘清法律要件：欧盟个人数据处理的前提

（一）欧盟个人数据保护管辖范围

在适用范围方面，GDPR适用于全部或部分采用自动方式处理个人数据的行为，以及通过自动方式以外的其他方式，旨在形成个人数据存档系统的个人数据处理行为。但以下情形不受GDPR约束：一是纯粹基于私人或者家庭活动目的的个人数据处理；二是用于预防、调查、侦查或起诉犯罪、执行刑事判决或为保障公共安全的数据处理行为；三是欧盟委员会等欧盟机构的个人数据处理行为；四是对死者个人数据的处理行为。

从地域范围来看，GDPR主要适用于两种情况。第一，营业地设立于欧盟境内的数据控制者或数据处理者，无论其数据处理行为是否发生在欧盟境内。第二，营业地未设立在欧盟境内，但满足以下两种情形的，同样适用GDPR的规定。一是向欧盟境内的数据主体提供商品或服务，而不论数据主体是否支付对价。对于如何认定"向欧盟境内的数据主体提供商品

或服务",欧盟法院在一项判例中指出,在消费者签署协议前,商家是否有明显意向通过互联网向欧盟消费者提供商品或服务,可作为判定依据。[1] 同时,GDPR 序言第 23 条列举了部分情形予以解释说明,如商家提供的商品或者服务中明确提及欧盟市场,向搜索引擎平台支付费用,或开展针对欧盟市场的营销广告,用欧元、欧洲语言显示价格和相关信息,使用欧盟或成员国的顶级域名等。二是对欧盟境内数据主体的行为进行监控。GDPR 序言第 24 条强调,监控数据主体包括在线跟踪、利用可穿戴设备或其他智能设备进行跟踪监测,潜在利用用户信息进行用户画像、预测个人喜好、行为习惯等。对此,2019 年欧洲数据保护委员会发布的《关于第 3 条适用范围的指南》同样列举了部分情形,例如精准广告投放,基于营销进行地理定位,使用 Cookies 或指纹识别等进行在线跟踪、个性化健康分析、监控录像等。[2] 值得注意的是,在以上两种情形下,GDPR 对数据主体的国籍或经常居住地没有要求,只要数据主体位于欧盟境内,即受到 GDPR 的保护。

凭借 GDPR 强大的域外管辖法律效力,欧盟数据保护主管机构天然地被授予了一项可以实际行使"长臂管辖"的权力,这对全球数字服务市场内的隐私监管、商业战略设计与执行产生了深远影响。

(二)欧盟个人数据保护的合法性基础

个人数据处理的前提是具有合法依据或理由,主要包括用户同意和法定理由两种类型。

1. 数据主体明确表示同意

个人自主的实现往往体现在"同意"的意思表示之中。个人应有权为自己作出选择,而不是由他人替代决定,个人不应处于被操纵的地位。洛克指出,"一切自然人都是自由的,除非他自己同意,无论什么事情都不

---

[1] Cases C-585/08 Peter Pammer v. Reedere Karl Schluter Gmb H & Co.

[2] See EDPB, *Guidelines 3/2018 on the Territorial Scope of the GDPR*, available at https://edpb.europa.eu/sites/edpb/files/consultation/edpb_guidelines_3_2018_territorial_scope_en.pdf, last visited 28-05-2022.

第四章 人工智能时代欧盟个人数据保护核心制度分析

能使他受制于任何世俗的权力"。[1]个人本人最清楚什么对自己最好、什么对自己不好，是维护自身利益的最佳人选，这是肯定自主自决价值的出发点。自由主义者甚至认为即便抛开这一出发点，人也应该享有"做错事"的权利。[2]伴随社会历史的流变，知情同意的适用场景逐渐扩展至生物医学研究、个人数据保护等多个领域。可以说，知情同意是个人数据保护的"帝王条款"，是保障个人自主的重要前提。

在大多数情况下，同意是数据处理过程的开端，也是数据处理合法的重要判断依据。同意如同个人控制的阀门，体现了个体选择的自主性，表明个人愿意以何种对价让渡个人数据利益。在另一层面，同意也意味着个人愿意承担相应的风险。有学者指出，"知情同意意味着第三者（专家、权威机构）判断的相对化，其通过强制性的自由选择来推行某种自我负责的体制"。[3]在个人数据保护法中，同意要求相关主体在处理个人数据前，应告知数据主体并取得同意后，方可进行相应的个人数据处理活动，否则该行为即属于违法行为。在欧盟语境下，同意是指数据主体自由、明确、知情且清晰地，通过声明或肯定性行为表明同意处理与其有关的个人数据的意愿，[4]例如通过书面声明（包括电子形式）、口头陈述等。如果数据主体作出的书面声明除同意外还包含其他事项，那么同意应与其他事项显著区分，并以明确清楚、易于理解的形式呈现。[5]肯定性行为包括在访问互联网网站时打钩，为信息社会服务进行技术设置等行为清楚表明数据主体接受对其个人数据的处理。因此，默示、事先打钩或不作为不应构成同意。[6]

在实践中，用户常常不能自由作出同意，未能获得数据主体有效同意成为处罚的重要事由。相关指南文件、司法实践等规则的建构也围绕同意

---

[1] [英]洛克：《政府论（下篇）》，叶启芳、瞿菊农译，商务印书馆1964年版，第74页。
[2] 黄柏恒："大数据时代下新的'个人决定'与'知情同意'"，载《哲学分析》2017年第6期。
[3] 季卫东："依法风险管理论"，载《山东社会科学》2011年第1期。
[4] GDPR第4条第11款。
[5] GDPR第7条第2款。
[6] GDPR序言第32条。

而展开。2020年，欧洲数据保护委员会发布的《GDPR中有关同意的指南》[1]指出，任何对数据主体施加不适当影响，而妨碍数据主体自由行使意愿的因素，均可能导致同意无效。具体包括如下几种情形：一是用户不作出同意就无法使用服务。例如一款美图功能App要求激活GPS定位功能，并将收集的用户数据用于广告推送。如果用户不同意则将无法使用该App，那么这种情形下获得的同意将被视为无效。再如在Cookie技术场景下，如果数据控制者在网站中放置一个脚本，该脚本阻止用户访问网站内容，只有当用户点击"接受Cookie"才能继续访问，那么在此种情况下，用户点击"接受Cookie"的行为不构成有效的同意，因为数据控制者没有提供真正的选择。二是当数据主体和数据控制者之间明显权力失衡时，同意有可能被视为无效。例如学校安装人脸识别系统，记录学生考勤情况，或利用智能手环对学生的学习状态进行监测，在这种情况下学生或学生监护人作出的同意很难被认定为自由作出的。三是当一项服务可能涉及多种目的时，要求用户一揽子同意。例如，某零售商要求用户同意向其发送个性化推送信息，并与集团内其他公司共享其个人数据。这种一揽子同意通常被视为无效。

同意的撤回也是监管中重点考察的内容。第一，数据主体有权在任何时候撤回同意，撤回同意应当和作出同意一样容易。如果同意是通过单击鼠标、键盘等方式获得的，数据主体容易轻松地撤回该同意。但通过电子邮件、账户登录、物联网设备等方式获得用户同意的，数据控制者应尤为注意确保用户轻松撤回同意。第二，当数据主体撤回同意后，数据控制者必须停止相应部分的数据处理，但撤回同意之前进行的数据处理操作仍然合法。如没有其他合法依据处理数据，数据控制者还应删除相关数据。第三，如数据主体撤回同意，数据控制者不能简单地从同意转向另一合法性基础，合法性基础的变更应当根据GDPR第13条和第14条的要求，通知

---

〔1〕 See EDPB, *Guidelines 05/2020 on consent under Regulation* 2016/679, available at https：//edpb. europa. eu/sites/default/files/files/file1/edpb_ guidelines_ 202005_ consent_ en. pdf, last visited 28-05-2022.

数据主体。此外，数据控制者不能因数据主体撤回同意而拒绝服务或降低服务水平。[1]

2. 欧盟个人数据保护其他合法性基础

从法理上来看，虽然个人自主是个人数据保护的重要价值基础，但是并非唯一的价值基础，正义、平等、安全与效率等价值也是法律所追求的重要价值。赋予数据主体对个人数据的自决权，让其能够对涉及自身人格利益的数据进行掌控，这是将同意作为数据处理行为合法性基础的目的所在。与此同时，在数据处理过程中，除了数据主体的人格利益，还会涉及其他值得法律保护的利益，既包括公共利益，也包括其他社会成员的利益，这些不同的利益之间可能存在着不同的价值取向，与数据主体的人格利益之间可能发生冲突。《欧盟基本权利宪章》中明确规定，个人数据处理的正当性基础既可以是基于同意，也可以是基于其他法定事由。[2]因此，GDPR 明确规定了欧盟个人数据保护的其他合法性基础。

（1）数据处理对于完成某项数据主体所签订的合同是必要的，或者数据处理行为是在签订合同前基于数据主体的请求而进行的。除个人同意外，因履行合同所必要的数据处理，也是欧盟个人数据保护的重要合法性基础。在线服务通常在用户协议的末尾附上同意和不同意选项，用户点选可能作为同意合同条款，而赋予数据控制者处理用户数据的合法性理由，用户难有谈判空间。为明确和限缩基于合同处理的情形，欧洲数据保护委员会发布的《关于 GDPR 中合同必要性的指引》[3]指出，必要性需要基于合同目的本身进行判断，例如在电商平台的交易中，消费者在下单后，店铺为了履行合同，需要获取消费者的用户名、邮寄地址、联系电话，这些

---

[1] See EDPB, *Guidelines 05/2020 on consent under Regulation 2016/679*, available at https://edpb.europa.eu/sites/default/files/files/file1/edpb_guidelines_202005_consent_en.pdf, last visited 28-05-2022.

[2] Article 8 (2), EU Charter of Fundamental Rights.

[3] See EDPB, *Guidelines 2/2019 on the processing of personal data under Article 6 (1) (b) GDPR in the context of the provision of online services to data subjects*, available at https://edpb.europa.eu/our-work-tools/our-documents/guidelines/guidelines-22019-processing-personal-data-under-article-61b_en, last visited 28-05-2022.

都属于对合同履行必要的个人数据,然而如果店铺以合同必要性为由要求进一步获取消费者的真实姓名,或者消费者选择邮寄到单位地址,但店铺要求收集家庭住址,那么就属于超出必要范围。此外,欧洲数据保护委员会指导意见中还举例,数据控制者通过过往交易数据进行个性化推荐,则不属于合同履行所必需,因为这些推荐行为是为了刺激消费者购买新产品或服务。此外,一旦合同终止后,因为不再存在任何履约的必要,所以数据处理行为必须停止。

(2)数据控制者履行其法定义务所必需。根据 GDPR 序言第 45 条,法定义务的来源是欧盟法律或数据控制者所属成员国法律,成员国也可以制定更多具体条款以适应本合法性基础的适用。但这些法定义务的来源不能是公权力或自由裁量下的义务。实践中有些法定义务的承担需要数据控制者通过采集数据主体数据才能完成,比如,为维护金融安全,从事网络支付业务的互联网企业不仅需要对用户身份采取持续的识别措施,还需要确保用户交易信息的真实、完整与可追溯性,这要求企业对用户的交易类型、金额、时间、对象、大额支付用途和事由等进行记录。[1]再如,企业为履行为员工申报纳税的法定义务所获取的个人数据或者所进行的个人数据处理行为、金融机构为完成反洗钱筛查而获取个人数据都可以适用该合法性基础。

(3)为保护数据主体或其他自然人重大利益所必需。根据 GDPR 序言第 46 条,"重大利益"是指危及生命的情况,所以原则上该项合法性基础只能在其他合法性基础都不能适用的情况下适用。[2]英国信息专员办公室(Information Commission Office, ICO)发布的指南指出该合法性基础的适用非常严格,只有在涉及生死安危的情况下才能适用该基础,比如紧急的医疗援助情形,如果是单纯改善医疗的情况则不能适用该合法性基础。[3]通

---

[1] 郑佳宁:"知情同意原则在信息采集中的适用与规则构建",载《东方法学》2020 年第 2 期。

[2] https://gdpr-info.eu/recitals/no-46/,最后访问时间:2022 年 5 月 19 日。

[3] https://ico.org.uk/for-organisations/guide-to-data-protection/guide-to-the-general-data-protection-regulation-gdpr/lawful-basis-for-processing/vital-interests/,最后访问时间:2022 年 5 月 19 日。

常在此情景中处理的个人数据会比较敏感，GDPR 第 9 条第 2 款 c 项规定，除非数据主体无法明确表达同意的情况下才能适用该合法性基础。

（4）为履行涉及公共利益的职责或实施授予数据控制者的职务权限所必需。根据 GDPR 序言第 45 条，该条的适用也仅限于欧盟或成员国的法律。[1] 根据 GDPR 第 21 条第 1 款，数据主体享有拒绝处理个人数据的权利，除非数据控制者可以证明数据处理的合法性能够超越数据主体的利益、权利、自由，或是为了建立、行使或抗辩法律诉讼。作为社群主义哲学的产物，公共利益代表了社会中多数人的利益诉求，个人的权利行使并不能够绝对自由，而是要顾及所在社会的公共利益。一旦面临国家安全利益、公共卫生利益或其他重大公共利益受威胁的情形，数据控制者应以公共利益为重，可不经数据主体同意即采集必要个人数据。当数据控制者为企业时，如其处理数据的行为系为公共利益执行职务或受托行使公权力所必需则属合法。[2] 此外，为完成政府的政策目的、预防犯罪、反恐怖主义、反欺诈、反洗钱等也适用此合法性基础。

（5）数据控制者或第三方为追求合法利益所必需，但需优先保障数据主体（特别是儿童）的基本权利和自由，数据控制者可以考虑根据合法利益处理儿童的数据，但在这种情况下应当尽到更多的注意义务确保儿童权益得到保护。[3] 根据 GDPR 序言第 47 条，"合法利益"是一项适用于非公共机构的合法性基础，该条还规定"防止欺诈""直接营销""企业集团内的数据传输"均可属于企业的"合法利益"。[4] 将数据控制者的合法利益作为数据处理的合法性基础的情形在实践中非常有限，使用"合法利益"的前提是数据控制者和数据主体之间有相关且恰当的关系（如商家和客户），并且数据控制者必须能够证明，其合法利益显著高于数据主体的

---

[1] https://gdpr-info.eu/recitals/no-45/，最后访问时间：2022 年 5 月 19 日。

[2] 商希雪："超越私权属性的个人信息共享——基于《欧盟一般数据保护条例》正当利益条款的分析"，载《法商研究》2020 年第 2 期。

[3] "欧盟 GDPR 合规指引"，载中国信息通信研究院，http://www.caict.ac.cn/kxyj/qwfb/ztbg/201905/P020190528556912534746.pdf，最后访问时间：2022 年 5 月 28 日。

[4] https://gdpr-info.eu/recitals/no-47/，最后访问时间：2022 年 5 月 19 日。

个人权利和自由。[1]在 GDPR 两周年报告中，欧洲议会提到"合法利益"是数据控制者最容易滥用的一项合法性基础。根据 ICO 发布的指南，数据控制者需要进行"平衡测试"，并保留评估记录，以确保满足 GDPR 序言第 47 条规定和该合法性基础的要求。[2]合法利益事由可以被拆解为三个层面：一是目的测试，即企业所追求的是不是合法利益；二是必要性测试，即对于该目的而言个人数据处理是否必要；三是平衡测试，即个人权益的保护是否胜过企业的合法利益。此外，根据 GDPR 第 21 条第 1 款，数据主体享有拒绝处理的权利，除非数据控制者可以证明数据处理的合法性能够超越数据主体的利益、权利、自由，或是为了提起或抗辩法律诉讼。概言之，当数据控制者以合理期待的方式使用数据，并且这种方式对数据主体的影响最小，那么合法利益可能是最为适当的合法性基础；当使用数据的行为对个人存在影响的情况下，如果能证明处理个人数据可以带来更显著的益处，并且能够证明产生的影响是合理的，则也可适用合法利益作为合法性基础。

二、强化个人自决：充实个人数据保护权利内容

"法律为客观的权利，权利为主观的法律。"[3]个人数据保护权是信息社会出现的一种新兴权利。对新兴权利的内涵进行研究，就是认知与甄别那些真实主张和诉求的"可能"以及"潜在"的新兴权利诉求，并对其进行区分和归类。[4]欧盟个人数据保护权的确立为个人数据的合理使用划定边界，是平衡数据保护和数据使用的前提。在 GDPR 中，欧盟个人数据保护权发散和扩展了若干项权能，如个人数据的知情权、访问权、更正权、拒绝权、免予自动化决策权，同时新增可携带权、被遗忘权等，确保数据

---

〔1〕 王融："《欧盟数据保护通用条例》详解"，载《大数据》2016 年第 4 期。

〔2〕 https://ico.org.uk/for-organisations/guide-to-data-protection/guide-to-the-general-data-protection-regulation-gdpr/lawful-basis-for-processing/legitimate-interests/，最后访问时间：2022 年 5 月 19 日。

〔3〕 史尚宽：《民法总论》，中国政法大学出版社 2000 年版，第 18 页。

〔4〕 姚建宗、方芳："新兴权利研究的几个问题"，载《苏州大学学报（哲学社会科学版）》2015 年第 3 期。

主体能够在不同的数据处理阶段对数据拥有控制能力,[1]这成为欧盟个人数据保护的具体依据和救济基础。

(一) 个人数据保护权概述

自然人对其个人数据所应享有的权利是欧盟个人数据保护法的重要内容。但由于个人数据涉及个人利益较为复杂,欧盟并未将该权利简单界定为"个人数据权",而是使用了"个人数据保护权"(Right to the Protection of Personal Data)的概念。[2] GDPR 序言第 1 项宣称,"自然人在个人数据处理过程中获得保护是一项基本权利",这一表述其实呼应了《欧盟基本权利宪章》第 8 条第 1 款和《欧盟运行条约》第 16 条第 1 款关于个人数据保护的表述,即"人人均有权就其个人数据获得保护的权利"。其次,GDPR 序言第 4 条明确指出,个人数据的处理应服务于人类,保护个人数据的权利不是绝对权利,需要综合考虑其社会功能并依据比例原则与其他基本权利保持平衡。个人数据体现自主价值,个人有权通过个人数据的使用获得人格尊严、人格平等和人格自由发展的利益,也有权获得由人格要素衍生出的财产利益。在欧盟层面,个人数据保护权是源于人性尊严和人格利益保护的一项基本权利。个人数据保护权的核心在于保护自然人对其个人数据被他人收集、存储、转让和使用的过程中自主决定与控制的权利。

个人数据保护权的核心目标是维护数据主体在个人数据处理中的主体尊严。个人与数据控制者之间存在不平等关系时,通过赋予个人知情、同意、访问、复制、更正、删除等一系列工具性、中介性、程序性的权利,以实现其与数据控制者之间的制衡结构,避免沦为客体。[3]除传统的知情同意权、更正权、删除权等权能外,欧盟数据保护立法改革中还增加了可携带权、被遗忘权和自动化决策解释权,进一步强化个人控制。可携带权

---

[1] See Christphe Lazaro & Daniel Le Métayer, *The Control over Personal Data*: *True Remedy or Fairy Tale*? at 15(Computer Science,2015).

[2] 龙卫球:"《个人信息保护法》的基本法定位与保护功能——基于新法体系形成及其展开的分析",载《现代法学》2021 年第 5 期。

[3] 王锡锌:"个人信息国家保护义务及展开",载《中国法学》2021 年第 1 期。

是对访问权的延伸，个人不仅可获知个人数据收集、处理的情况，也有权下载和转移个人数据。被遗忘权是对删除权的完善，个人不仅可要求删除非法处理的个人数据，同时对于虽合法处理但已过时的、负面的个人数据，亦有主张删除以更新个人人格形象的权利。自动化决策解释权是在大数据时代知情权内容的扩张，即对于复杂的机器自动化决策，个人有权要求数据处理一方解释机器运算逻辑及可能后果，以避免个人成为机器自动化决策的"原材料"，维护人格尊严。个人数据保护权的不同权能嵌入个人数据处理的不同阶段，保障个人对个人数据的自主支配。总体而言，个人数据保护权可区分为以知情权为核心的积极权能和以删除权为核心的消极权能，下文将对此展开详细分析。

（二）知情权和访问权

知情权是数据主体作出同意意思表示的前提，是对数据保护透明度原则的制度落地。透明原则要求对数据的处理以一种对数据主体透明的方式进行。例如，基于人口普查的需要收集个人数据，实际上限制了个人同意权，但仍需告知普查对象所收集数据的种类、用途、存储期限等内容，且公民享有对此进行更正的权利。数据透明的途径很多，包括数据控制者通过隐私政策提供常规信息，公开有关个人数据处理活动的官方记录等。透明原则还要求提供"现实可行"的手段，确保数据主体可以便利地获取信息，不需要其在时间、专业知识或交通等方面付出不合理的努力，或支出不合理的代价。[1]

知情权是指个人有权获悉其个人数据被处理的相关信息，包括但不限于数据控制者的有关信息（如身份信息、联系方式），处理数据的目的及合法性事由，数据控制者处理数据所追求的合法利益，个人数据的存储期限、个人数据的接收者[2]信息等相关信息。[3]知情权是个人数据保护权得以实现的前提和基础，包含了被动知悉和主动访问两种形态。两者不但

---

[1] GDPR 第 12 条。

[2] 个人数据的接收者是指接收数据的自然人、法人、公共机构、代理机构或其他实体，而不论其是否为第三方主体。参见 GDPR 第 4 条第 9 款。

[3] GDPR 第 13 条、第 14 条。

在权利行使形态上存在主动和被动之分，权利的行使时间和作为权利客体的信息也存在较大差异。被动知悉贯穿整个数据收集过程，包括数据控制者在收集数据之初对自身情况的告知和数据收集处理过程中的情况反馈；而主动访问则指的是在进入数据处理环节后，数据主体主动要求数据控制者告知或提供途径查询个人数据处理情况的相关信息。访问权的行使不区分数据控制者处理数据的合法性事由为何，即便国家公权力机关基于法定事由或公共利益处理个人数据，也应提供上述信息，除非告知有损目的实现。如可能，数据控制者应当为数据主体获悉个人数据处理情况提供远程访问平台。但访问权的行使不能有损他人的合法权利或自由，比如商业秘密和知识产权，特别是软件的版权。〔1〕

（三）个人数据删除权

与同意权的积极属性不同，删除权指的是在特定条件下，数据主体有权要求数据控制者将其个人数据（包括备份或相关链接）及时删除。删除权的适用情形包括：数据处理的目的不再必要；在不存在数据处理的其他合法事由情形下，数据主体将其同意撤回或行使拒绝权；数据主体的个人数据被非法处理等。

与删除权一样具有消极属性的个人数据保护权还包括更正权、限制处理权和拒绝权，这几项权能可看作删除权的缓和形态。〔2〕更正权是数据主体发现个人数据存在质量瑕疵时，可要求数据控制者更正或补充的权利，以确保个人数据保持正确、完整与适时更新的状态。限制处理权是数据主体同意与拒绝数据处理的一种中间状态，即在准确性存疑、非法处理、必要性缺失、反对处理情形下限制数据控制者处理数据的权利。限制数据处理的方法包括将被限制的数据临时转移到另一个处理系统，使其不被使用者接触/使用（available），或将公开数据临时从网站撤下等。在自动存档系统中，限制处理原则上依赖技术手段不被进一步处理且不能被改动。数

---

〔1〕 GDPR 序言第 63 条。
〔2〕 叶名怡：" 论个人信息权的基本范畴"，载《清华法学》2018 年第 5 期。

据限制处理的实施应被清晰地显示于系统中。[1]拒绝权是指数据主体即便已经同意对其个人数据的收集与处理，仍有权对数据处理予以拒绝。这种行为进一步分为对营销目的的反对和对特定情形的反对，其中对营销目的的数据处理的反对属于绝对的拒绝权，数据主体可以随时行使且数据控制者没有反对的余地；而其他情形即为了公共利益、为了实施被授予的职权或者为了数据控制者的合法利益，则允许数据控制者对数据主体行使拒绝权进行抗辩。如数据控制者能够证明其处理行为的合法性依据高于数据主体的个人权益，或者其处理行为系提起诉讼或应诉所必要，则个人不得行使拒绝权。

删除权还有一项特殊的表现形态，即被遗忘权。被遗忘权（The Right to Be Forgotten）源自意大利和法国法律体系中的湮没权（The Right to Oblivion）概念，用以表达在信息社会数据主体享有的权利，包括让第三人忘记其"过去"的消极权利，以及使数据主体掌控其"过去"与"未来"的主动权。[2]《美国新闻评论》杂志"行业标准"新媒体评论员拉希卡在其《互联网永不忘记》一书中向世人发出警示，"我们的过去就像文身一样，永远镌刻在我们的数字皮肤上"。[3]被誉为"大数据时代预言家"的牛津大学舍恩伯格教授指出，"数字技术已经让社会丧失了遗忘的能力，取而代之的则是无法磨灭的记忆"。[4]如果不能被遗忘，"我们可能会极度警惕我们的言行，因为它不被遗忘，而且会受到所有未来人的评判"。[5]在此背景下，被遗忘权的兴起是通过不再允许第三人获取相关数据，将一定时期内的公共数据转向私人数据。[6]

---

[1] GDPR 序言第 67 条。

[2] See A. B. Paul, *A Right to Delete*? 2 European Journal of Law and Technology 1, 2 (2011).

[3] See J. D. Lasica, *The Net never Forgets*, Salon, 1998-11-25 (A2).

[4] See Mayer-Schönberger, Viktor, *Delete: The Virtue of Forgetting in the Digital Age*, at 5 (Princeton University Press, 2011).

[5] 夏燕：" '被遗忘权'之争——基于欧盟个人数据保护立法改革的考察"，载《北京理工大学学报（社会科学版）》2015 年第 2 期。

[6] See Rolf H. Weber, *The Right to be Forgotten: More than a Pandora's box*, 2 J. Intell Prop Info Tech & Elec Com. L. 120, 123 (2011).

第四章 人工智能时代欧盟个人数据保护核心制度分析

2014 年 Google 诉冈萨雷斯案[1]中欧洲法院的一纸判决被称为被遗忘权的司法滥觞。该案争议的焦点在于搜索引擎公司是否有义务应个人要求将其多年前的负面信息链接删除。欧洲法院在该案裁决中指出，对数据主体不好的（inadequate）、不相关的（irrelevant）、过分的（excessive）信息，应当在搜索引擎的搜索结果中予以删除。根据数据主体的要求，Google 应当删除相关链接，并且保证该信息无法通过搜索引擎打开。被遗忘权与删除权的内容并不相同，删除权针对的是缺乏合法处理基础的个人数据，以排除对数据的不法收集和处理，而被遗忘权所针对的则是在合法基础上收集、使用的已过时、不相关、有害的数据。因此，被遗忘权的目的是给人们提供机会重新评估他们的数据使用状态。[2]欧盟各成员国对被遗忘权大多持肯定态度。比如，法国主管数字经济发展的国务秘书曾召集部分互联网企业签署了一份关于被遗忘权的宣言。意大利数据保护监管机构要求互联网服务提供商将已经证明错误的视频删除。在德国的一例诉讼案件中，两名已经服刑完毕的犯人要求在互联网上删除其有关案例信息。[3]

鉴于实践中的混乱现象，被遗忘权的适用引发了广泛争议。如何平衡个人数据保护权、言论自由、知情权及其他公共利益，一直都是一个颇有争议的问题。[4]自 Google 诉冈萨雷斯案后，Google 宣布建立在线投诉机制，高峰期间每天有上万欧盟公民在线申请行使被遗忘权。问题在于，对数据主体申请行使被遗忘权的审查，涉及对于个人隐私与言论自由等重大利益的权衡，这对于监管机构或司法机关而言都很艰难，由私营性质的互联网企业来决定显然更不合适。这会使 Google 等互联网公司从中立的服务

---

[1] Case 131/12 Google Spain SL, Google Spain SL and Google Inc. v. Agencia Española de Protección de Datos (AEPD) and Mario Costeja González.

[2] See Jef Ausloos, *The Right to be Forgotten—Worth Remembering*? 28 Computer Law & Security Review 143 (2012).

[3] See the House of Lords, *EU Data Protection Law: a "Right to be Forgotten"*? July 23, 2014, p. 22.

[4] See Stephen Allen, *Remembering and Forgetting-Protecting Privacy Rights in the Digital Age*, 1 (3) European Data Protection Law Review 164, 170 (2015). Kieron O'Hara and Nigel Shadbolt, *The Right to be Forgotten: Its Potential Role in a Coherent Privacy Regime*, 1 European Data Protection Law Review 178, 189 (2015).

方变为审查者，由其承担衡量某个公民的数据权利与他人的言论自由之间孰高孰低的任务，对其而言也是过于沉重的负担。现实情况也显示，Google在处理有关被遗忘权的申请中不乏"过度阐释"的问题。[1]在有些学者看来，有关被遗忘权的实践使得搜索引擎运营商等市场主体不得不进行信息审查，而这些审查并不透明。"被遗忘权不是一个清晰的表达，究竟指向谁，何时或为何事采纳实施都值得推敲。"[2]

相比之下，美国对待被遗忘权的态度并不那么积极。有学者指出，"被遗忘权与美国宪法第一修正案所保护的言论自由之间存在直接冲突"。[3]乔治·华盛顿大学法学院教授杰弗里·罗森指出，"尽管欧洲甚至全世界都提议或号召我们逃离过去，然而这种遗忘的权利会给言论自由带来很大的威胁"。[4]可以预见，为了避免欧盟机构的高额罚款，Google等互联网公司对于用户删除个人信息的申请必定会宽泛对待，最终可能形成言论自由的"寒蝉效应"，导致"意见市场"的萎缩。但值得一提的是，美国加利福尼亚州2013年通过的《"橡皮擦"法案》规定了适用于该州境内未成年人的被遗忘权。根据这一法案，对于未成年人在社交网站上发布的消息、图片、博文等信息，社交网站应当提示未成年人其有权要求予以删除。

基于种种不同意见，欧盟在制定GDPR时采取了折中方案，在其第17条使用了"删除权（被遗忘权）"的表述。该条首先在第1款重申了删除权，规定当数据主体撤回同意，或者数据控制者进行数据处理的合法事由不存在时，有权要求其删除个人数据。其后，该条在第2款规定，对于符合第1款情形的个人数据，如果数据控制者将之传播给了第三方，则不仅应根据数据主体的要求删除自己所控制的数据，还应采取包括技术手段在

---

［1］ See Matthew Weaver, *Google "Learning as We Go" in Row over Right to Be Forgotten*, the Guardian, July 4, 2014.

［2］ See Ausloos Jef, *The "Right to be Forgotten" – Worth Remembering*? 28（2）Computer Law & Security Review 143, 152（2012）.

［3］ See Muge Fazlioglu, *Forget me not: the Clash of the Right to be Forgotten and Freedom of Expression on the Internet*, 3 International Data Privacy Law 149, 157（2013）.

［4］ See Jeffrey Rosen, *Free Speech, Privacy and the Web that Never Forgets*, 9 Telecomm & High Tech 345, 356（2011）.

内的一切合理措施，通知第三方停止利用并删除相关链接、副本和备份。其中"合理措施"是以所有数据控制者的平均技术水平为标准，还是以具体个案中的数据控制者的技术为准，欧盟立法未能明确。实践中，Facebook在其应用程序中推出一项名为"清除历史"（Clear History）的隐私保护功能，用户可以使用这一功能将被 Facebook 应用程序收集、存储的一些个人数据（如浏览记录）删除，这意味着用户对个人数据拥有了更多自主权益。同时，该条第3款规定了多种不适用删除权（被遗忘权）的例外情形。如基于行使言论自由和数据自由权，基于遵守欧盟或者成员国的法定义务，基于公共利益或行使职权，以及基于公共健康利益进行的数据处理等。

总体来看，删除权、更正权、拒绝权等具有消极属性的个人数据保护权对于实现个人自主具有重大价值。然而，被遗忘权却仍存有较大的理论争议和实践困境。被遗忘权的国际化并不顺利，只有少数国家认可并发展出类似的制度。

（四）个人数据可携带权

个人数据可携带权是欧盟数据保护改革中新增的一项数据权利。在欧盟的法律框架中，可携带权的初始提及源于《电子通信网络和服务的普遍服务和用户权利》[1]中的号码可携带权，其第30条规定允许用户"携带号码"。[2]数据可携带被视为个人对控制个人数据处理的逻辑延伸。[3]其立法初衷是解决用户锁定问题，增强个人数据控制，促进个人数据的自由流动以及平台之间的自由竞争。

具体而言，数据可携带权是指数据控制者基于数据主体的同意或为履行与数据主体之间的合同内容所必要，且以自动化方式处理个人数据时，

---

[1] Directive 2002/22/EC of the European Parliament and of the Council of 7 March 2002 on universal service and users' rights relating to electronic communications networks and services (Universal Service Directive), available at https://www.legislation.gov.uk/eudr/2002/22/contents#, last visited 28-05-2022.

[2] See Peter Swire & Yianni Lagos, Why the Right to Data Portability Likely Reduced Consumer Welfare: Antitrust and Privacy Critique, 72 Md. L. Rev. 335 (2013).

[3] See Purtova. N., Property Rights in Personal Data: a European Perspective (Kluwer Law International, 2011).

数据主体有权从控制者处获得以结构化、通用化和可机读形式呈现的上述个人数据。同时，数据主体有权将该数据转移给其他数据控制者，或在技术允许的情况下要求该数据控制者直接将上述数据转移给另一个数据控制者。[1]例如，Facebook用户可以将其账号中的照片及其他资料转移至其他社交网络服务提供商。根据GDPR第20条，数据可携带权包含两项子权利，即接收权（接收个人数据的权利）和传输权（传输个人数据的权利）。接收权为数据主体提供了一种便捷的方法来管理和重新使用个人数据；传输权为数据主体提供了将个人数据传输给另一个数据控制者的能力。接收权和传输权相互独立、互不依赖，数据主体可以选择只接收个人数据，或只传输个人数据，还可以选择接收并传输个人数据。接收权和传输权有助于数据主体轻松移动、复制或传输个人数据。[2]

数据可携带权所涉及的数据限定在GDPR第6条第1款和第9条第2款规定的三类情形：一是数据主体对基于一个或多个具体目的而处理其个人数据的行为已经表示同意；二是履行数据主体为一方当事人的合同或在订立合同前为实施数据主体要求的行为所必要的数据处理；三是数据主体明确同意数据控制者出于一个或多个特定目的对其敏感个人数据进行处理。因此，数据可携带权涵盖的范围是明确限定的，只包括数据主体主动提供给数据控制者个人数据，或者数据控制者基于履行合同义务或先合同义务而获取的个人数据。[3]有学者指出，"主动提供"的范围并不清晰，如"个人行为轨迹"这类个人数据是否属于这一范畴，仍有待欧洲数据保护委员会的解释。[4]而数据控制者如为履行法定义务、履行公共利益、保护数据主体或他人的重大利益而获取的个人数据，则不在数据可携带权的请求范围。数据控制者出于商业目的，通过对原始数据分析所取得的数据，

---

[1] GDPR第20条第1款。

[2] See Eva Fialova, *Data Portability and informational self-determination*, 8 Masaryk University Journal of Law and Technology (2014).

[3] See Eva Fialova, *Data Portability and Informational Self-Determination*, 8 Masaryk U. J. L. & Tech. 52 (2014).

[4] 王融："《欧盟通用数据保护条例》详解"，载《大数据》2016年第4期。

也不受数据可携带权的约束。[1]同时，GDPR要求处理行为应以自动化方式为之。自收到数据主体的请求之日起算，数据控制者应在一个月内对数据主体的请求予以反馈。考虑到请求的数量和复杂性，必要时数据控制者可以将上述期限延长两个月，且应在一个月内将延期情况及延期原因告知数据主体。[2]数据可携带权不只适用于社交网站，对于云计算、手机应用及网络服务等自动数据处理系统也适用。

数据可携带权是基于互联网持续发展需要而创设的一项前瞻性权利，权利的行使高度依赖于数据兼容技术的发展和个人数据使用能力，有助于增强个人对数据的有效控制，使数据主体在数据处理与流通中获得收益。同时，数据可携带权使数据主体有权以电子形式获得结构化、通用化的本人数据，在强化个人数据保护的基础上，也有利于提高个人数据资产在大数据经济中的活跃度，进一步促进数据的流通和利用。[3]这也可以为市场新入者的发展创造机会，在一定程度上减少垄断，促进市场的良性竞争。[4]

数据可携带权与数据访问权和删除权的关系较为密切。欧盟立法机构在立法过程中，对于数据访问权和数据可携带权二者之间的关系认定存在较大争议。立法过程中曾将数据可携带权合并到访问权中，但在定稿时最终将其单独列为一条。从权利内容上看，数据可携带权可被理解为数据访问权的扩展和延伸。但数据可携带权明显不同于数据访问权，两者的区别主要体现在三个方面：首先，数据访问权只能访问个人数据，数据可携带权可以访问、接收并传输个人数据。其次，数据访问权以常用的电子形式访问个人数据，且访问个人数据时会受到数据控制者所选用格式的限制；而数据可携带权则有权以"结构化、常用和机器可读"的格式接收或传输

---

[1] 田新月："欧盟《一般数据保护条例》新规则评析"，载《武大国际法评论》2016年第2期。

[2] See ICO, *Overview of the General Data Protection Regulation* (*GDPR*), available at https://ico.org.uk/media/for-organisations/data-protection-reform/overview-of-the-gdpr-1-13.pdf, last visited 28-05-2022.

[3] 曹亚廷："数据可携带权及其对征信业影响初探"，载《征信》2016年第9期。

[4] See Gabriela Zanfir, *The Right to Data Portability in the Context of the EU Data Protection Reform*, 2 Int'L Data Privacy 149 (2012).

个人数据，有助于数据主体在不同数据控制者之间灵活转移个人数据。最后，数据访问权涵盖数据范围较为广泛，不仅可以访问原生数据，还可以访问衍生数据；数据可携带权所涵盖的数据范围较窄，只限于数据主体提供的原生数据。有关与删除权的关系，GDPR 第 20 条第 3 款规定数据可携带权的行使不妨碍第 17 条删除权的适用。因此，数据主体在行使数据可携带权之后，可继续使用原数据控制者的服务，也可以行使删除权，要求数据控制者删除其个人数据。数据控制者不能以数据可携带权为由延迟或拒绝履行删除义务。换言之，数据可携带权不会自动触发删除权的适用，也不会影响可携数据的原始保留期。

然而，数据可携带权同样存在明显的制度缺陷。第一，以防止锁定的名义强制中小企业推行数据可携带权会增加其运营成本。中小企业很少拥有足够的技术和财力来达到合规要求。大公司有足够的软件工程师和合规律师来建立"出口—进口模块"等机制，实现数据可携带权的技术要求；而中小企业大多没有足够的资源来学习合规义务并编写相关软件程序。[1]第二，涉他数据的转移问题。以社交网络为例，用户的个人数据由好友列表、照片、视频等组成，这些个人数据中可能包含其他数据主体的数据，传输此类个人数据到其他数据控制者可能会损害其他数据主体的权利。GDPR 仅在序言第 68 条中指出，在涉他数据的获取上应当无差别地保护他人的权利和自由，而这必然影响可携带权的实际行使效力。第三，数据安全问题。个人数据在数据控制者之间传输的过程中隐私安全设置往往较低，且传输过程的不透明性使数据主体无法有效掌控个人数据的泄露风险。如果数据控制者采用的身份识别方式过于简单，则虽在一定程度上便于数据主体实现数据可携带权获取本人数据副本，但也将导致个人数据安全面临巨大风险。如果将数据可携带权授予错误的人，如以调查为借口的管理人员、以身份欺诈为目的的黑客等，可能会给数据主体带来财产损失甚至人身伤害。因此有学者指出，数据可携带权的实施效果可能会事与愿

---

〔1〕 See Peter Swire & Yianni Lagos, *Why the Right to Data Portability Likely Reduces Consumer Welfare: Antitrust and Privacy Critique*, 72 Maryland Law Review 335 (2013).

违，甚至会减少消费者福利。[1]

（五）免予自动化决策权

自动化决策是机器软件在脱离人类控制的前提下根据数据自动化处理结果作出的决定。自动化决策在个人数据保护法领域主要的表现形式是数据画像（Profiling）（用户画像），是指为了评估自然人的某些方面而对个人数据进行的任何自动化处理，尤其是为了分析或预测自然人的经济状况、工作表现、健康状况、信用、个人喜好、兴趣、行为举止、地理位置或行迹等。[2]以 AlphaGo 打败世界围棋冠军为转折的机器自主学习算法的兴起，大幅提升了自动化决策在实践中的应用，如用户行为广告、信用贷款审核、求职者简历筛选等，同时也产生了更为复杂的个人数据自主难题，如不透明性、算法歧视、行为操纵等。这也使得该条款受到更多的关注和讨论。

有学者称，欧盟数据保护立法有关"免予自动化决策权"（The Right Not to be Subject to Automated Decisions）是欧盟数据保护法中最神秘、最具吸引力、最富有远见的内容。[3]类似规定首次出现在 1978 年《法国数据处理、档案和个人自由法案》第 2 条和第 3 条[4]，但《1995 指令》第 15 条是第一个欧盟范围内意在规制依赖机器作出决定的条文。在欧盟数据保护改革中，GDPR 第 22 条在指令的基础上做了更为详尽的补充，同时，类似条款也渐渐被其他立法文件所吸收。[5]免予自动化决策权是指数据主体

---

[1] See Peter Swire & Yianni Lagos, *Why the Right to Data Portability Likely Reduces Consumer Welfare: Antitrust and Privacy Critique*, 72 Maryland Law Review 335 (2013).

[2] GDPR 第 4 条第 4 款。

[3] See Bygrave L. A. , *Minding the Machine: Article 15 of the EC Data Protection Directive and Automated Profiling*, 17 (1) Computer Law & Security Review 17 (2001).

[4] See Loi no. 78-17 du 6. janvier 1978 relative a l'informatique, aux fichiers et aux liberte's. Quoted from Mendoza, Isak, and L. A. Bygrave, *The Right Not to be Subject to Automated Decisions Based on Profiling*, in Tatiana E. Synodinou（eds.）. *EU Internet Law: Regulation and Enforcement*, at 79 (Springer, 2017).

[5] 如欧洲委员会《个人数据处理中的个人保护公约》（2018）第 9 条第 1 款 a 项。*Modernised Convention for the Protection of Individuals with Regard to the Processing of Personal Data*, available at https://search. coe. int/cm/Pages/result_ details. aspx? ObjectId = 09000016807c65bf, last visited 04-10-2018. 欧洲委员会《大数据领域个人数据处理中的个人保护指南》（2017），see Council of Europe's Guidelines on the Protection of Individuals with Regard to the Processing of Personal Data in the World of Big Data [2017; T-PD (2017) 01]。

有权不受制于会对其产生法律效力或类似重大影响的自动化决策的权利。这是避免数据控制者过于依赖自动化决策而放弃自身本应承担的责任，是对算法不透明、算法歧视、数据错误等风险的法律控制。该项权利除作为主干的免予自动化决策权外，还包括其他辅助性的权利，比如在特定情形下对自动化决策的干预权、表达权、同意决策权、自动化决策解释权。其核心内容包括：（1）数据主体有权不受仅依赖自动化处理（包括数据画像）所作出的，且对个人产生法律影响或类似重要影响的决定所制约。（2）基于合同目的、数据主体明确同意及法律授权所作出的决定，不受此限制。（3）基于合同目的或基于数据主体明确同意的自动化处理，数据控制者应采取适当措施保障数据主体的合法权利，至少应保障数据主体对于数据控制者的决定进行人为干预以表达观点及质疑决策的权利。（4）第2款中三项例外不得基于敏感数据作出，除非获得数据主体明确同意或基于公共利益，并采取适当的措施以保障数据主体权利。

与 GDPR 其他复杂条款类似，该条款内容需借助立法文件、GDPR 序言和第 29 条工作组指南进行解读。适用该条款需同时满足两项要件，即该决定必须"仅"依赖自动化处理作出，以及必须对个人产生法律影响或类似重要影响。[1]根据第 29 条工作组指南及大部分成员国立法[2]的内容，这里的"权利"并不意味着只有数据主体积极适用的情形，而是对自动化决策的一般性禁止。[3]因此，该条款反面说明欲将产生法律影响或重要影

---

〔1〕 根据第 29 条工作组指南，法律影响如因自动化决策而取消合同、取消住房福利，类似重要影响如信用贷款审批、电子招聘、医疗服务、教育，或依赖自动化决策显著影响个人习惯或选择等。针对性广告营销，推荐系统建议用户何时整理家务一般不认为具有重要影响，但如利用数据主体的弱点（如数据杀熟）或敏感信息（如政治倾向），则可能定性为具有重要影响。Article 29 Working Party's Guidelines on Automated Individual Decision-making and Profiling for the Purposes of Regulation 2016/679, available at http://ec.europa.eu/newsroom/article29/item-detail.cfm? item_id=612053, last visited 17-05-2018.

〔2〕 如德国、奥地利、比利时、芬兰、挪威、葡萄牙、瑞典等国家。See Sandra W., Brent M. Floridi L., Why a Right to Explanation of Automated Decision-making Does not Exist in the General Data Protection Regulation, 7 (2) International Data Privacy Law 76 (2017).

〔3〕 Article 29 Working Party's Guidelines on Automated Individual Decision-making and Profiling for the Purposes of Regulation 2016/679, available at http://ec.europa.eu/newsroom/article29/item-detail.cfm? item_id=612053, last visited 29-04-2018.

第四章 人工智能时代欧盟个人数据保护核心制度分析

响的算法适用于个人,数据控制者必须参与和审查自动化决策。立法文件指出,自动化决策有可能使数据控制者机械地全盘接受,从而减少了人类本应担负的审查和决策责任。[1]鉴于自动化决策技术的商业转化往往缺乏同行评审、政府审查、风险评估等环节,因此在加强外部审查的同时,数据保护法框架下确有必要设定内部的事先审查义务,比如应了解自动化决策如何实现目的、对数据主体权益带来哪些风险,以有效研判在多大程度上采纳自动化决策的结果,以实现负责任地、有意义地参与决策,避免削减本该担负的责任。

然而,该条第2款规定了三项例外情形,即基于合同目的、数据主体明确同意或法律授权可免除数据控制者的事先审查义务。与《1995指令》相比,数据主体同意情形是新增内容,为个人接受算法决策提供了自主权,也为大数据发展预留了更大空间。但与此同时,GDPR规定了三项反制措施。

第一,数据控制者对特殊类型个人数据的审查清理义务。第4款要求适用自动化决策时应剔除敏感数据。敏感数据被视为数据保护法中的高风险数据,一般包括个人种族、政治观点、宗教、基因、健康数据、性取向等数据。基于"偏差进,偏差出"的算法运行规律,将此类数据从算法输入数据中排除,在很大程度上有助于避免歧视、隐私侵犯以及对个体自主的影响。比如,可直接避免根据种族类别分发广告,根据基因数据拒绝提供医疗保险等常见的歧视现象,也可避免根据政治观点操纵民主进程,根据宗教信仰实施差别对待。

第二,事后救济措施。在基于同意或合同必要情形下,应保障数据主体获得数据控制者一方人为干预、表达观点及质疑决策的权利。相关立法文件指出,强大的公权力机构和私主体对大量数据画像的使用剥夺了个人影响决策过程的地位和资格,该条款的设计首先是为保护受决策影响的个

---

[1] 《1995指令》算法条款立法文件,"机器使用越来越多复杂的软件和专业系统,其结果具有明显客观的、无可争议的特点,人类决策者往往过于强调这一点,因而放弃了自己的责任。"See COM(92)422 final-SYN 287, 15.100.1992, p.26.

人质疑决定的权利。[1]其基本理念是不可因效率、成本等因素考量而牺牲人类参与决策的自主权。如信用贷款审批或雇用筛查中，数据主体可要求数据控制者介入算法决策，识别歧视，审查数据集的定义、算法的推理逻辑等内容。对于数据控制者未能实现该要求的，数据主体可请求数据保护监管机构介入或寻求司法救济。

第三，为数据主体事先同意和事后救济提供解释的义务。自动化决策将数据转化为一种知识，对自动化决策过程的理解是数据主体衡量是否接受自动化决策影响的前提。在欧盟数据保护改革中，GDPR在访问权部分增加了至少应为数据主体提供"关于自动化决策中所运用逻辑的有效信息以及该处理的重要性和其对数据主体可能造成的后果"的规定，[2]试图解决自动化决策的透明度问题。为此，有多位学者提出GDPR确立了对自动化决策的解释权。

然而，自动化决策解释权与数据控制者商业秘密、知识产权之间存在冲突。自动化决策软件的开发承载着较高的商业成本，并直接关系到企业的市场竞争力。因此，披露自动化决策软件代码有可能抑制创新、降低市场活力。GDPR序言第63条指出，数据主体对自动化决策逻辑等内容的获取不应当损害他人的商业秘密或知识产权。类似地，在美国2016年威斯康星州诉艾瑞克·卢米斯案中，法官使用了再犯风险评估（COMPAS）作为量刑建议，被告上诉中主张对自动化决策评估的采纳违背其正当程序权利，要求披露自动化决策内容。法院基于保护商业秘密的要求予以驳回。[3]在这一前提下，如何既能确保数据主体获知自动化决策的风险和收益，又能保护数据控制者的商业秘密和知识产权，是目前实践中有待解决的问题。有学者提出了分析哲学中的无条件反射事实（Unconditional Counterfactual）解释方法。反射事实解释并不试图解释自动化决策的内部逻辑，而是提供了关于外部依赖因素的解释。这种方法不仅避免了对复杂专业的算法进行

---

[1] COM（90）314 final-SYN 287，13.9.1990，p.29.

[2] GDPR第13条第2款第f项、第14条第2款第g项、第15条第1款第h项。

[3] State v. Loomis 881 N. W. 2d 749 (2016).

全面地公开，而且可以通过建模计算得出，便于数据主体理解自动化决策、对决策进行抗辩以及改变未来的做法来达到预期目的。[1]

从目前技术水平来看，算法是自动化决策的主要形式。机器学习算法的不同种类决定了不同的解释难度。一部分算法是人类可追踪的，如决策树算法更容易以人类可读的形式解释如何以及为什么算法会得出某一项结论。而中枢网络（如深度学习）算法情形则大不一样，每次的输出结果又作为新的训练数据输入模型，影响算法的自我编程，中间过程变成了不可解释的黑箱。因此，算法的可解释性问题仍有待透明度技术的突破。对于尚不可解释的算法应用应持谨慎态度，尤其是期望用算法来影响司法判决等关键场景的，在找到替代性方案之前，应暂缓使用不可解释算法，哪怕以牺牲准确性、效率和成本为代价。如美国公平信用报告法案中禁止在信用评分中使用机器学习，因为否定信用的原因必须基于消费者请求而予以明示。[2]

所以我们看到，GDPR 原则上对不具有重大影响的自动化决策（如针对性广告营销）持默认态度，仅在第 21 条规定了选择退出的权利。对重大影响或法律影响的自动化决策，GDPR 第 22 条为数据控制者设定了事先审查义务，以避免数据控制者对自动化决策的过度依赖，强调数据控制者的审查责任。但遗憾的是，该条款的三项例外实际违背了立法初衷，尽管增加了敏感数据清理、事后救济及自动化决策解释作为平衡，但根据分析，目前存在的解释困境将在相当程度上阻碍个人质疑或参与决策的权利。因此，透明度技术突破、解释方法的革新均是尚未有效解决的问题。

三、引入风险概念：进行动态全流程区分规制

个人数据保护的传统法律框架属于事后救济模式，倾向于在个人数据

---

〔1〕 See Sandra W., Brent M. and Chris R., *Counterfactual Explanations Without Opening the Black Box: Automated Decisions and the GDPR*, available at https://ssrn.com/abstract = 3063289. 2018-06-16/2018-6-22, last visited 20-10-2018.

〔2〕 See Burrell J., *How the Machine "thinks": Understanding Opacity in Machine Learning Algorithms*, 3 (1) Social Science Electronic Publishing 1 (2015).

受到侵害时才予以救济。在人工智能时代，新技术带来的社会风险具有鲜明的共生性、全球性、不可控性和动态性，数据处理和数据泄露的风险大大增加。一方面，个人数据处理因数据类型、处理方式、处理场景不同而存在风险差异，配置完全一致的责任义务将为数据控制者带来过重的合规负担。另一方面，风险难以完全消除，在事前、事中和事后建立全流程的风险监测和把控体系，是应对人工智能时代挑战的重要任务。为此，欧盟首次提出"基于风险的路径"，化解传统数据保护原则（如最小数据原则、目的限制原则等）的不足之处，通过构建风险分析工具，并采取情景式、定制化方式管理风险，更好应对用户画像、大数据等数据处理挑战。[1]

（一）个人数据的分级分类保护

个人数据的类型化研究旨在对海量个人数据进行区分保护，"分级分类保护可避免一刀切带来的失衡"[2]。对不同类型的个人数据设定不同的数据处理规范，也是大数据时代平衡数据保护和数据使用的折中选择。欧盟立法对特殊类型个人数据和特殊主体（儿童）个人数据处理提出更为严苛的要求，体现了基于风险的规制思路。

1. 一般个人数据和特殊类型个人数据

区分个人数据和敏感数据已成为各国数据保护法的通行做法。然而，欧盟立法中并未使用敏感数据，而是采用了特殊类型个人数据（Special categories of personal data）的概念，并通过列举的方式进行具体阐释。特殊类型个人数据是与个人人格关联更为紧密，具有特殊处理风险的数据，如种族、宗教、政治观点、个人健康、性取向等相关数据。虽然欧盟未在GDPR正文中使用敏感数据，但在序言和相关评注中，特殊类型个人数据又被概称为敏感数据。有学者认为，相比之下，前者具有客观评价色彩，而

---

〔1〕 See Gellert R., *We have always managed risks in data protection law: understanding the similarities and differences between the rights-based and the risk-based approaches to data protection*, 2 Eur. Data Prot. L. Rev. 481 (2016).

〔2〕 彭云："分级分类保护用户个人信息"，载《人民邮电报》2013年9月9日，第7版。

敏感数据更体现主观性，容易引发歧义。[1]各国数据保护立法通常对特殊类型个人数据设置更为严格的要求和特殊的处理规则。例如，GDPR为特殊类型个人数据处理设定更为严格的义务规范，如需获得"明确"同意，需要实施数据保护影响评估；如在"免予自动化决策权"条款中，不得由机器处理特殊类型个人数据等要求。

具体来看，GDPR第9条对特殊类型个人数据的处理条款不仅对特殊类型个人数据加以专项规定，同时将特殊类型个人数据划分为三类，设定了更为合理的分级分类规范。第一，对于涉及种族或民族背景、政治观念、宗教信仰或哲学信仰、工会成员资格等因素的个人数据，处理的前提条件与一般个人数据一致，即原则上可以处理，但强调在处理过程中不得将该类个人数据泄露。第二，对于个人基因数据和生物特征数据，严格限定数据处理的目的，即原则上也可以对其进行处理，但不得以识别自然人身份为目的。第三，对于健康数据、个人性生活或性取向等相关数据，则原则上禁止处理。[2]这三个层次是递进关系，要求越来越严格。与《1995指令》相比，GDPR在保留原有两层的基础上，将个人基因数据和生物特征数据单独分为一层。立法者在对该类数据的处理问题上经历了反复讨论和修订，由最初原则上禁止处理，到放宽为不得以识别自然人身份为目的进行处理。GDPR这种颇为细致且体现层级式的分类方法，为数据控制者和数据主体提供了更为清晰的行为指引，也体现了风险立法的进路。

然而，值得注意的是，特殊类型个人数据的界定与一国政治、文化等有关，在国际层面较难形成一致标准。同时，通过对一般个人数据的汇总处理，有可能识别出特殊敏感信息，例如通过大数据集之间交叉验证可由匿名数据识别到个人；可从邮政编码、节假日等一般个人数据中提取出种族、宗教等敏感信息，进而带来歧视风险。传播学领域的马赛克理论

---

[1] 王苑："敏感个人信息的概念界定与要素判断——以《个人信息保护法》第28条为中心"，载《环球法律评论》2022年第2期。

[2] GDPR第9条第1款规定，禁止在个人数据处理中泄露关于种族或民族背景、政治观念、宗教信仰或哲学信仰、工会成员资格等个人数据，禁止以识别自然人身份为目的对个人基因数据、生物特征数据进行处理，禁止处理与自然人健康、个人性生活或性取向相关的数据。

（Mosaic Theory）指出，若干非重大、无关联信息或信息片段的结合，亦能还原出有重大价值的信息。剑桥分析事件也充分展现了从用户点赞、好友偏好等数据中深度挖掘出个人政治倾向的数据分析能力。因此，仅从静态上对两类数据进行划分已难以适应人工智能时代，应综合个人数据场景、处理目的、处理方法等因素进行考量。

2. 特殊主体个人数据与一般主体个人数据

根据数据主体的身份不同，可将个人数据划分为特殊主体个人数据和一般主体个人数据。个人数据保护领域中的特殊主体主要包含未成年人和公众人物。作为出生、浸染在智能环境的一代人，未成年人具备超乎人们想象的智能技术应用能力。未成年人的社交、休闲、购物几乎围绕线上而展开，然而，未成年人的心智尚不成熟，对于自己线上行为的风险缺乏研判能力。如容易在社交网站过度披露个人数据，或受商家诱导从而提供个人数据。而一旦这些数据被泄露、转卖，则会给未成年人的心理、财产甚至人身安全带来难以预知的风险。因此，对未成年人的个人数据应给予特殊保护。GDPR 第 8 条规定，若处理未满 16 岁未成年人的个人数据，应当经过监护人同意或授权。数据控制者应确保监护人授权的技术可行性。成员国可通过立法对上述年龄进行调整，但不得低于 13 岁。GDPR 序言第 38 条进一步指出，此类特殊保护尤其适用于营销或创建用户个性档案的情形。

公众人物也是个人数据保护中的特殊主体。公众人物的特殊身份决定了其言行直接与公共事务、公共利益相关，应当满足公众的合理关注，接受公众检验。因此，在个人数据保护中，公众人物的人格利益通常受到一定程度的克减。如在被遗忘权中，公众言论自由、知情利益通常优先于公众人物的个人数据权利。

（二）数据保护影响评估制度

在"基于风险的路径"框架下，GDPR 对高风险的个人数据处理活动提出更高的保护要求。例如，第 35 条规定数据控制者在作出相关高风险数据处理时，应进行影响评估以及事前咨询，第 36 条则要求高风险的数据泄露时负有向监管机构和数据主体报告和通知的义务等。

第四章　人工智能时代欧盟个人数据保护核心制度分析

　　数据保护影响评估制度由早期隐私影响评估演变而来，是数据控制者开展自我规制的重要工具。隐私影响评估兴起并成熟于1995年至2005年，其中大量借鉴了环境和社会影响评估的制度经验。[1]在经济合作与发展组织（OECD）《隐私保护指南》颁行之前，欧洲对数据处理行为普遍采用登记或认证的规制方式，并对部分处理行为实施合规审查，这被认为是隐私影响评估的雏形。在一项加利福尼亚州伯克利法令中，兰斯·霍夫曼首次提出"隐私影响评估"的概念。[2]在此之后，新西兰、加拿大等国家的隐私保护专家普遍认为，系统性的隐私影响评估是数据保护必不可少的工具。这一理念在政策领域迅速传播，经过近十年的实践应用发展，隐私影响评估逐渐得到规范性适用。

　　相比之下，欧洲的隐私影响评估实践起步较晚。《1995指令》第20条对数据系统，尤其是敏感数据系统规定了预先审查义务。在其他国家的影响下，欧盟委员会开始表现出对隐私影响评估的兴趣，认可其对数据保护的重要作用。2011年2月，在欧盟委员会的积极推动下，第29条工作组签署了《无线射频识别应用隐私和数据保护影响评估框架》。该框架指出，隐私影响评估是促进"基于设计的隐私"（privacy by design）、为数据主体提供更高透明度，以及与监管机构交换意见的有效工具。在此基础上，GDPR第35条将隐私影响评估改革为数据保护影响评估。与此同时，GDPR在"数据处理过程的安全性""数据控制者义务"等多处提及数据保护影响评估的要求。

　　根据第29条工作组有关数据保护影响评估框架的内容，数据保护影响评估是一种用于描述数据处理过程、评估其必要性和合比例性、协助管理对自然人权利和自由带来的风险并决定处理措施的方法。[3]罗尔夫教授认

---

〔1〕See D. E. Hert P., *A Human Rights Perspective on Privacy and Data Protection Impact Assessments*, in Wright David & Paul De Hert eds., *Privacy Impact Assessment*, at 33-35 (Springer, 2012).

〔2〕See Hoffman L. J., *Security and Privacy in Computer Systems*, at 125 (Melville, 1973).

〔3〕See Article 29 Data Protection Working Party, *Guidelines on Data Protection Impact Assessment (DPIA) and determining whether processing is "likely to result in a high risk" for the purposes of Regulation 2016/679*, available at http://ec.europa.eu/newsroom/just/item-detail.cfm? item_id=50083, last visited 22-11-2018.

为，数据保护影响评估是一种评估有关个人数据处理活动隐私风险的方法或过程。[1]莱特教授等人认为，隐私影响评估是一种用于评估有关个人数据处理的计划、政策、项目、服务、产品的方法，并对利益相关者进行咨询，采取必要补救措施以减少或避免负面影响。[2]它不仅仅是一个工具，更是一个过程。它应当始于数据处理的最早期阶段，并能延续到数据处理结束甚至结束以后。[3]笔者认为，数据保护影响评估可概括为评估某一项目、服务或产品对个人隐私、非歧视、数据安全、数据质量等内容带来的风险，检验其合比例性，以制定降低风险措施的覆盖全生命周期的方法。

是否需要对所有个人数据处理行为展开影响评估，哪些必须进行影响评估，是数据保护影响评估制度的关键性问题。对企业而言，一套完整的影响评估需耗费较高的成本，增加合规负担。在实践中，英国、法国等欧洲国家的数据保护监管机构均拟定了各自的数据保护影响评估方法。但这类评估方法和框架并非数据控制者的强制义务，而仅作为参照标准。在欧盟数据保护改革中，GDPR指出，在数据处理的性质、范围和目的可能给数据主体的基本权利与自由造成高风险时（常见的如处理大规模的特殊类型的数据，对公共区域大规模的系统化监控，应用新技术对自然人的系统和广泛的算法评估等情形），数据控制者应当履行数据保护影响评估义务。

相比监管机构从公共层面实施的风险评估和风险规制，数据控制者的数据保护影响评估在微观层面对每一次高风险数据处理行为实施风险把控，但同时也存在怠于履行义务或因经验不足而产生的实施效果有限问题。有鉴于此，GDPR规定了数据控制者向监管机构事先咨询的制度，同时运用内部制衡机制和公众风险沟通对此予以化解。

第一，事先咨询机制。在数据保护影响评估中，当评估表明在数据控制者缺乏减轻风险的措施会导致高风险时，数据控制者应当在数据处理前

---

[1] See Weber R. H., *Privacy Management Practices in the Proposed EU Regulation*, 4 (4) International Data Privacy Law 290, 301 (2014).

[2] See Wright David, De Hert Paul, *Privacy impact assessment*, at 5-6 (Springer, 2011).

[3] 程莹:"风险管理模式下的数据保护影响评估制度"，载《网络与安全信息学报》2018年第8期。

向监管机构咨询。而监管机构认为数据处理会违反数据保护法,尤其是数据控制者不能确定和减少风险时,监管机构应向数据控制者提供书面建议。[1]事先咨询的原因在于,政府规制能够作出更为客观的风险决策。政府规制的核心在于对各种要素权衡的过程,是从社会整体系统而非个体视角实现风险收益与风险成本的平衡,从而提高全社会风险规制的配置效率。以商业集团开发的医疗诊断软件为例,政府会从社会层面平衡数据处理风险、个人利益和医疗供给问题,而这往往是私人主体难以实现的。也有学者将此称为元规制(Meta-Regulation)模式,即政府保持远距离观察,激励数据控制者本身针对问题作出内部式的、自我规制性质的回应。[2]

第二,内部制衡机制。目前,在数据控制者内部设立独立的数据保护专员已成为欧美立法和实践中的默认规则。数据保护专员是协助和监督数据控制者的数据处理行为,沟通利益相关者(如监管机构、数据主体、商业集团)的有效制度设计。[3]尤其在数据保护影响评估中,数据保护专员有义务提供有关建议并监督评估工作的实施。这一机制有助于促进行业集体责任,打通参与者和利益相关者的整个链条,有助于协调评估标准的制定和分享最佳的实践方式。

第三,公众风险沟通。有学者指出,风险规避的重要措施,是奉行技术民主原则,包括技术信息适度公开和公众参与、公众决策。[4]借助行政领域风险评估经验,数据保护影响评估应吸收利益相关方和其他社会力量参与,就风险的识别、理解与构建实现理性商谈,管理有争议的风险。在GDPR中,数据保护影响评估要求在适当情况下,数据控制者应当就拟开展的处理行为征询数据主体或其代表人的意见,公正地对待保护商业、公共利益以及处理行为的安全性。[5]

---

[1] GDPR 第 36 条。

[2] [英]罗伯特·鲍德温、马丁·凯夫、马丁·洛奇编:《牛津规制手册》,宋华琳等译,上海三联书店 2017 年版,第 167 页。

[3] Article 29 Working Party's Guidelines on Data Protection Officers, available at http://ec.europa.eu/newsroom/article29/item-detail.cfm? item_ id=612048, last visited 05-08-2018.

[4] 吴汉东:"人工智能时代的制度安排与法律规制",载《法律科学》2017 年第 5 期。

[5] GDPR 第 35 条第 9 款。

（三）数据泄露通知制度

数据泄露通知制度首创于美国，美国加利福尼亚州 2002 年制定的《加利福尼亚州数据安全泄露披露法案》是世界上首个数据泄露通知法。近年来，大数据、云计算等技术的迅猛发展带来了生活便利，也加重了人们对于个人数据安全性的担忧。层出不穷的各类大规模数据泄露事件不断刺激公众的神经。很多国家将数据泄露通知制度引入本国立法，使之成为一项被普遍认可的制度。截至 2018 年 3 月，美国全部 50 个州，以及哥伦比亚特区、关岛、波多黎各和美属维尔京群岛均制定了各自的数据泄露披露立法。

欧盟 2009 年修订《电子隐私指令》时，将数据泄露通知制度引入新指令中。为确保该制度能够在欧盟各成员国一致实施，指令要求欧盟委员会提出进一步的具体执行规则。在此背景下，欧盟委员会开展了一系列公众咨询活动，包括广泛征求各国家和地区个人数据保护监管机构、互联网服务提供者、社团组织、欧洲网络信息与安全局、第 29 条工作组等机构意见。[1] 2011 年欧盟委员会公布的数据泄露通知规则在进行公众咨询时受到了广泛支持，并写入 GDPR 第 33 条和第 34 条。自此，数据泄露通知制度直接适用于欧盟全体成员国。

概言之，数据泄露通知制度是指在发生个人数据泄露事件时，负有数据安全保护义务的主体在规定时间内，以适当形式通知监管机构与数据主体的制度。[2] 这种将泄露事故主动披露给监管机构、消费者及媒体的形式给企业带来隐形的舆论和社会压力，推动企业更加重视内部的个人数据保护工作。总体来看，GDPR 对数据泄露的启动机制、义务主体、影响评估、通知程序和形式、通知内容等作了详尽规定。一是规定了数据泄露通知的启动机制。根据 GDPR 规定，一旦数据泄露会对自然人权益造成侵害，数据控制者应向数据保护的监管部门告知；如果数据泄露可能使数据主体权

---

〔1〕 http://europa.eu/rapid/pressrelease_ IP-13-591_ en. htm, last visited 01-12-2018.

〔2〕 赵淑钰、伦一："数据泄露通知制度的国际经验与启示"，载《中国信息安全》2018 年第 3 期。

益面临高风险状态，数据控制者应向数据主体告知。二是规定了数据泄露通知义务适用的主体。GDPR 明确规定，数据泄露通知义务的承担者主要是数据控制者，当发现数据泄露情形发生时，数据处理者应立即向数据控制者告知。三是规定了数据泄露影响评估。在发表有关数据泄露情况的声明时，相关主体往往需要对数据泄露事件的严重程度进行评估，比如泄露的数据是否包括个人敏感数据或金融数据等，是否会导致数据主体的身份被盗用、财产或精神遭受损害等。四是规定了数据泄露通知的程序和形式。GDPR 规定，数据控制者应在发现数据泄露的 72 小时内向监管机构报告个人数据泄露情况。当数据泄露可能导致自然人权利和自由处于较高风险时，数据控制者应以明确和清楚的语言立即向数据主体告知个人数据泄露的事实和性质。五是规定了数据泄露通知的内容。包括个人数据泄露的性质、数据保护专员的相关信息、数据泄露可能造成的后果以及建议或可能采取的处置措施等。[1]

如果数据控制者已经及时采取措施（例如终止受到影响的账户）解除风险的，可免于履行数据泄露通知义务。欧盟委员会还在欧洲网络信息与安全局的协作下，公布了用户个人数据保护的推荐性技术措施。比如，运用加密技术对用户的个人数据作加密处理。如果数据控制者应用了技术措施，且加密的数据泄露不会直接披露用户的个人数据，那么数据控制者可以免于履行向用户通知的义务。总体而言，数据泄露时的报告和通知义务可以有效提高个人数据保护工作的透明度，但是对风险是否需要报告的判断以及需要短时间内作出报告和通知也为数据控制者的工作带来挑战。

四、促进数据共享：欧盟跨境数据流动规则

作为人工智能时代的战略性资源，数据的自由流动具有基础性意义，对于一国的政治、经济、文化等的发展甚至国家安全均具有重要作用。个人数据不仅承载着个人的人格尊严与自由，还具有商业价值、公共管理价值等经济、社会多重价值。在国际社会，举凡国际安全、反恐、刑事合

---

[1] GDPR 第 33 条、第 34 条。

作、贸易、知识产权保护等领域均有赖数据的流通和使用。

（一）欧盟数据跨境流动概述

跨境数据流动通常指跨越国界对存储在计算机中的机器可读数据进行处理、存储和检索。这一定义包含两种形式上的跨境数据流动：一种是数据跨越国界（流出和流入）传输和处理；另一种是数据即使没有跨越国界，但被第三国主体访问。[1]全球仅有少数国家将后者作为跨境数据流动进行管理，大多数国家将物理上确实跨越了国界的数据流动作为监管重点。

跨境数据流动最早在个人数据保护立法中出现，各国在个人数据保护法中对个人数据向第三国转移进行管理，但由于当时的国内法并非出于促进跨境数据流动目的，且各国立法之间存在较大差异性，跨境数据流动面临较大法律障碍。随着信息技术进步及全球一体化程度加深，数据经济价值不断被开发和深化，跨境数据流动对促进商业活动、提升投资和就业作出了重大贡献，联合国、经济合作与发展组织（OECD）出台了关于跨境数据流动的国际规则，各国监管机构也逐步完善跨境数据流动相关立法，在促进经济发展和保障个人数据、国家安全中寻求平衡。

欧盟跨境数据流动规则在全球范围内起到重要引领作用。从欧盟《1995指令》制定到GDPR出台，均体现了既保护个人数据又促进个人数据自由流动的双重价值。GDPR第1条第1款规定，本条例旨在确立个人数据处理中的自然人保护和个人数据自由流通的规范。GDPR序言第4条指出，"个人数据的处理应当以人类服务为导向。个人数据保护权不是一项绝对权利，必须考虑其在社会中的作用"。在欧盟单一数字市场战略下，云计算、信息通信技术标准化、电子政府、物联网和大数据等新技术应用加剧了个人数据保护与数据流通的平衡需求。"如果对个人数据的保护走入极端，则将使每一个人变为彼此隔绝的'信息孤岛'，整个社会变为一盘散沙。"[2]世界范围内的个人数据保护立法都试图作出更好的平衡，以

---

[1] 刘耀华：“我国跨境数据流动制度亟待完善”，载《中国经济周刊》2021年第7期。

[2] 张新宝：“从隐私到个人信息：利益再衡量的理论与制度安排”，载《中国法学》2015年第3期。

在保护个人数据与促进个人数据自由流通之间构建并行不悖的通道，通过个人人格利益与社会公共利益的动态冲突与博弈达致利益整合的相对衡平。周汉华教授强调，"协调个人数据保护与促进数据自由流通之间的关系，是各国个人数据保护立法中最为重视的一对核心价值"。[1]个人数据的绝对保护将造成经济活动的障碍、损害竞争，阻碍公权力机构在欧盟法下履行职责。因此，个人数据保护法应在个人数据保护和促进数据流通之间实现平衡。

（二）欧盟数据跨境流动具体规则

1. 数据接收方所在地获得欧盟"数据保护充分性认定"

欧盟通过"数据保护充分性认定"与相关国家建立数据流通共享机制，目前共有日本、新西兰、加拿大（限于商业组织）、安道尔、瑞士、韩国等13个国家和地区获得欧盟的"数据保护充分性认定"。此外，美国与欧盟在2016年还就数据共享达成《隐私盾协议》。

欧盟主要通过"数据保护充分性认定"对数据传输至欧盟以外的国家和地区进行管理。"数据保护充分性认定"属于白名单机制。欧盟委员会根据第三国的个人数据保护立法状况、执法能力、救济机制等因素作出综合评估。目前，欧盟正在积极推进与其他国家的"数据保护充分性认定"谈判，已将部分拉丁美洲国家（如巴西、智利）、东欧和南欧邻国以及印度、印度尼西亚等亚洲国家和地区作为优先谈判对象。此外，欧盟还通过与其他国家签订《108公约》、与美国签订《隐私盾协议》等方式加大与其他国家的数据流通。除"数据保护充分性认定"外，欧盟还规定了"标准合同文本"机制和"有约束力的公司规则"机制等。

2. 标准合同文本

标准合同文本是为对冲"充分保护"原则下白名单范围太小，对跨境数据流动的限制太严，允许个人数据向其他第三国转移的重要手段。在欧盟提供的标准合同中，体现出较高的个人数据保护水准，通过合同的方式

---

[1] 周汉华："制定我国个人信息保护法的意义"，载《中国经济时报》2005年1月11日，第A01版。

点对点地输出和扩展欧盟的数据保护标准。例如，在责任承担方面，若数据主体的权利受到侵害，由数据输出方和输入方承担连带责任，除非其中一方有证据证明自己没有过错。在数据输入方仅仅只是数据处理者时，原则上向数据输出方主张责任。在争议解决方面，规定了可以采用调解、仲裁等争议解决方式，若诉诸司法裁判，合同当事人应当服从数据输出方或监管机构所在国具有管辖权的法院的裁判，以此避免诉讼主体维权成本过高。在安全保护方面，数据输入方必须承诺在输入地为个人数据提供必要的安全保障，承诺遵守欧盟和各成员国关于个人数据的法律规定。合同还创设了"第三方受益条款"，将数据主体列为第三方受益人。在监督机制方面，确立了输出国的数据保护监管机构为主要监督主体，以避免推卸责任。2021年6月4日，欧盟委员会公布了新版本的标准合同文本。[1]主要修改包括以下内容。区分四类模块：控制者到控制者、控制者到处理者、处理者到处理者、处理者到控制者四种传输模式，适用不同的特定条款；明确承认数据输出方可以是一个非欧盟实体；允许多方签约与增加新的缔约方；以及各方需要保证"没有理由相信"输入方所在地的法律会导致输入方无法履行合同项下的承诺等。

标准合同文本模式为跨境数据流动规制提供了一种新思路，通过强制适用格式合同的方式扩大了域内数据保护法的适用范围；尊重意思自治，在保护个人数据安全的同时，使有需要的企业或个人跨境传输数据更加灵活；标准合同也使合同双方减少在权利义务上的讨价还价，提高了信息流动的效率。

3. 有约束力的公司规则

有约束力的公司规则是欧盟专门为了照顾跨国公司分散式、大批量、高频次数据转移的需要而创立的规制模式。基本含义是跨国公司可以自己起草一套内部数据流动规则，全面规范数据跨境流动的各类事项，并将该

---

〔1〕 陈际红等："欧盟个人数据传输的两项新工具（SCCs）：历史演变、法律影响和应对策略"，载中伦律师事务所，http://www.zhonglun.com/Content/2021/06-29/1359010341.html，最后访问时间：2022年5月31日。

规则交由企业主要所在地的数据保护监管机构牵头审核，并由所有成员国数据保护监管机构审核通过后，企业即可依据此规则在内部开展跨境数据流动。在有约束力的公司规则中，必须包含透明度、安全性、数据质量等隐私保护规则以及监督保障机制。

但是，这并不意味着跨国企业在有约束力的公司规则通过审核后便失去了监督。相反，立法者考虑到不同分支机构的执行力度和不同国家执法标准的差异，可能导致该规则对个人数据保护形同虚设，因此在 GDPR 第 47 条第 2 款第 f 项设立了欧盟境内控制者连带赔偿责任，即当欧盟境外的跨国公司单位违反了该规则，对数据主体权利造成侵害时，数据主体也可以通过多国数据保护监管机构联合执法机制，向欧盟境内的跨国公司单位要求承担责任，除非跨国公司能够证明被投诉的企业并未违反该规则。[1] 也就是说，跨国公司在欧盟内部的实体也需要对欧盟外部的其他实体的行为负责。这一做法有效促使跨国企业内部互相监督，也使数据主体的个人数据权利得到优先的保障。

有约束力的公司规则模式作为跨境数据流动规制领域的重要制度创新，具有开创性意义。采用"企业制定+政府审批"的模式，既能照顾跨国企业数据流动需求，使企业发挥主观能动性，鼓励制度创新和行业自律，做到"因企施策"，使企业能够以适合自身特点、降低运营成本的方法进行数据保护，又能促进产业的发展，还能满足个人数据保护的基本要求。政府的角色由直接执法者转变为审核者与监督者，也能降低行政成本。

(三) 欧美数据跨境流动框架

欧盟的数字服务市场大量地被美国的互联网巨头企业占据，因此欧洲和美国之间存在着大量的跨境数据流动需求。因此，即使在美国曝出"棱镜门"等侵犯个人数据丑闻的情况下，欧盟基于现实的市场地位，仍然需要畅通与美国的数据传输通道，表现出在欧美数据跨境机制建立、废除、再建立循环往复的现象。

---

[1] General Data Protection Regulation [Regulation (EU) 2016/679], Article 47, 2 (f).

1. 《安全港协议》

2000年，美国与欧盟签署《安全港协议》（Safe Harbor），以作为欧盟在个人数据保护基本权利和欧美跨境数据流动需要矛盾中的折中方案。《安全港协议》提供的便利条件并非适用于签约国之间的所有实体，而是仅适用于同意加入"安全港"、声明遵守相关义务并接受美国联邦贸易委员会和联邦运输部监管的企业。在具体要求上，《安全港协议》规定了7项原则。一是告知原则（Notice），告知数据主体收集个人数据的事实与原因，保障知情权；二是选择原则（Choice），数据主体有权在告知后选择反对或退出对个人数据的传输或处理；三是转移原则（Onward Transfer），公司只能向遵守《安全港协议》规定原则的第三方传输个人数据资料；四是安全性原则（Security），企业必须采取适当措施以保障数据安全；五是数据品质原则（Data Integrity），需要保障所搜集信息的准确性与符合目的；六是参与原则（Access），企业应当允许数据主体访问与更正其个人数据；七是执行原则（Enforcement），必须具备独立有效的救济、追索机制，必须对违反协议的组织施加足够的制裁，不遵守《安全港协议》的组织将被移除。

此前，美国大约有4500家公司在安全港名单上，而经美国联邦贸易委员会指控的违反《安全港协议》的只有40多家，可见美国联邦贸易委员会的监管和执法力度不大。[1]受"棱镜门"事件影响，2015年10月6日，欧洲法院裁定《安全港协议》无效。

2. 《隐私盾协议》

在《安全港协议》废止后，为了协调这一突出矛盾，欧美之间达成了新的跨境数据流动"特权"机制——《隐私盾协议》（EU-U.S. Privacy Shield Agreement）。

《隐私盾协议》承袭了《安全港协议》的基本模式，即企业承诺遵守协议规定的个人数据保护权利义务，公开企业数据保护制度并增强透明度，经过审核后，依自愿原则加入协议框架，从而获得数据跨境传输的权

---

[1] 武长海主编：《国际数据法学》，法律出版社2021年版，第296页。

利。在此基础上，《隐私盾协议》通过多项措施保障制度得以落实。

在数据控制者的责任上，《隐私盾协议》要求企业公示其在个人数据保护方面的具体规定、保护标准、申诉途径，以方便信息主体了解与维权。每一年都需要就企业个人数据使用和保护情况发布报告，接受公众监督；定期自我审核以及接受行政部门监察；规定数据控制者在进行数据跨境流动时要订立合同明确对个人数据的安全保障义务。针对美国情报机构的监听行为，《隐私盾协议》规定了美国国务院指派监察员对情报机构收集数据的行为进行监督，并受理欧盟信息主体的投诉和建议。规定了每一年欧盟委员会和美国商务部联合对个人数据保护情况进行审查的制度。《隐私盾协议》最大的亮点在于事后救济制度上，《隐私盾协议》规定了三种救济制度，即个人申诉、替代性争议解决以及强制仲裁。个人申诉是其他救济方式的前置途径，是由信息主体直接向数据控制者提出申诉；替代性争议解决方案包括三种：救济和制裁措施、美国联邦贸易委员会介入和持续不遵守协议的处罚，其基本含义均是当申诉无法保护信息主体的权利，或信息控制者违反了《隐私盾协议》基本原则时，由公权力机关介入发起制裁；强制仲裁制度指信息主体在通过前两种途径仍无法维护自身权益时，可以在缺乏仲裁条款的情况下直接提起仲裁维护自身合法权益。

《隐私盾协议》的规制模式虽然相比《安全港协议》，在个人数据保护力度上有了较大的进步，但笔者认为从总体上看仍是欧洲与美国在互联网信息技术领域巨大差距下不得不让步的结果。《隐私盾协议》规定了一系列加强个人数据保护以及加强审查监督的措施，然而，无论是对数据控制者的监管，还是对情报机构的监督，这些规定大多数仍是由美国自己监督自己，仍然缺乏有效的监督落实机制，尤其缺乏作为数据来源地的欧洲开展保护、监管、监督的机制。在美国更加强调"美国优先"的大背景下，《隐私盾协议》后续的落实情况仍是未知数。但是，《隐私盾协议》在救济模式方面的新探索，为跨境数据流动监管提供了许多新思路。例如有学者便强烈建议中国学习借鉴《隐私盾协议》在事后救济中的强制仲裁制度。[1]

  2020年8月，欧洲法院再次判决欧美之间签订的《隐私盾协议》无效。法院认为，美国的数据监视制度不尊重欧盟公民权利，并将美国国家利益置于公民个人利益之上。如无法确保目的国数据保护合乎欧盟准则，则不得转移数据。[2]

---

  [1] 郑远民、郑和斌："网络时代跨境个人数据保护救济机制探究——以《欧美隐私盾》为例"，载《广西大学学报（哲学社会科学版）》2018年第2期。

  [2] "欧盟法院裁定欧美'隐私盾'协议无效"，载中华人民共和国商务部官网，http://www.mofcom.gov.cn/article/i/jyjl/m/202008/20200802993103.shtml，最后访问时间：2022年4月25日。

第五章
人工智能时代欧盟个人数据
保护的实践考察

自 2018 年欧盟 GDPR 生效实施至今，在欧洲数据保护委员会和各国数据保护监管机构的共同推动下，欧盟个人数据保护法律框架渐趋成熟，并向着"数字单一市场"和"数字主权"的重要立法目标迈进。总体来看，GDPR 的法律价值和实际影响力获得了欧洲议会和欧盟委员会的背认。[1]但与此同时，GDPR 的强监管态势和严格的惩罚性举措可能极大地阻碍数字经济的进步与发展。部分国家智库对 GDPR 给欧洲科技企业带来的负面影响进行了广泛的实证分析。[2]在此背景下，全面考察欧盟数据保护实践，提炼欧盟监管重点和难点，对于理解欧盟个人数据保护机制具有重要意义。

一、欧盟个人数据保护的监管实践

欧洲是个人数据保护的发源地，它不仅率先设定了数据保护专门和统一立法，同时开创性地建立起以数据保护监管机构为主导的数据保护执行机制。伴随科技发展与个人数据保护的成熟，欧盟数据保护监管机构的规制理念与模式不断革新并持续演进，在个人数据保护中发挥着举足轻重的作用。

（一）欧盟数据保护监管机构

数据保护监管机构被认为是欧盟个人数据保护权利实现的三大支柱之一。[3]至今，欧盟的个人数据保护已经走过半个多世纪的历程，自 1970 年德国《黑森州数据保护法案》建立以数据保护专员为中心的法律执行机制，经欧盟《1995 指令》再到欧盟 2016 年 GDPR，数据保护监管机构已

---

〔1〕 See European Parliament, *Commission Evaluation Report on the Implementation of the General Data Protection Regulation Two Years after its Application*, available at https://www.europarl.europa.eu/doceo/document/TA-9-2021-0111_EN.html, last visited 08-11-2021.

〔2〕 See *The Short-Run Effects of GDPR on Technology Venture Investment*, available at https://www.nber.org/system/files/working_papers/w25248/w25248.pdf, last visited 08-11-2021.

〔3〕 See Andra G., Tine A. L., *Roles and Powers of National Data Protection Authoritie*, 2 European Data Protection Law Review 342（2016）.

成为欧盟个人数据保护体制中极为重要的组成部分。如今，欧盟数据保护监管机构已经由最初的个人数据守护者转变为数据处理活动的宏观调控者。作为区域性国际组织，欧盟个人数据保护监管机构划分为欧盟层面和成员国层面的机构，具备成熟的职能架构和广泛的权力。对欧盟监管机构的历史、职能、性质和运作的研究是了解数据保护监管实践的前提。

1. 成员国数据保护监管机构监管职能

数据保护监管机构是依法设立、独立行使职权以监督数据保护法之实施的国家公权力机构。以德国、瑞典、法国等国为代表的欧洲国家在早期数据保护立法中，开创性地建立了借助数据保护监管机构保护个人数据的先河。这些早期的监管机制和监管实践对今天的欧盟乃至其他国家的数据保护机制均产生了广泛而深远的影响。

在德国，1970 年《黑森州数据保护法案》确立了以数据保护专员为核心的执行机制。专员由州议会产生并对其负责。数据保护专员负责考察个人数据应用可能带来的政府机构间的权力变化，及其对个人隐私带来的危害，负责监督州数据库的运作，同时受理个人控诉，出具意见并将其转移给适格机构。[1]在联邦数据保护立法过程中，基于对执行效力的担忧，西米提斯有关设立联邦数据保护监管机构的建议得到各方支持。[2]在瑞典，1973 年《数据法案》要求设立数据调查委员会，不仅负责监督公共领域的数据处理活动，对于私人行业中的相关处理行为一并予以监管。同时，该法案规定数据调查委员会负责对数据处理进行登记和审批。在英国，1984 年《数据保护法案》中明确规定，设立具有独立地位的数据保护监管机构负责对数据处理活动进行强制登记。法国政府在 1978 年颁布了《信息、档案与自由法》，据此设立了国家信息与自由委员会（Commission Nationale de l'Informatique et des Libertés, CNIL），该机构具有广泛职权，负责对数据

----

[1] See H. Burkert, *Privacy-data Protection Law: A German/EU Perspective*, at 46 (Nomos Verlagsgesellschaft, 2000).

[2] See H. Burkert, *Privacy-data Protection Law: A German/EU Perspective*, at 47 (Nomos Verlagsgesellschaft, 2000).

处理的登记、审批及监督。当前，所有欧盟成员国均成立了国家层面的数据保护监管机构，由其负责公共和私人领域的数据保护。

欧盟和成员国赋予数据保护监管机构广泛的职权。在国家内部，数据保护监管机构负责信息提供、数据处理活动的管理、管制、准立法与司法职能、调查和执行功能。在国家外部，数据保护监管机构之间进行信息和经验互享，并主要在跨境数据保护中开展执行合作。剑桥分析事件中，法院下发搜查令后不到一个小时，英国数据保护监管机构的执法人员即进入位于伦敦的剑桥分析公司总部，进行了约7小时的现场检查。此次调查主要关注剑桥分析公司获取数据的合法性、是否履行保护义务等个人数据保护法中的关键性问题，包括个人数据的获取是否"未经授权"，数据分享前是否获得有效同意，剑桥分析所采取的数据安全保障措施，以及Facebook在得知数据泄露时是否采取了有力行动等。[1]此次调查由ICO主导，在欧盟其余27个成员国数据保护监管机构的支持下共同完成，是各成员国数据保护监管机构通力合作、行使调查权的实践例证。

总体而言，数据保护监管机构负责管理和登记部分数据处理活动，对数据保护法律法规和行为规范的起草、制定及实施提供专业建议。数据保护监管机构作为数据保护法的执行机关，受理、调解及解决数据主体提出的有关数据处理的申诉，有权调查、审计公私主体实施的数据处理行为，并对违反数据保护法规定之行为提出建议、作出警告或处以罚款。此外，数据保护监管机构负责向公众、公权力机关和私人主体普及数据保护的重要性，并将数据保护法的实施情况及时报告国家机关。可见，数据保护监管机构承担着多重功能，扮演着调查员、监管执行者、宣教者、咨询机构、政策智库、审计者等多种角色。

---

[1] http://tech.sina.com.cn/i/2018-03-24/doc-ifysnevm3928773.shtml，最后访问时间：2021年10月20日。

表 5-1　欧盟各国数据保护监管机构一览

	机构全称（英语／本国语言）	中文	网址
奥地利	Datenschutz behörde	数据保护局	https://www.dsb.gv.at/
比利时	Gegevensbeschermingsautoriteit	数据保护局	https://www.gegevens-beschermingsautoriteit.be/burger
保加利亚	Commission for personal data protection	个人数据保护委员会	https://www.cpdp.bg/en/
克罗地亚	Agencija za zaštitu osobnih podataka	个人资料保护局	https://azop.hr
塞浦路斯	Office of the Commissioner for Personal Data Protection	个人数据保护专员办公室	www.dataprotection.gov.cy
捷克共和国	The Office for Personal Data Protection/ Úřadu pro ochranu osobních údajů	个人数据保护办公室	https://www.uoou.cz/en/
丹麦	Datatilsynet	数据保护局	http://www.datatilsynet.dk
爱沙尼亚	Andmekaitse Inspektsioon	数据保护监察局	https://www.aki.ee/et
芬兰	Tietosuojavaltuutetun toimisto	数据保护监察专员办公室	https://tietosuoja.fi
法国	Commission Nationale de l'Informatique et des Libertés	国家信息与自由委员会	https://www.cnil.fr/professionnel
德国	Der Bundesbeauftragte für den Datenschutz und die Informationsfreiheit	联邦数据保护与信息自由专员	https://www.bfdi.bund.de/DE/Home/home_node.html
希腊	Hellenic Data Protection Authority	希腊数据保护局	https://www.dpa.gr/
匈牙利	Nemzeti Adatvédelmi és Információszabadság Hatóság	国家数据保护与信息自由管理局	https://www.naih.hu/
爱尔兰	The Data Protection Commission	数据保护委员会	https://www.dataprotection.ie/
意大利	Garante per la protezione dei dati personali	数据保护局	http://www.garanteprivacy.it/
拉脱维亚	Data State Inspectorate	国家数据监察局	https://www.dvi.gov.lv/en/

续表

	机构全称（英语/本国语言）	中文	网址
立陶宛	Valstybinė duomenų apsaugos inspekcija	国家数据保护监察局	https://vdai.lrv.lt/
卢森堡	Commission nationale pour la protection des données	国家数据保护委员会	https://cnpd.public.lu/fr.html
马耳他	Office of the Information and Data Protection Commissioner	信息和数据保护专员办公室	https://idpc.org.mt
荷兰	Autoriteit Persoonsgegevens	数据保护局/个人资料管理局	https://autoriteitpersoonsgegevens.nl/
波兰	The President of the Office for Personal Data Protection/Urząd Ochrony Danych Osobowych	个人数据保护办公室	https://www.uodo.gov.pl/
葡萄牙	Comissão Nacional de Proteção de Dados	国家数据保护委员会	https://www.cnpd.pt/
罗马尼亚	Autoritatea Națională de Supraveghere a Prelucrării Datelor cu Caracter Personal	国家个人数据处理监督局	https://www.dataprotection.ro/
斯洛伐克	Úrad na ochranu osobných údajov Slovenskej Republiky	个人资料保护办公室	https://dataprotection.gov.sk/
斯洛文尼亚	Informacijski pooblaščenec	信息委员会	https://www.ip-rs.si/
西班牙	Agencia Española de Protección de Datos	西班牙数据保护局	https://www.aepd.es/es
瑞典	Integritetsskydds myndigheten	隐私保护局	https://www.imy.se/
挪威（非欧盟成员国但适用GDPR）	Datatilsynet	数据保护局	https://www.datatilsynet.no/
英国（已脱欧）	Information Commissioner's Office	信息专员办公室	https://ico.org.uk/

2. 欧盟层面数据保护监管机构

为强化欧盟层面数据保护的协作程度，GDPR 设立了欧洲数据保护委员会作为欧盟新的机构，以取代《1995 指令》中设立的"第 29 条工作组"。[1] 2016 年 2 月，第 29 条工作组发布《实施 GDPR 行动计划（2016）》，以确保向欧洲数据保护委员会之顺利过渡。优先事项包括组建欧洲数据保护委员会，为一站式管理服务机制做好准备工作，发布面向数据控制者和数据处理者的 GDPR 实施指南，做好新设立机构与欧盟其他机构的联络和协调工作。[2] 此外，欧洲数据保护委员会为确保 GDPR 顺利实施，也在 2015 年制定了《欧洲数据保护委员会战略（2015—2019）》。出于应对人工智能时代背景下经济、社会发展需要，欧洲数据保护委员会在该战略中对欧洲的个人数据保护提出了较全面的工作方向，规划了三项重点计划。一是提升数据保护工作的数据化水平。主要包括依托各类先进的技术手段提升保护数据和隐私的水平，以跨学科路径解决政策难题，使大数据处理更加透明等。二是构建全球合作关系。主要是将数据保护提升到人权合作层面，在国际场合保持欧盟成员国意见一致性，在国际贸易谈判中坚持欧盟有关数据保护的基本原则。三是书写欧盟在数据保护领域的新篇章。主要是采用新的数据保护规制，增强欧盟机构在数据保护领域的职权，制定更加正式、权威、有效的政策，协同促进个人数据保护与社会安全维护。[3]

组织层面，欧洲数据保护委员会成员由各成员国数据保护监管机构负责人和欧洲数据保护监督员代表组成，委员会的秘书处提供分析、行政管理和后勤保障支持，并且负责从较高层面发布个人数据保护相关的意见与指南。[4] 与原有的第 29 条工作组相比，欧洲数据保护委员会权力得到显

---

〔1〕 参见 GDPR 第 68 条。

〔2〕 See Article 29 Working Party, *Statement on the 2016 Action Plan for the Implementation of the General Data Protection Regulation（GDPR）*, available at https://ec.europa.eu/justice/article-29/documentation/opinion-recommendation/files/2016/wp236_en.pdf#:~:text=Statement%20on%20the%202016%20action%20plan%20for%20the, be%20effective%20for%20the%20first%20semester%20of%202018., last visited 02-02-2022.

〔3〕 See European Data Protection Supervisor, *The EDPS Strategy 2015-2019*, available at https://edps.europa.eu/sites/default/files/publication/15-07-30_strategy_2015_2019_update_en.pdf., last visited at 02-02-2022.

〔4〕 See Christopher Kuner, *The European Commission's Proposed Data Protection Regulation: A Copernican Revolution in European Data Protection Law*, Bloomberg BNA Privacy and Security Law Report（2012）, at 1-15, Available at SSRN：https://ssrn.com/abstract=2162781, last visited：02-02-2022.

著提升,以促成 GDPR 在各成员国得到统一适用。同时,欧洲数据保护委员会的独立性在实践中备受关注。在欧盟数据保护改革之前,欧盟法院已经对监管机构独立性的要求作出严格解释。欧盟法院在判例中指出,完全的独立性不仅要求监管机构独立于被监督主体,同时也要求其监管活动不受任何外部的直接或间接影响。[1]有学者指出,欧盟法院在相关的三个判例中均强调,独立监督是数据保护必不可少的要素。[2]GDPR 在立法中进一步明确各国数据保护监管机构和欧洲数据保护委员会的独立性问题,强调在人员任命、财政资源、执行任务等方面确保独立性。[3]

与成员国监管机构具有调查权、处罚权不同,欧洲数据保护委员会的职能主要体现为协调各监管机构的关系,确保 GDPR 适用的一致性,并为 GDPR 适用提供建议。具体而言,欧洲数据保护委员会主要行使以下职能。

首先,欧洲数据保护委员会负有提供信息、解释 GDPR 的职能。欧洲数据保护委员会可主动或根据各成员国或欧盟委员会要求对 GDPR 适用中的问题,如关于个人数据泄露、公司约束规则、个人数据转移的标准和要求、行政罚款等内容,提出指南(Guidelines)、建议(Opinions)和最佳实践方式(Best Practices),以促进 GDPR 的一致性适用。[4]欧洲数据保护委员会可就欧盟个人数据保护的任何问题向欧盟委员会提供建议,包括有关 GDPR 的修正议案,并有义务将 GDPR 实施情况及时报告欧盟委员会,[5]向

---

[1] Case C-518/07 Commission v. Germany [2010] ECR I-1885. See also Case C-614/10 Commission v. Republic of Austria EU:C:2012:631.

[2] See Peter Hustinx, *EU Data Protection Law:The Review of Directive 95/46 EC and the Proposed General Data Protection Regulation*, available at https://secure.edps.europa.eu/EDPSWEB/webdav/site/mySite/shared/Documents,/EDPS/Publications/Speeches/2014/14-09-15_Article_EUI_EN.pdf>,(Last visited on Oct 22, 2018).

[3] 参见 GDPR 第 69 条第 2 款。

[4] 例如《关于 2016/679 通用数据保护条例的地域适用范围指引》《关于 GDPR 规定的搜索引擎案件中被遗忘权的指南》《通过设计和默认的数据保护适用指南》《车联网个人数据保护指南》《个人数据保护比例原则指南》《公共机构间个人数据跨境传输指南》《关于通过视频设备处理个人数据的指南》等。

[5] See Christopher Kuner, *The European Commission's Proposed Data Protection Regulation:A Copernican Revolution in European Data Protection Law*, Bloomberg BNA Privacy and Security Law Report (2012), at 1-15, Available at SSRN: https://ssrn.com/abstract=2162781, last visited:02-02-2022.

欧盟委员会提供关于认证要求的意见，关于第三国或国际组织的数据保护水平充分性的评估意见。同时，欧洲数据保护委员会应起草欧盟、第三国和国际组织个人数据处理中数据主体保护情况的年度报告。报告应公开并送达给欧洲议会、欧洲理事会和欧盟委员会。该报告应包括其所制定的指南、建议和最佳实践方式的实践情况及评价。自 GDPR 实施后，欧洲数据保护委员会发布的指南文件如表 5-2 所示。

表 5-2 GDPR 实施后欧洲数据保护委员会发布的指南文件（截至 2022 年 5 月）

序号	指南名称	发布时间	GDPR 相关条文	内容类型
1	第 01/2018 号指南：《关于认证和识别认证标准的指南》	2018 年 5 月	第 42 条、第 43 条	合作规制
2	第 02/2018 号指南：《关于克减条款的指南》	2018 年 5 月	第 49 条	跨境传输
3	第 03/2018 号指南：《关于 GDPR 适用地域范围解释的指南》	2018 年 11 月	第 3 条	适用范围
4	第 04/2018 号指南：《关于 GDPR 对认证机构进行认可的指南》	2018 年 2 月	第 43 条	合作规制
5	第 01/2019 号指南：《GDPR 行为准则适用与监管机构合规指南》	2019 年 2 月	第 40 条、第 41 条	合作规制
6	第 02/2019 号指南：《在向数据主体提供在线服务时，根据 GDPR 第 6（1）（b）条规定处理个人数据的准则》	2019 年 4 月	第 6 条	合法性基础
7	第 03/2019 号指南：《关于通过视频设备处理个人数据的指南》	2019 年 7 月	第 6 条、第 35 条	新技术应用
8	第 04/2019 号指南：《关于按照设计和默认方式进行数据保护的指南》	2019 年 11 月	第 25 条	技术治理
9	第 05/2019 号指南：《关于 GDPR 框架下搜索引擎相关案例中被遗忘权标准的指南》	2019 年 12 月	第 17 条	主体权利

续表

序号	指南名称	发布时间	GDPR 相关条文	内容类型
10	第 01/2020 号指南：《车联网个人数据保护指南》	2020 年 1 月	第 4 条、第 6 条、第 7 条	新技术应用
11	第 02/2020 号指南：《关于欧洲经济区和非欧洲经济区公共当局和机构之间个人数据传输的指南》	2020 年 2 月	第 46 条	跨境传输
12	第 03/2020 号指南：《关于新冠疫情中为科学研究目的处理健康数据的指南》	2020 年 4 月	第 4 条、第 5 条、第 6 条、第 9 条、第 32 条、第 35 条、第 45 条、第 46 条、第 49 条、第 89 条	新冠疫情
13	第 04/2020 号指南：《关于在新冠疫情中使用位置数据和接触追踪工具的指南》	2020 年 4 月	第 6 条、第 9 条、第 23 条	新冠疫情
14	第 05/2020 号指南：《GDPR 中有关同意的指南》	2020 年 5 月	第 4 条、第 5 条、第 6 条、第 7 条、第 8 条	合法性基础
15	第 06/2020 号指南：《关于〈支付服务指令Ⅱ〉和 GDPR 协调适用关系的指南》	2020 年 7 月	第 4 条、第 5 条、第 6 条、第 7 条、第 9 条等	协调适用
16	第 07/2020 号指南：《关于 GDPR 中控制者和处理者概念的指南》	2020 年 9 月	第 4 条、第 5 条、第 24 条、第 28 条、第 58 条	基本概念
17	第 08/2020 号指南：《关于针对社交媒体用户提供定向服务的指南》	2020 年 9 月	第 26 条	新技术应用
18	第 09/2020 号指南：《关于 GDPR 中"相关且合理异议"的指南》	2020 年 10 月	第 4 条、第 60 条	监管机制
19	第 10/2020 号指南：《关于 GDPR 第 23 条限制主体权利的指南》	2020 年 12 月	第 23 条	主体权利

续表

序号	指南名称	发布时间	GDPR 相关条文	内容类型
20	第 01/2021 号指南：《关于数据泄露通知示例的指南》	2021 年 1 月	第 4 条、第 33 条、第 34 条	风险规制
21	第 02/2021 号指南：《虚拟语音助手指南》	2021 年 3 月	第 5 条、第 6 条、第 9 条、第 17 条、第 20 条	新技术应用
22	第 03/2021 号指南：《关于适用 GDPR 第 65 条（1）（a）的指南》	2021 年 4 月	第 65 条	监管机制
23	第 04/2021 号指南：《作为数据传输工具的行为准则的指南》	2021 年 7 月	第 40 条、第 46 条	跨境传输
24	第 05/2021 号指南：《关于 GDPR 地域适用范围与跨境传输条款相互作用的指南》	2021 年 11 月	第 3 条、第 5 章	跨境传输
25	第 01/2022 号指南：《数据主体权利指南——访问权》	2022 年 1 月	第 15 条	主体权利
26	第 02/2022 号指南：《关于适用 GDPR 第 60 条的指南》	2022 年 3 月	第 60 条	监管机制
27	第 03/2022 号指南：《关于如何识别和避免社交媒体平台界面黑暗模式的指南》	2022 年 3 月	第 4 条、第 5 条、第 7 条、第 12 条、第 25 条	阐释特定概念
28	第 04/2022 号指南：《根据 GDPR 计算行政罚款的指南》	2022 年 5 月	第 83 条	监管机制
29	第 05/2022 号指南：《关于在执法领域使用人脸识别技术的指南》	2022 年 5 月	第 3 条、第 4 条、第 8 条、第 10 条、第 11 条	新技术应用
30	第 06/2022 号指南：《关于和解的实际执行的指南》	2022 年 5 月	第 56 条	监管机制

其次，欧洲数据保护委员会负责协调成员国层面数据保护监管机构之间的关系。欧洲数据保护委员会应促进各国数据保护监管机构之间的合作和有效的双边或多边信息交换；促进监管机构之间，适当条件下监管机构与第三国或国际组织的监管机构之间开展共同训练项目和人员交流；促进

世界范围内数据保护监管机构间有关个人数据保护的知识、立法文件和操作准则的交流。在部分情形下，成员国监管机构应向欧洲数据保护委员会传达决定草案，如有关行为准则草案是否符合 GDPR 规定的决定，有关对认证机构的认证标准的批准决定等内容。欧洲数据保护委员会应对此提出建议。[1]

3. 一站式服务机制

一站式服务（One-Stop Shop）机制是 GDPR 为减轻跨国企业应对多国数据保护监管机构的负担而特别创设。GDPR 第 56 条规定，当数据控制者在欧盟多个成员国都设有营业机构时，应确立一个"主要监管机构"（Lead Supervisory Authority）担任该控制者数据处理行为的执法主体，数据控制者只需向该主要监管机构履行各项监管配合义务。根据第 29 条工作组发布的《数据控制者或处理者的主要监管机构识别指南》，当数据控制者在欧盟设有能够决定个人数据处理目的和方式的中心管理机构，则该机构被视为数据控制者主要营业地，该营业地所在成员国的数据保护监管机构则为主要监管机构。当数据控制者在欧盟境内没有设立中心管理机构，则可以通过数据处理决策地、有效实施决策的权力来源、对跨境数据处理承担管理责任的董事所在国等要素确定中心管理机构。[2]

在主要监管机构受理相关投诉后，会将案件登记在欧盟中央数据库中，便于相关的成员国监管机构获取案件信息，并在必要时通过联合行动、互助调查等方式对案件进行裁决，如为了调查或监督在另一成员国设立的数据控制者实施情况而进行联合行动。一站式服务的集中监管更为便捷、高效，不仅提高了法律的确定性，还有助于节约行政成本，对于数据控制者的统一管理需求、数据主体的救济需求实现了有效平衡。[3]作为一

---

[1] 参见 GDPR 第 64 条第 1 款。

[2] See EDPB, *Guidelines for Identifying a Controller or Processor's Lead Supervisory Authority*, available at https://edpb.europa.eu/our-work-tools/our-documents/guidelines/guidelines-identifying-controller-or-processors-lead_ en, last visited 16-10-2021.

[3] See Kolah Ardi, Bryan Foss, *Unlocking the Power of Data under the New EU General Data Protection Regulation*, 16 (4) Journal of Direct, Data and Digital Marketing Practice 270-272 (2015).

站式服务机制的倡导者，欧盟委员会前副主席薇薇安·雷丁指出，一站式服务模式真正意义上实现了个人、企业以及数据保护机构的共赢。[1]据估算，一站式服务的监管模式能够为欧盟企业每年节约成本 20 多亿欧元。[2]

然而在监管实践中，GDPR 一站式服务机制的效果受到各方诟病。即便在案件中确定了主要监管机构，其效率低下、程序不透明、沟通不畅等问题都成为一站式服务机制顺利运作的阻力。[3]其中，爱尔兰数据保护监管机构疏于行使主要监管机构的监督职责，成为各国质疑一站式服务机制效力的焦点问题。相比欧盟其他国家，爱尔兰拥有颇为优惠的税收政策，因此 Google、Facebook 等多家大型互联网平台均将爱尔兰作为欧洲总部，爱尔兰数据保护监管机构因此成为多家平台企业的主要监管机构。然而，截至 2020 年底，在爱尔兰收到的 196 起投诉中，只有 4 件得到处理，爱尔兰因此还被称为"税收的绿洲、数据保护的荒漠"。一站式服务机制的初衷是避免跨国企业应付多方监管，合规成本过高，但实际上一站式服务机制不仅使企业不受多方监管，同时还避开了严格监管。[4]爱尔兰公民自由委员会发布的《2021 年数据保护机构的执行能力报告》指出，爱尔兰数据保护委员已成为欧盟向大型科技公司执行 GDPR 的瓶颈，欧盟委员会有责任进行干预。2021 年 5 月，欧洲议会投票通过一项欧洲议会公民自由、司法和内务委员会（LIBE）关于欧美数据转移判决的决议，在该项决议中，欧洲议会指称爱尔兰疏于监管，请求欧盟委员会对爱尔兰启动违法调查程序（Infringement Procedures）。爱尔兰数据保护监管机构认为，考虑到大型

---

〔1〕 See European Commission, *Vice-president Reding's Intervention at the Justice Council on the Data Protection Reform and the One-Stop Shop Principle*, available at http://europa.eu/rapid/press-release_SPEECH-13-788_en.htm, last visited 19-10-2021.

〔2〕 See European Commission, *Agreement on Commission's EU Data Protection Reform will Boost Digital Single Market*, available at http://europa.eu/rapid/press-release_IP-15-6321_en.Htm, last visited 19-10-2021.

〔3〕 方芳、张蕾："欧盟个人数据治理进展、困境及启示"，载《德国研究》2021 年第 4 期。

〔4〕 Available at http://www.ftchinese.com/story/001092637?full=y&archive#&clientId=null, last visited 04-02-2022.

科技公司的复杂性和潜在罚款的规模,他们缺乏足够的资源和人力展开调查,执法能力受到严重限制。尽管存在这些批评,欧洲数据保护委员会仍然重申了这一机制的重要性,并指出,该机制已成功作出200多项决定。

(二)欧盟数据保护监管总体实践

在四年的监管实践中,GDPR在个人数据保护中的法律价值和实际影响力获得欧洲议会和欧盟委员会肯认,欧洲议会认为,GDPR总体上是成功的,并认为现阶段尚无更新或审查GDPR的必要。但与此同时,GDPR的强监管态势可能极大地阻碍数字经济的进步与发展。[1]因此,全面梳理欧盟监管实践,对于客观评价欧盟个人数据保护机制效果实为必要。

1. 欧盟数据保护监管的总体情况

截至2022年5月,欧盟GDPR实施已正式届满四年,各成员国监管机构作出的行政处罚总额已超16亿欧元。总体来看,新技术应用下的透明度问题、持续的新冠疫情、悬而未决的电子隐私条例等成为各国强化执法的原因。

一是从罚款总额及案例数量来看,截至2022年5月,GDPR总计罚款金额为16.35亿欧元,案例数量为1093件。在GDPR正式生效实施的前三年,只有少量大型平台企业因违规而被处罚。[2]根据相关网站统计(见图5-1),GDPR生效当年,监管机构仅作出9起处罚,处罚总额约为40万欧元。该阶段为企业合规提供了一定的缓冲期,没有出现高额处罚案例。自2019年至2020年上半年,处罚总额有少量提升,从4000万欧元缓慢增至

---

[1] 以广告市场为例,欧盟出台GDPR赋予了用户对Cookies的管理权,Apple Inc. 允许用户拒绝广告追踪授权,使程序化广告市场受到打击。在2021年4月Apple Inc. 隐私新规施行后,根据一份当年5月在全球530万样本的调查,允许广告追踪的Apple Inc. 用户已仅占12%。参见"升级iOS14.5后,有12%用户允许App广告追踪",载腾讯网,https://new.qq.com/omn/20210508/20210508A0A3LU00.html,最后访问时间:2022年2月24日。

[2] 例如,2019年1月,法国CNIL因Google违反透明度等问题对其处以5000万欧元罚款,系GDPR生效后的首个高额处罚案例。See EDPB, *The CNIL's Restricted Committee Imposes a Financial Penalty of 50 Million Euros Against GOOGLE LLC*, available at https://edpb.europa.eu/news/national-news/2019/cnils-restricted-committee-imposes-financial-penalty-50-million-euros_en, last visited 11-02-2022.

1.2亿欧元，案例数由12起增至255起。在2020年8月至2021年8月一年间，罚款数额翻番，增长至约2.4亿欧元，案例数从255起增加至778起。至此，GDPR的处罚呈平稳上升趋势。然而，欧洲议会担忧个人数据保护监管不力，恐难以对数据控制者产生威慑作用，因此呼吁各成员国加强对违反数据保护行为的执法、起诉和处罚力度。[1]自2021年8月起至2022年5月，GDPR罚款数额呈激增趋势，有数起高额罚款引发全球关注。2021年7月，卢森堡对Amazon作出迄今为止最高数额罚款（8.87亿美元），超过了此前所有GDPR罚款数额总和。2021年9月，爱尔兰对即时通信服务WhatsApp作出2.66亿美元罚款。然而案例数量相比以往增加不多（见图5-2）。总体来看，罚款金额呈加速增长态势，相比之下，案例数增长较为稳定平缓。

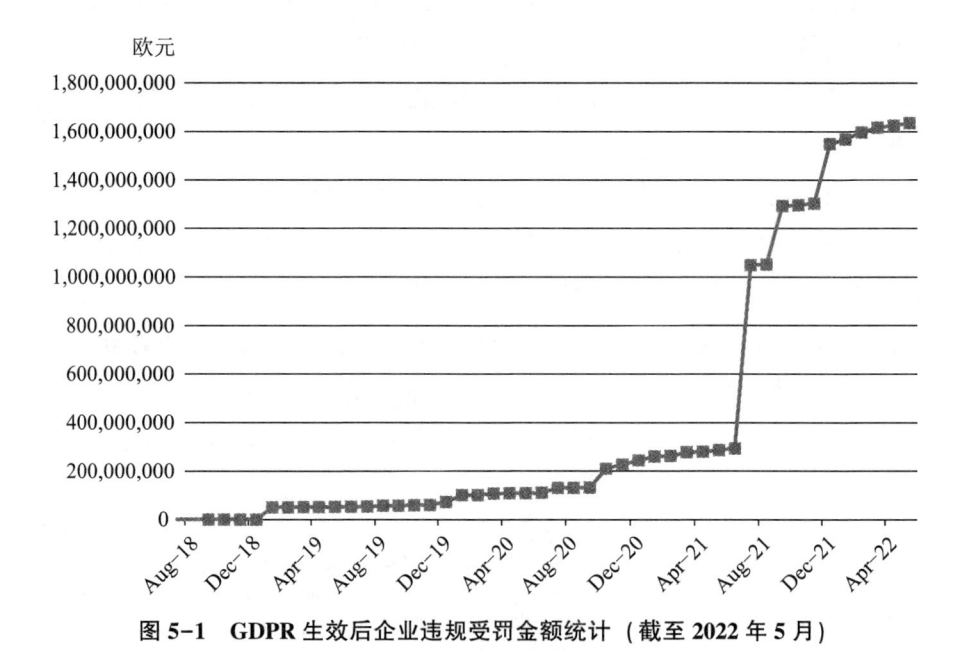

图5-1 GDPR生效后企业违规受罚金额统计（截至2022年5月）

---

〔1〕 See European Parliament, *Commission Evaluation Report on the Implementation of the General Data Protection Regulation Two Years after Its Application*, available at https://www.europarl.europa.eu/doceo/document/TA-9-2021-0111_EN.html, last visited 08-11-2021.

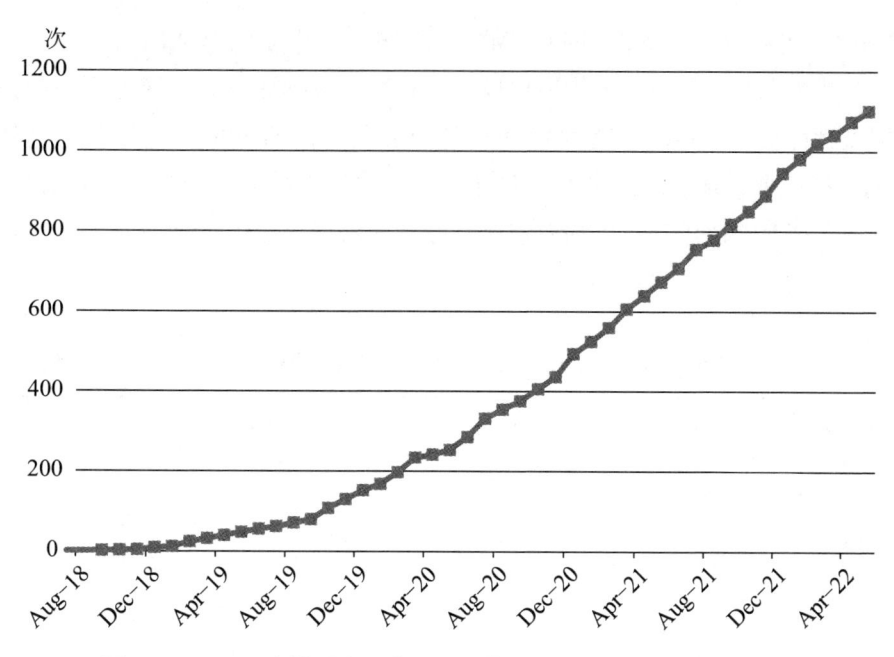

第五章 人工智能时代欧盟个人数据保护的实践考察

图 5-2 GDPR 生效后企业违规受罚情况统计（截至 2022 年 5 月）

二是从成员国来看，各国对数据保护标准高低松严的倾向并不相同，一定程度上影响了 GDPR 促进境内数据流通、建立单一数字市场的目标。[1] 从罚款总额来看（见表 5-3），排名前三的国家分别是卢森堡（7.46 亿欧元）、法国（2.70 亿欧元）、爱尔兰（2.44 亿欧元），这三个国家分别在 Amazon、Google、WhatsApp 的案例中作出巨额罚款。从罚款数量来看（见表 5-4），一些成员国在监管方面更为积极主动，西班牙罚款总数位居榜首（共作出 417 次处罚），比排名第二的意大利（139 次）多 2 倍。罗马尼亚排名第三，共作出 83 次处罚。而前述罚款总额排名前三的卢森堡、法国和爱尔兰的处罚次数并未进入前十位，执法活动并不频繁。

总体来看，在所有欧盟成员国中，西班牙、意大利、德国的数据保护监管机构执法活动更为积极，执法频次和罚款总额较高。相比之下，作为

---

[1] Anu Bradford, *The Brussels Effect: How the European Union Rules the World*, New York: Oxford University Press, 2020, p. 137.

Google、Facebook、Apple Inc.、Microsoft 四大巨头欧洲总部的所在地，爱尔兰数据保护委员会并未作出积极监管行动，被批评对其管辖范围内的公司监管行动过于迟缓。有大约98%涉及爱尔兰的 GDPR 案例都未得到解决。[1]此外，各国的执法需求差异较大，少数成员国（爱尔兰、西班牙、德国、荷兰、法国、瑞典和卢森堡）收到的跨国界投诉占到所有跨国界投诉的72%。[2]

表5-3 GDPR生效后企业违规受罚金额排名前十的国家（截至2022年5月）

序号	国家	罚款总额
1	卢森堡	746,267,200 欧元（罚款19次）
2	法国	269,694,300 欧元（罚款25次）
3	爱尔兰	243,510,900 欧元（罚款15次）
4	意大利	137,349,596 欧元（罚款139次）
5	西班牙	55,513,010 欧元（罚款417次）
6	德国	52,102,283 欧元（罚款63次）
7	英国	44,846,800 欧元（罚款7次）
8	奥地利	24,774,550 欧元（罚款17次）
9	瑞典	16,232,230 欧元（罚款27次）
10	荷兰	14,594,500 欧元（罚款20次）

表5-4 GDPR生效后企业违规受罚次数排名前十的国家（截至2022年5月）

序号	国家	罚款数量
1	西班牙	417次（总计55,513,010 欧元）
2	意大利	139次（总计137,349,596 欧元）

---

[1] See *Germany says GDPR could Collapse as Ireland Dallies on Big Fines*, available at https://www.wired.co.uk/article/gdpr-fines-google-facebook, last visited 06-02-2022.

[2] See Irish Council for Civil Liberties, *Europe's Enforcement Paralysis: ICCL's 2021 Report on the Enforcement Capacity of Data Protection Authorities*, available at https://www.iccl.ie/digital-data/2021-gdpr-report/, last visited 07-02-2022.

续表

序号	国家	罚款数量
3	罗马尼亚	83次（总计757,950欧元）
4	德国	63次（总计52,102,283欧元）
5	匈牙利	48次（总计843,826欧元）
6	挪威	43次（总计9,028,550欧元）
7	希腊	38次（总计10,299,000欧元）
8	比利时	35次（总计1,699,500欧元）
9	波兰	35次（总计3,373,948欧元）
10	瑞典	27次（总计16,232,230欧元）

三是从处罚事由来看（见表5-5），不符合一般数据处理原则（GDPR第5条）成为监管部门处罚最重的法律依据，相关处罚额达到8.15亿欧元。有378起处罚案例是因为"数据处理法律依据不足"（GDPR第6条），尤其是未获得用户有效同意成为常见的处罚事由。此外，信息义务履行不足（如数据保护影响评估等）、数据安全的技术和组织措施不足、数据主体权利保障不足等成为适用较多的违法事由。相比之下，未充分履行数据泄露通知义务、数据处理协议不充分、数据保护官参与不足、与监管部门合作不足等在少数案例中被适用。事实上，企业感知到的合规挑战也在发生变化。在2018年IAPP-EY的一项调查中，受访企业认为被遗忘权、数据主体访问权、数据可携带权是他们在GDPR中面临的最大挑战。然而在2021年的报告中，受访企业则将用户同意等视为更大的合规问题。[1]

表5-5 GDPR生效后企业违规受罚的处罚事由统计（截至2022年5月）

序号	违反	罚款总额
1	不符合一般数据处理原则	815,849,044欧元（罚款240次）

---

[1] See IAPP, *IAPP-EY Annual Privacy Governance Report 2021*, available at https://iapp.org/resources/article/privacy-governance-report/, last visited 07-02-2022.

续表

序号	违反	罚款总额
2	数据处理的法律依据不足	446,302,531 欧元（罚款 378 次）
3	信息义务履行不足	235,793,695 欧元（罚款 94 次）
4	数据安全的技术和组织措施不足	100,257,719 欧元（罚款 220 次）
5	未知（未对外披露具体事由）	22,704,400 欧元（罚款 6 次）
6	数据主体权利保障不足	17,698,370 欧元（罚款 108 次）
7	未充分履行数据泄露通知义务	1,479,091 欧元（罚款 22 次）
8	数据处理协议不充分	1,046,580 欧元（罚款 7 次）
9	数据保护官参与不足	350,600 欧元（罚款 12 次）
10	与监管部门合作不足	284,829 欧元（罚款 48 次）

四是从处罚案例来看，在处罚金额排名前十的案例中，大部分均发生在 2020 年之后，其中四个由法国数据保护监管机构作出，因"数据处理的法律依据不足"作出处罚的案例占到 70%。其中，排名第一的是 2021 年 7 月卢森堡监管机构因 Amazon 不符合一般数据处理原则作出的处罚，金额为 7.46 亿欧元，排名第二的是 2021 年 9 月爱尔兰因 WhatsApp 信息义务履行不足而处罚 2.25 亿欧元；排名第三的是 2021 年 12 月法国因 Google 数据处理法律依据不足而处罚 9000 万欧元（见表 5-6）。可见，不具有数据处理的合法性基础，未获得用户有效知情同意，成为大型平台受处罚的重要原因。强调用户个人自决成为 GDPR 执法的重要趋势。

表 5-6 GDPR 生效后企业违规受罚最高单笔罚款排名前十的案例（截至 2022 年 5 月）

	数据控制者	国家	罚款（欧元）	违规类型	日期
1	Amazon 欧洲总部	卢森堡	746,000,000	不符合一般数据处理原则	2021 年 7 月 16 日
2	WhatsApp 爱尔兰	爱尔兰	225,000,000	信息义务履行不足	2021 年 9 月 2 日
3	Google 爱尔兰	法国	90,000,000	数据处理的法律依据不足	2021 年 12 月 31 日

续表

	数据控制者	国家	罚款（欧元）	违规类型	日期
4	Facebook 爱尔兰	法国	60,000,000	数据处理的法律依据不足	2021年12月31日
5	Google 爱尔兰	法国	60,000,000	数据处理的法律依据不足	2021年12月31日
6	Google 爱尔兰	法国	50,000,000	数据处理的法律依据不足	2019年1月21日
7	H&M Hennes &Mauritz 网上商店 AB & Co. KG	法国	35,258,708	数据处理的法律依据不足	2020年10月1日
8	TIM（电信运营商）	意大利	27,800,000	数据处理的法律依据不足	2020年1月15日
9	Enel 能源公司	意大利	26,500,000	数据处理的法律依据不足	2021年12月16日
10	英国航空公司	英国	22,046,000	数据安全的技术和组织措施不足	2020年10月16日

2. 不同行业领域的监管实践

（1）媒体电信领域。

媒体电信领域是受到欧盟个人数据保护最严格审查的行业，涉及社交媒体、搜索引擎、电信运营商等主体。数据处理法律依据不充分是该领域被援引最多的处罚事由。意大利和西班牙的监管机构强调，通过电话或电子邮件作出的营销行为应获得数据主体同意，且同意声明只有在自由给出、具体、明确的情况下方为有效。意大利数据保护监管机构对 TIM、Wind Tre 和 Vodafone 三家电信提供商均处以千万欧元以上巨额罚款，这三起案例均涉及电子营销未经用户同意的个人数据处理行为。[1]类似地，2019年1月，法国数据保护监管机构对 Google 处以5000万欧元罚款，处罚事由为营销未获得用户同意，且用户透明度不足。

---

[1] See https://www.garanteprivacy.it/web/guest/home/docweb/-/docweb-display/docweb/9256486, last visited 09-02-2022.

企业缺乏充分数据安全保障措施也是数据保护监管机构处罚的重要原因。安全保障措施通常包括物理系统访问控制、假名化、隐私计算等技术措施。所有安全保障措施也必须定期进行彻底检查，并针对特定的数据处理场景进行定制。通常而言，媒体电信企业涉及大规模数据处理业务，需要强有力的安全保障措施来强化数据主体的数据机密性和完整性。2019年11月，因电信服务提供商1&1 Telecom GmbH没有采取足够安全的技术和组织措施，德国联邦数据保护监管机构对其处以955万欧元的罚款。在该案中，第三方只需提供该公司用户的姓名和出生日期，即可获得该用户的大量个人数据。随后，1&1 Telecom GmbH向波恩地区法院提起上诉，法院认为，1&1 Telecom GmbH未造成大量数据泄露，违规程度轻微，故将罚款数额降至90万欧元。〔1〕

此外，用户删除权的保障是媒体电信领域中搜索引擎的重要义务内容。2020年3月，因Google未能满足数据主体删除权请求，瑞典数据保护监管机构对Google处以700万欧元罚款。Google向斯德哥尔摩行政法院提起上诉，法院驳回了Google的上诉，但将罚款数额减至500万欧元。〔2〕

（2）金融保险领域。

当前，数字化运行逐渐成为金融和保险服务的常态，例如网上银行、数字支付等，由于数据泄露可能带来严重财产利益损失，因此金融保险领域的数据处理通常在高度严格的监管环境下进行，数据保护监管机构和金融监管机构均会对数据安全和新兴技术应用进行严格审查。

CMS Legal：GDPR Enforcement Tracker Report 2021（CMS Legal 2021年所发布的《GDPR执法跟踪报告》）显示，在处罚理由中，"数据处理的法律依据不足"和"数据安全的技术和组织措施不足"是金融和保险领域

---

〔1〕 See BfDI (Germany), *BfDI verhängt Geldbußen gegen Telekommunikations Dienstleister*, available at https://www.bfdi.bund.de/SharedDocs/Pressemitteilungen/DE/2019/30_BfDIverh%C3%A4ngtGeldbu%C3%9Fe1u1.html, last visited 09-02-2022.

〔2〕 See Datainspektionen (Sweden), *Tillsyn enligt EU：s dataskyddsförordning 2016/679-Googles hantering av begäranden om borttagande från dess söktjänster*, available at https://www.imy.se/globalassets/dokument/beslut/2020-03-11-beslut-google.pdf, last visited 10-02-2022.

第五章　人工智能时代欧盟个人数据保护的实践考察

的主要理由。该领域处罚单笔罚款金额最高的案例是针对一家西班牙银行CaixaBank作出的高达600万欧元的罚款。在该案件中，CaixaBank银行在隐私政策中要求用户一揽子同意其将个人数据共享至CaixaBank集团内的所有公司。西班牙数据保护监管机构认为，银行未向用户提供不同意数据共享的选项，因此用户同意不符合有效同意的要求，数据共享为非法的个人数据处理行为。同时，CaixaBank银行违反了GDPR第13条和第14条规定的信息告知义务。[1]在保险领域，德国巴登—符腾堡监管机构对一家保险机构作出120万欧元处罚，因该机构未采取足够的技术和组织措施确保只有那些获得有效同意的数据才能用于营销目的。[2]

总体来看，该领域的处罚金额大幅提升，最高的三项罚款均由于缺乏充分的法律基础（未能获得有效同意）而导致的，因此应建立适当机制，在必要时获得客户的有效同意，并确保数据只能根据同意进行处理。监管部门更加细致地调查了同意是如何获得的，以及数据主体是否被充分告知的问题。

（3）医疗教育领域。

在医疗场景下，医院IT系统设置不足带来的数据处理风险，是较为常见的处罚情形。在一起案例中，某私营医院IT系统建设存在漏洞，600多名员工可随意访问瑞典患者数据库"TakeCare"中大约300万名患者的数据。瑞典数据保护监管机构认为该医院未采取适当的技术和组织措施确保信息安全，并作出290万欧元罚款。[3]类似地，2019年，荷兰Haga医院数十名员工查看了一位公众人物的医疗档案，监管部门认为该医院未对患

---

[1] See AEPD（Spain），*Procedimiento N°: PS/00477/2019*，available at https://www.aepd.es/es/documento/ps-00477-2019.pdf，last visited 10-02-2022.

[2] See LfDI Baden-Württemberg（Germany），*LfDI Baden-Württemberg verhängt Bußgeld gegen AOK Baden-Württemberg-Wirksamer Datenschutz erfordert regelmäßige Kontrolle und Anpassung*，available at https://www.baden-wuerttemberg.datenschutz.de/lfdi-baden-wuerttemberg-verhaengt-bussgeld-gegen-aok-baden-wuerttemberg-wirksamer-datenschutz-erfordert-regelmaessige-kontrolle-und-anpassung/，last visited 10-02-2022.

[3] See Datainspektionen（Sweden），*Tillsyn enligt dataskyddsförordningen och patientdatalagen-behovs-och riskanalys och frågor om åtkomst i journalsystem*，available at https://www.imy.se/globalassets/dokument/beslut/beslut-tillsyn-capio-st-gorans-sjukhus-di-2019-3846.pdf，last visited 10-02-2022.

者档案实施安全保护，最终作出 46 万欧元处罚。[1]然而在医疗领域，设置过多访问限制也会阻碍患者数据的快速访问，可能在紧急施救等场景下贻误治疗时机。因此，作为医疗领域普遍问题，如何更好平衡医疗数据访问需求和特殊类型数据保护，是需要进一步考虑的问题。

新冠疫情期间，线上教育形式越发普遍，甚至有部分考试在线上进行。2021 年 1 月，波兰一家医学院在以视频会议形式组织的考试中，记录了学生身份信息和声音影像。考试结束后，由于管理漏洞，任何外部人员均可通过链接查阅考生身份信息和考试记录，该事件发生后，医学院未向政府监管部门和数据主体通告数据泄露情况，最终被处罚 5500 欧元。[2]同时，学校违规处理学生特殊类型数据（如生物特征数据）也是较为常见的违法情形。2019 年，瑞典一所学校使用人脸识别技术统计学生出勤情况。监管部门认为，学校处理人脸数据用于考勤超出必要范围，学生及其监护人无法自由对学校采集人脸数据作出选择，因此不能认定为有效同意。同时学校不存在 GDPR 第 9 条第 2 款针对特殊类型个人数据的豁免情形，因此对该学校处以 1.86 万欧元罚款。

（4）零售房产领域。

从案例数量来看，该领域受 GDPR 影响较大，但相对处罚金额偏低，只有少量案例处罚金额超过 100 万欧元。全球零售领域的典型案例是法国家乐福案。2020 年 11 月，因家乐福数项违规个人数据处理行为，法国数据保护监管机构向家乐福处以 225 万欧元罚款。一是关于数据处理的信息对于数据主体来说既不容易获得也不容易理解，并且在某些方面是不完整的。二是家乐福没有遵守数据存储时间限制，过度存储了超过 2800 万 5 年以上的不活跃客户的数据。三是在用户主张数据权利时，家乐福非法要求提供身份证明。四是家乐福没有满足用户访问个人数据的要求。五是家乐

---

[1] See *Haga Beboet Voor Onvoldoende Interne Beveiliging PatiëNtendossiers*, available at https://autoriteitpersoonsgegevens.nl/nl/nieuws/haga-beboet-voor-onvoldoende-interne-beveiliging-pati%C3%ABntendossiers, last visited 11-02-2022.

[2] See Prezes Urzędu Ochrony Danych Osobowych (Poland), *Decyzja-Dkn.* 5131.6.2020, available at https://uodo.gov.pl/decyzje/DKN.5131.6.2020, last visited 11-02-2022.

第五章　人工智能时代欧盟个人数据保护的实践考察

福没有满足用户要求删除个人数据的请求。六是在用户主张不同意通过短信或电子邮件接收广告时，家乐福未作出有效回应。[1]该案例表明，较小的违规行为可以单独受到制裁，也可能因多次违规而被处以高额处罚。

在房产租赁领域，较为常见的是因非法使用闭路电视系统，不遵守数据最小化和目的限制原则而被处罚的情形。例如，建筑物前录像范围覆盖到行人，对访问闭路电视系统人员权限约束不足，闭路电视记录了业主谈话等。[2]此外，在个人被处罚的案例中，过度使用行车记录仪带来的个人数据侵害，也是监管部门关注的问题。例如，在德国，有一名Youtube用户使用行车记录仪记录公共交通情况，编辑后发布至Youtube上。德国北莱茵—威斯特法伦州数据保护监管机构向该公民处以200欧元罚款。[3]

3. 小结及问题

总体来看，在GDPR实施的四年时间里，监管执法较为全面，不仅涉及大型平台利用深度学习算法挖掘数据，形成数据权力，进而大范围侵害用户权益的行为，同时也包含商业银行、大型连锁超市等传统商业形态在数字化转型中滥用个人数据的行为。不仅涵盖医院、学校等医疗教育民生领域的安全管理漏洞问题，也涉及个人用户在安装行车记录仪、在线直播等个案中的个人数据侵权行为。可见，监管部门在执法中为数据主体提供了较为全面的保护水平，对违法行为形成一定威慑作用。但监管执法尚未进入稳定成熟阶段，伴随新技术应用、新冠疫情蔓延、跨境数据冲突等问题，欧洲数据保护委员会、各国数据保护监管机构等监管部门不断出台相应指南建议文件，细化和解释GDPR相关条文规定，为企业提供合规参考。总体来看，监管中面临着执法保障能力不足、原则性强而落地性不足

---

[1] See CNIL (France), *Délibération de la formation restreinte n° SAN-2020-008 du 18 novembre 2020 concernant la société CARREFOUR FRANCE*, available at https://www.legifrance.gouv.fr/cnil/id/CNILTEXT000042563756, last visited 11-02-2022.

[2] See CMS, *GDPR Enforcement Tracker Report - Real Estate*, available at https://cms.law/en/deu/publication/gdpr-enforcement-tracker-report/real-estate, last visited 11-02-2022.

[3] See https://www.youtube.com/watch?v=wFBrgJIkDwI, last visited 11-02-2022.

等问题。

首先是执法能力保障问题。GDPR执法状况成为目前欧盟数据保护领域内的主要关切。然而，数据保护调查执法耗费巨大，在英国调查剑桥分析事件中，ICO共收集访问了30万份文件、31台服务器和近700TB的数据，调查成本高达240万英镑，占当年ICO年度预算的5%。[1]欧洲数据保护委员会在2019年评估报告中指出，大多数国家表示他们需要增加30%—50%的执法预算，有的甚至要求增加100%，同时需要更多的专业人员，但几乎没有国家能够满足数据保护监管机构提出的预算与人力要求。[2]截至2021年3月，英国数据保护资源相对充足，ICO有768名员工，年度预算为6100万英镑。相比之下，西班牙、法国、意大利等约有200名员工，匈牙利、奥地利等国家配备的员工则相对较少，不足100人。在意大利，年度预算约为3000万欧元，除专项预算外，监管部门作出的年度罚款的50%也将用于支持意大利数据保护监管机构对GDPR的培训和检查执法。[3]总体来看，执法工作质量参差不齐、投诉门槛过低、行政处罚案件与投诉的跟进不力、采取措施的反应时限与执法周期过长，以及执法机构的能力建设相较落后等问题，成为困扰欧盟GDPR实施效果的关键矛盾。[4]

其次是处罚数额的裁量问题。根据GDPR规定，对违法个人数据处理行为最高可处以2000万欧元或上一年度营业额最高4%的处罚。为约束监管部门的自由裁量权，给予个人数据控制者更为明确的预期，德国、荷兰的监管机构公布了处罚数额的计算模型。根据德国数据保护监管机构发布

---

[1] See REUTERS, *ICO's final report into Cambridge Analytica invites regulatory questions*, available at https://todayheadline.co/icos-final-report-into-cambridge-analytica-invites-regulatory-questions/#:~:text=The%20ICO%E2%80%99s%20final%20report%20noted%20the%20Cambridge%20Analytica，the%20group%E2%80%99s%20London%20office%20under%20warrant%20in%202018.，last visited 07-02-2022.

[2] See EDPB, *First Overview on the Implementation of the GDPR and the Roles and Means of the National Supervisory Authorities*, available at https://www.europarl.europa.eu/meetdocs/2014_2019/plmrep/COMMITTEES/LIBE/DV/2019/02-25/9_EDPB_report_EN.pdf, last visited 08-02-2022.

[3] See CMS, *Gdpr Enforcement Tracker Report-2nd Edition* 2021, https://cms.law/en/deu/publication/gdpr-enforcement-tracker-report, last visited 08-02-2022.

[4] 王融、朱军彪："GDPR 2周年：来自欧盟内部的反思与启示"，载腾讯研究院，https://www.tisi.org/14590，最后访问时间：2022年2月24日。

的 2019 年《关于确定 GDPR 企业罚款数额的官方指南》[1]，对确定具体罚款数额的步骤进行规范指引。第一步是根据上一年度的全球总收入等确定公司的规模大小。第二步是评估违规的严重性，一方面根据 GDPR 第 83 条第 4 款、第 5 款、第 6 款区分为一般侵权和重大侵权，另一方面根据 GDPR 第 83 条第 2 款的规定，考虑数据处理的类型、范围和目的，相关个人数据的类别、相关人员的数量和遭受的损害程度等要素，区分为轻度、中等、严重、非常严重四种类型，基于前两步的情况，计算模型给出罚款范围。第三步则是根据对数据控制者有利和不利的所有情况对罚款作进一步调整，如首次处罚、采取有效措施减少损失、与监管部门有效合作等情况构成减少罚款的依据。[2] 欧盟为了统一执法实践和效果，欧洲数据保护委员会可能在欧盟范围内采纳该罚款计量方式。[3]

最后是中小企业的豁免规则落地问题。在欧洲，员工少于 250 人的中小型企业占 99%。在 GDPR 实施落地中，中小企业普遍面临合规成本过高的问题，市场创新活力因此受到严重负面影响。荷兰监管机构在执法中发现，即便是最小规模的企业，也普遍采用数据软件来收集、处理相关数据。德国相关研究指出，对于核心业务并不是数据处理活动的中小企业、协会等机构，应简化 GDPR 中规定的数据处理记录、设立数据保护官（DPO）等义务。[4] 在市场经济自由配置市场资源，尤其是配置互联网生产力资源的同时，大力支持中小企业发展，将更有利于体现市场竞争的公平性，促进数字服务市场健康持续发展，应当警惕个人数据保护合规可能在客观上人为制造的"马太效应"。

---

[1] See *Vgl. Konzept der DSK zur Bußgeldzumessung in Verfahren gegen Unternehmen*, available at https://www.bfdi.bund.de/SharedDocs/Publikationen/Entschliessungssammlung/DSKBeschluessePositionspapiere/Okt19_Konzept_Bu%C3%9Fgeldbemessung.html. 转引自孙莹："大规模侵害个人信息高额罚款研究"，载《中国法学》2020 年第 5 期。

[2] See *Fine Models by DPAs-Germany*, available at https://www.enforcementtracker.com/?fine-model-germany, last visited 09-02-2022.

[3] See Tim Wybitul, *German DPAs push model for higher GDPR fines*, available at https://iapp.org/news/a/german-dpas-push-model-forhigher-gdpr-fines/, last visited 09-02-2022.

[4] Harris M., Patten K., Regan E., et al., *Mobile and Connected Device Security Considerations: a Dilemma for Small and Medium Enterprise Business Mobility*? In Amcis 2012 Proceedings (2012).

（三） 欧盟数据保护典型监管案例分析

在欧盟监管案例中，大型平台的数据处理涉及法律关系复杂，新技术应用突出，因此对于理解 GDPR 具有更大的启发性。欧盟在对 GDPR 进行内部评估的过程中，充分关注到了综合性大型数字服务平台的个人数据监管问题，尤其是针对在线广告、精准定位、算法自动化决策与用户画像、内容推荐等人工智能技术与商业营销手段的使用方式问题。欧盟认为，仍需要通过更为有效地执行相关制度和规则，以进一步落实对大型数字平台、综合性公司以及采纳相关新兴技术提供数字服务的市场主体监管。本节选取法国 Google 个性化广告案、爱尔兰 WhatsApp 巨额处罚案以及英国航空公司和万豪国际集团两起数据泄露案进行分析探讨。

1. 法国 Google 个性化广告案

2019 年 1 月 21 日，法国数据保护监管机构 CNIL 因 Google 违反透明度等问题对其处以 5000 万欧元罚款，系 GDPR 生效后法国作出的首个处罚案件。[1] 2018 年 5 月，某非政府组织联合数千名用户集体向 CNIL 投诉，投诉问题集中在以下三点：一是 Google 向用户提供的信息过于分散，用户访问存在困难和障碍。例如数据处理目的，用于个性化广告的个人数据类别、存储时间等信息，通常需经过五个以上步骤方能访问。二是个性化广告的数据处理目的、数据类别等描述过于模糊，用户难以理解 Google 进行个性化推送的合法性基础。三是 Google 要求用户必须完全同意隐私政策中的所有服务条款，而没有基于不同目的区分提供同意选项。同时，Google 还预先勾选了个性化广告的同意显示框。[2] 基于以上事实，自 2018 年 9 月起，CNIL 重点对 Google 数据处理的透明度、合法性基础等问题展开调查。最终，CNIL 认定 Google 违反 GDPR 第 6 条、第 12 条、第 13 条的规定，

---

〔1〕 See EDPB, *The CNIL's Restricted Committee Imposes a Financial Penalty of 50 Million Euros Against GOOGLE LLC*, available at https://edpb.europa.eu/news/national-news/2019/cnils-restricted-committee-imposes-financial-penalty-50-million-euros_ en, last visited 11-02-2022.

〔2〕 参见中兴通讯数据保护合规部、数据法盟："GDPR 执法案例精选白皮书"，载中兴官网，https://res-www.zte.com.cn/mediares/zte/Files/PDF/white_ book/202004070858.pdf，最后访问时间：2022 年 2 月 11 日。

并作出5000万欧元罚款的处罚。具体来看,本案焦点问题如下。

第一,本案首先面临的问题是CNIL是否为该案的主要监管机构。根据GDPR的一站式服务机制,当数据控制者在欧盟多个成员国都设有营业机构时,应确立一个主要监管机构担任该数据控制者数据处理行为的执法主体。在本案中,Google主张自2003年以来,爱尔兰公司(Google Ireland Limited)是其欧洲业务总部,该公司设立了秘书处、税务、财会、数据保护等职能部门,因此应当由爱尔兰数据保护委员会作为主要监管机构,法国CNIL无管辖权。CNIL没有采纳Google的抗辩,认为识别主营业机构的核心应当以客观标准为原则,[1]主要看涉案数据处理行为的目的和手段由哪个主体决定。虽然Google爱尔兰公司是欧盟总部,但该公司对于Google创建账户期间的处理操作没有决策权。同时,CNIL通过欧洲信息交换系统与欧盟其他监管机构同步了投诉和咨询意见,没有其他监管机构提出反对意见。在调查中,CNIL在执法中也最大限度地考虑了欧洲数据保护委员会关于一站式服务机制的指南,以期确保GDPR适用的一致性。值得注意的是,在2021年6月C-645/19 Facebook Ireland & Others案件判决中,欧盟法院确认了一站式服务机制的例外情形,即如果个人数据侵权仅涉及某一成员国机构或仅对该国数据主体产生重大影响,或一国监管部门根据GDPR第66条认为迫切需要采取临时措施等,则该国数据保护监管机构可对公司违反GDPR的行为启动法律诉讼。[2]

第二,Google个人数据处理行为是否违反GDPR透明度和信息提供义务。CNIL认为,Google向用户提供的信息不符合"易于获取""清晰""可理解"等特征。例如,在个性化广告的信息披露中,用户通常需要点击五个动作才能跳转到个性化广告的信息说明页面。再如,Google可以从其提供的20多项服务中收集个人数据,这些数据合并处理可高精准反映用

---

[1] 闫飞:"GDPR第一案:'一站式主管机制'适用问题研究",载《大连海事大学学报(社会科学版)》2019年第5期。

[2] See *CJEU clarifies application of One-Stop-Shop mechanism and the competence of national DPAs to bring cases before national courts under GDPR*, available at https://www.jdsupra.com/legalnews/cjeu-clarifies-application-of-one-stop-5976488/, last visited 01-11-2021.

户的喜好、生活方式等信息，但 Google 在《隐私政策和使用条款》中将处理目的表述为"在内容和广告方面提供个性化服务，确保产品和服务的安全，用于改善向用户提供的服务"，方式过于笼统和含糊，不符合明确性和可理解的要求。第 29 条工作组《关于透明度指南》[1]中指出，对于 APP 来讲，既要在用户下载之前从在线商店获取必要的信息，又要在用户下载之后轻易找到这些信息。满足此要求的一种方法是确保信息永远不会超过"两次点击"，而 Google 向用户提供的信息需要多个点击动作和多次往返，因此这种设计不容易获取，不符合该要素。认为数据控制者应有效和简洁地呈现信息，避免信息疲劳，如将"隐私信息"与其他非隐私的合同条款相区分。总体来看，Google 关于个性化广告等数据处理的信息描述笼统，获取路径复杂，未能满足易于获取、可理解等要求。

第三，关于个性化广告推送是否具备合法性基础。Google 将用户同意作为个性化广告的合法性基础。但在实际应用中，一是用户无法准确了解个性化广告的范围。在 Google "自定义广告"页面，通过点击进入文档《隐私政策和使用条款》，访问"更多选项"，则看到描述"Google 可能会根据您在 Google 服务中的活动向您展示广告"。CNIL 指出，无法明确获知 Google 所指的个性化广告范围。二是不满足 GDPR 要求的有效同意。CNIL 认为，通过勾选"我接受 Google 的使用条款"这种捆绑同意的方式不符合同意的要求，不能视为有效同意的表达，同时，Google 关于个性化广告的设置是可以独立出来的，但 Google 的设计使得用户必须再次点击"更多选项"来进行设置，总体来看，不符合自由、明确的同意要求。

基于以上理由，CNIL 认定 Google 违反了 GDPR 第 6 条、第 12 条、第 13 条的规定。在处罚金额方面，应考虑第 83 条第 2 款列举的事项，如违法行为的性质、严重程度和持续时间，相关数据处理的性质、范围和目的，以及受影响的数据主体的数量及其损害程度等内容，CNIL 在作出处罚时重点考虑了如下因素。

---

[1] See *Guidelines on Transparency under Regulation* 2016/679, available at https：//ec. europa. eu/newsroom/article29/items/622227, last visited 01-11-2021.

一是 Google 违反的 GDPR 第 6 条、第 12 条、第 13 条是数据主体保持对其数据控制的基本保障，是 GDPR 核心的、必不可少的要求，因此根据第 83 条第 5 款作出了严厉处罚。在主观意图方面，Google 的违法行为仍在持续，Google 未自发终止这一违规行为。二是根据处理数据的目的、范围和影响的数据主体的数量来评估侵权的严重性。Google 认为该行为影响的数据主体范围是很小的，通过在 Android 操作系统中创建 Google 账户的用户仅占其用户的 7%。但 CNIL 认为 Android 操作系统在法国移动操作系统市场占据主导地位，根据法国使用智能手机的用户比例可以看出 Google 正在处理数百万用户的数据。同时个性化广告涉及地理位置、购买记录等大量数据，与用户身份和隐私密切相关。三是应从公司的经济模式评估违法行为。鉴于该公司从个性化广告中获益，其更应当特别关注以个性化广告为目的进行数据处理时的相关责任。[1]

2. 爱尔兰 WhatsApp 巨额处罚案

2021 年 9 月，爱尔兰数据保护监管机构因 WhatsApp 违反 GDPR 第 5 条、第 12 条、第 13 条、第 14 条等多项行为，作出 2.25 亿欧元处罚。[2] 该案的核心争议涉及个人数据认定、告知的具体范围、罚款金额的确定等多项问题，对于理解 GDPR 具有重要指引作用。

根据一站式服务机制的规定，爱尔兰数据保护监管机构是该案的主要监管机构。自 2018 年 12 月起，爱尔兰数据保护监管机构逐步展开调查，2020 年底，该机构形成决定草案，随后提交给相关监管机构。随即，包括德国、法国、意大利、匈牙利、荷兰、葡萄牙等在内的多地数据保护监管机构，针对该决定草案提出了"相关且合理"的异议反馈。2021 年 6 月，由于爱尔兰数据保护监管机构既未接受反对意见，又未对意见予以驳斥，

---

[1] See CNIL (France), *Délibération de la formation restreinte n° SAN-2019-001 du 21 janvier 2019 prononçant une sanction pécuniaire à l'encontre de la société X*, available at https://www.legifrance.gouv.fr/cnil/id/CNILTEXT000038032552/, last visited 12-02-2022.

[2] See *Binding decision 1/2021 on the dispute arisen on the draft decision of the Irish Supervisory Authority regarding WhatsApp Ireland under Article 65（1）（a）GDPR*, available at https://edpb.europa.eu/system/files/2021-09/edpb_bindingdecision_202101_ie_sa_WhatsApp_redacted_en.pdf, last visited 12-02-2022.

因此，爱尔兰数据保护监管机构就争议事项向欧洲数据保护委员会提交申请，2021年7月，欧洲数据保护委员会针对案件争议作出裁决。[1]2021年9月，爱尔兰数据保护监管机构根据欧洲数据保护委员会裁决作出最终决定。[2]具体来看，该案涉及如下焦点问题。

第一，经有损哈希（lossy hash）处理的匿名化数据是否为非个人数据。在经注册用户同意开启通讯录匹配功能后，WhatsApp收集用户的联系人电话号码，并对其中未注册WhatsApp的联系人信息进行有损哈希处理，作为非个人数据进行下一步处理。WhatsApp主张经哈希处理后变为匿名化数据，因此不需要履行GDPR中告知等一系列义务。针对这一问题，爱尔兰数据保护监管机构认为，有损哈希技术是不可逆的加密方式，无法从有损哈希反推手机号码。同时，有损哈希和手机号码并非一对一关系，而是一个哈希对应十六个可能的电话号码。因此难以合理关联到个体，因此不属于个人数据。[3]然而，欧洲数据保护委员会推翻了爱尔兰数据保护监管机构的观点，认为有损哈希仍属于个人数据。一是认定是否为个人数据不应孤立考虑有损哈希这一项技术步骤，而应综合考虑所有客观场景因素。案件中WhatsApp不仅使用了哈希值，还使用了基于号码存储而建立的社交关系数据，经综合分析将形成具有识别能力的关系数据。二是虽然每一个有损哈希理论上对应十六个电话号码，但由于号码格式和号段使用率等原因，对应的数量可能远少于十六个，因此大大降低了识别难度。综合以上内容，欧洲数据保护委员会认定在该案中经哈希处理的

---

[1] See EDPB, *EDPB-Binding decision 1/2021 on the dispute arisen on the draft decision of the Irish Supervisory Authority regarding WhatsApp Ireland under Article 65（1）（a）GDPR*, available at https://gdprhub.eu/index.php? title=EDPB_-_Binding_decision_1/2021_on_the_dispute_arisen_on_the_draft_decision_of_the_Irish_Supervisory_Authority_regarding_WhatsApp_Ireland_under_Article_65（1）（a）_GDPR, last visited 12-02-2022.

[2] See *DPC（Ireland）-WhatsApp Ireland Limited-IN-18-12-2*, available at https://gdprhub.eu/index.php? title=DPC_(Ireland)_-_WhatsApp_Ireland_Limited_-_IN-18-12-2#EDPB.E2.80.99s_binding_decision, last visited 12-02-2022.

[3] See *DPC（Ireland）-WhatsApp Ireland Limited-IN-18-12-2*, available at https://gdprhub.eu/index.php? title=DPC_(Ireland)_-_WhatsApp_Ireland_Limited_-_IN-18-12-2#EDPB.E2.80.99s_binding_decision, last visited 12-02-2022.

非注册用户数据仍然构成个人数据。[1]

第二,WhatsApp 对数据处理的告知是否符合透明度要求。在数据处理场景方面,该案涉及合法性基础、撤回同意、数据共享、跨境传输、数据存储等方面,WhatsApp 的告知形式均未达到 GDPR 的要求。例如在合法性基础方面,WhatsApp 在隐私政策、服务条款等文本中说明了所收集数据的合法性基础、用户是否必须提供相关数据等信息,但上述内容散见于各类文件,"缺乏一个整合文本或分层示意图",且未明确说明必须提供的数据类型及不提供的法律后果。关于跨境传输部分,WhatsApp 未明确说明是否依赖充分性认定来进行跨境传输,仅用了其 "It may rely on, if applicable" 的模糊用语。而且 WhatsApp 没有提供给数据主体有意义的方式去了解充分性认定或者其他跨境传输机制。简单来说,仅仅链接到欧盟委员会的官方页面是不够的。总体来看,爱尔兰数据保护监管机构和欧洲数据保护委员会主要从信息质量和信息展示方式两方面判定数据控制者是否满足透明度要求。告知的信息质量强调应使主体"足以理解为何需要出于相应目的而处理他/她的个人数据",例如,仅告知为合同所必需的安全措施而处理您的个人数据,则不符合对信息质量的要求。反之,告知"出于同意……为了提供特定的产品特性和服务,而收集和使用位置信息",则更加符合信息质量的要求。在告知的信息展示方式方面,WhatsApp 存在如下问题:告知内容分散在隐私政策页面和其中散布的多个链接中,"缺乏一个整合的文本或分层的示意图";在不同的文本(散布在前述链接中)中用相似的表述告知实则不同的内容,同时,隐私政策和其他页面之间存在不一致的内容,从而给数据主体带来误导。

此外,欧洲数据保护委员会进一步认定,以上对告知义务的违反构成了对 GDPR 第 5 条透明度原则的违反。本案中,WhatsApp 在告知信息质量

---

[1] See EDPB, *EDPB-Binding decision 1/2021 on the dispute arisen on the draft decision of the Irish Supervisory Authority regarding WhatsApp Ireland under Article* 65(1)(a)*GDPR*, available at https://gdprhub.eu/index.php?title=EDPB_-_Binding_decision_1/2021_on_the_dispute_arisen_on_the_draft_decision_of_the_Irish_Supervisory_Authority_regarding_WhatsApp_Ireland_under_Article_65(1)(a)_GDPR, last visited 12-02-2022.

和方式等各方面的诸多欠缺，导致用户"未能获得足以行使主体权利的信息""无法作出是否继续使用服务的决定"，是"完全的失败"。总之，鉴于 WhatsApp 违反 GDPR 的严重程度，以及相应影响的广泛程度，欧洲数据保护委员会认为 WhatsApp 的行为构成了对 GDPR 原则本身的违反。

第三，关于处罚数额的计算考量因素。根据 GDPR 第 83 条第 2 款所列衡量因素，一是考虑违反告知义务的严重程度。处罚书指出，WhatsApp 仅提供了 41% 的信息，距离 GDPR 的要求还有很大差距，构成了严重违反的情形。在主观意图方面，WhatsApp 的违反属于故意与一般过失之间的"高度过失"。早在 2012 年，加拿大和荷兰曾对 WhatsApp 通讯录相关个人数据处理问题开展调查，并得出对 WhatsApp 不利的结论。可见，WhatsApp 在明知自身个人数据处理可能违背欧盟数据保护规定的情况下，仍然未履行相应义务。同时，从整体来看，WhatsApp 向用户披露的信息量严重不足，故综合认定为高度过失。二是考虑公司的全球营业额。由于 Facebook 全资拥有涉案 WhatsApp 公司，对其有决定性的影响。根据欧盟法院的以往判例，母公司对子公司的违法行为承担责任，且母公司的年营业额可以作为子公司违法罚款上限的计算基准。因此，包括 Facebook 集团各组成公司在内的全球年营业额，应作为本案的计算基准。因此以 Facebook 2020 年的年营业额为基准，作出共计 859.65 亿美元的处罚额。

3. 英国航空公司和万豪国际集团两起数据泄露案

数据安全的技术和组织措施不足是 GDPR 违法案例中比例较高的事由之一。2019 年前后，ICO 先后发出罚款意向通知，拟对英国航空公司和万豪国际集团作出 1.83 亿英镑和 9900 万英镑的巨额处罚，而后，在正式处罚决定书中，罚款数额分别降为 2000 万英镑和 1840 万英镑。

2018 年 6 月，英国航空公司发生数据泄露，随后向 ICO 报告了该事件。经 ICO 调查，英国航空公司网站和移动端被恶意篡改，乘客在不知情的前提下前往虚假网站登记个人数据，最终导致 50 万客户的姓名、地址、邮箱等个人数据，以及信用卡卡号、有效期和背面的验证码（CVV）等账户信息泄露。经 ICO 调查认为，英国航空公司的用户登录、账户支付、订单维护等系统存在严重漏洞，英国航空公司未能提供完善的技术保障措施。因违反 GDPR 第 32 条等有关技术和组织措施的义务要求，ICO 拟对英国航空公司处以年营业额 1.5% 的罚款。[1] 2018 年 11 月，万豪国际集团对外披露，其旗下喜达屋酒店客房预订系统发生数据泄露事件，涉及来自 31 个欧洲国家 3000 万客户的个人数据，包括手机号码、电子邮件、个人护照、信用卡账号、消费记录等多项敏感信息，其中包括 700 万英国公民的个人数据。经调查发现，喜达屋酒店的系统漏洞可追溯至 2014 年 7 月，而在 2016 年收购喜达屋的过程中，万豪国际集团并未进行充分审查，导致漏洞直至 2018 年才被发现。由于万豪国际集团未采取措施确保系统安全水平与风险程度相一致，ICO 拟对其处以全球总营收 0.6% 的罚款。[2]

但在 2020 年 10 月的正式处罚中，ICO 作出处罚的依据和事实证据未变，但处罚数额发生重大调整。ICO 认为，根据 GDPR 第 83 条和相关因素，提议对两家公司分别处以 3000 万英镑和 2800 万英镑罚款。但考虑到两家公司积极配合 ICO 调查，及时通知监管部门和数据主体，且两家公司未因违规而获得任何经济收益，其品牌名誉亦受到了重大负面影响，因此 ICO 将罚款各降低 20%。同时考虑到新冠疫情对航空住宿领域带来的严重负面影响，因此又将罚款各减少 400 万英镑。在处罚决定中，ICO 还建议企业采取多项消除风险的可能措施，包括以模拟网络攻击的形式对企业系统进行严格测试，通过多因素身份验证保护员工和第三方账户，限制对用户数据的访问权限等，对企业未来合规进行指引。

在数据泄露处罚案件中，法律事实和法律关系较为简单，处罚事由和合规要求也并不复杂。最关键的是企业应做好与个人数据风险相匹配的技术和组织措施。在企业兼并和收购背景下，万豪国际集团案件启示我们，

---

[1] See ICO (UK), *ICO fines British Airways £20m for data breach affecting more than 400,000 customers*, available at https://ico.org.uk/about-the-ico/news-and-events/news-and-blogs/2020/10/ico-fines-british-airways-20m-for-data-breach-affecting-more-than-400-000-customers/, last visited 13-02-2022.

[2] See ICO (UK), *ICO fines Marriott International Inc £18.4million for failing to keep customers' personal data secure*, available at https://ico.org.uk/about-the-ico/news-and-events/news-and-blogs/2020/10/ico-fines-marriott-international-inc-184million-for-failing-to-keep-customers-personal-data-secure/, last visited 13-02-2022.

伴随企业的数字化转型趋势，数据成为各大企业的重要乃至核心资产，在企业合并中应将数据合规尽职调查作为重要的法律事项，避免数据违规收集、数据违规存储、系统漏洞等问题为企业带来违规风险。同时在应对数据泄露事件时，事前形成相对完善的数据管理制度，采取防护措施，事中采取及时调查、主动上报、积极止损的方式，与监管机构保持良好密切的沟通，并将数据泄露事实及时披露给数据主体，有助于将影响控制在尽可能小的范围内。

4. 小结

总体来看，在数据保护执法典型案例中，用户告知义务履行不足、缺乏合法性基础等成为重要的违法事由。第一，在用户告知方面，随着算法、物联网、大数据等新技术应用的发展，数据处理的程序和机理越发复杂化，向用户披露的信息日趋庞杂，如何更好实现用户告知，难度显著提升。一方面，需要向用户尽可能细致地说明数据处理的各个环节，确保用户清楚明白个人数据处理的目的、过程等；另一方面，在形式方面又不能将页面设置得过于分散、缺乏逻辑，应避免增加用户获知信息的步骤，应符合"易于获取""清晰""可理解"等要求。可见用户知情权利的实现，依赖于对义务主体行为的细致规范，同时也依赖义务主体自身的主动探索和最佳实践。第二，在获取用户知情同意这一合法性基础问题中，同意必须由数据主体自由、明确、知情且清晰地作出，捆绑同意、一揽子同意、不同意则拒绝提供服务等均不构成有效的用户同意。此外，双方地位不平等、权力失衡也可能成为知情同意无效的原因。伴随监管实践的增多，对知情同意的合规要求也越来越清晰。第三，个人数据的界定仍存在较大不确定性，例如经有损哈希处理后的匿名化数据仍可能被认定为个人数据，体现了监管部门对技术处理的利益平衡和风险判定。因此在匿名化处理、数据安全的技术和组织措施等合规要求中，需要监管部门、标准化组织根据技术发展情况，及时出台配套的行业标准、技术指南，对相关技术要求进行指引。

二、法院判例中的个人数据保护规则阐释

"随着网络与数字技术对社会各领域的塑造与影响的渐次呈现,在立法开足马力仍显得捉襟见肘的时代,司法不得不承担起通过法律适用更新法律,甚至是造法的任务。"[1]在欧盟个人数据保护实践中,欧盟法院在理论形塑和条文解释方面发挥着独特作用。欧盟法院利用司法能动性进一步阐释法律概念和规则,一定程度上回应了新技术发展对个人数据保护带来的问题和挑战。自 1970 年以来,欧盟法院通过 70 多例判决彰显了其在解释、调整,甚至建构欧洲数据保护法上的中流砥柱角色。[2]代表性案例如关于个人数据定义的里程碑案件 Breyer v. Germany 案,向欧盟境外传输数据合法性的 Schrems Ⅰ案,对被遗忘权确认的 Google 西班牙案等。自 2018 年 5 月 GDPR 生效,欧盟法院在澄清部分关键条文的含义和范围方面继续发挥了重要作用。例如,法院裁定,嵌入 Facebook 插件的网站所有者和 Facebook 被认定为共同数据控制者;在 Planet 49 案中,认定通过预先方框打钩的方式不构成用户有效同意;在 Schrems Ⅱ案中,认定作为国际数据传输机制的欧美隐私盾框架无效,应基于欧盟委员会审查过的示范条款方能向境外合法传输数据。此外,各个成员国还针对用户画像和个性化广告、竞争法和数据保护法在数字市场中的关系、量化 GDPR 的非物质损害(non-material damages)等向欧盟法院请求进一步说明裁决。因此,欧盟法院判例和初步裁决[3]对理解适用 GDPR,尤其是在新形势下的个人数据保护发展走向具有重要意义。

(一)Breyer v. Germany——个人数据定义的里程碑案件

在人工智能等新技术推动下,首先受到挑战的是个人数据的范围问题。适用个人数据保护法的最基本前提是所涉及数据是否为个人数据。如

---

[1] 劳东燕:"'人脸识别第一案'判决的法理分析",载《环球法律评论》2022 年第 1 期。
[2] 金晶:"欧盟《一般数据保护条例》演进、要点与疑义",载《欧洲研究》2018 年第 4 期。
[3] 根据《欧盟运行条约》第 267 条,欧盟成员国法院可以要求欧盟法院就欧盟法律有争议条款的解释和有效性作出裁决。这种裁决被称为初步裁决,欧盟法院通过初步裁决表达其解释欧盟法律的最终权力,并且在欧盟所有国家法院对个别案件适用这些具体规定时具有约束力。

果不是，则数据控制者没有遵守 GDPR 的义务。然而，物联网、云计算等技术发展，使得数据获取、传输、处理能力均大幅提升，从非个人数据转化为个人数据的可能性显著增加。因此，个人数据的边界变得愈加模糊。

在确定数据是否属于个人数据时，欧盟个人数据保护判例采取了扩张的观点。[1]Breyer 诉德国（Breyer v. Germany）案为理解个人数据的定义提供了重要启示。该案中的焦点问题之一是，当服务提供者有可能获取到将 IP 地址和数据主体关联（link）的额外信息时，动态的 IP 地址是否构成个人数据。在该案中，Breyer 访问了由德国联邦机构运营的几家公共网站。为对抗网络攻击等网络犯罪活动，德国联邦机构保存了网站日志文件等信息，包括 IP 地址信息。Breyer 反对存储其 IP 地址信息并诉请法院禁止第三方存储或整理此类信息。欧盟法院指出，动态 IP 地址并不构成与可识别自然人相关的信息，因为 IP 地址并不直接显示电脑所有人的身份，但是，德国联邦机构在监管部门和互联网服务提供者的协助下，可能在合理范围内识别到数据主体。因此法院将动态 IP 地址认定为个人数据。[2]尽管该案并不必然采用客观或相对的方法判定个人数据，但该案扩大了必须被保护的数据类型。

而在 Nowak 诉爱尔兰数据保护委员会（Nowak v. Irish Data Protection Commission）案中，作为会计资格证书的候选人，Nowak 在考试失利后申请查看笔试答卷。负责组织考试的行政部门拒绝提供答卷。因此，Nowak 向爱尔兰法院提起诉讼，法院审理的焦点问题是，考生在专业考试中的答卷是否属于个人数据。欧盟法院认为，个人数据定义的关键在于对《1995 指令》中"任何信息"（any information）标准的理解（该标准在 GDPR 中得以保留），只要信息与已识别或可识别的自然人相关联，那么就可能被视为个人数据。信息与个人相关联通常指信息的内容、目的或影响和特定个人有关。法院认为，考试答案对于考生来说是私人的（personal），并且

---

[1] See Article 29 Data Protection Working Party, *WP 136 Opinion 4/2007 on the concept of personal data*, available at http://ec. europa. eu/justice/article-29/documentation/opinion-recommendation/files/2007/wp136_ en. pdf, last visited 13-02-2022.

[2] Breyer v. Germany, Case C-582/14, CJEU [2016].

作为评判个人的基础。考生对数据享有获取、修正等相应权利。[1]该案表明欧盟对个人数据概念扩张解释的态度,直接或间接识别数据主体的能力是判定个人数据的关键。

可见,个人数据的界定是动态的、场景化的,法院判例均结合数据使用的具体场景、数据类型、数据涉及的主体、收集方法、设备环境、识别成本等作出判定。

(二) Google 西班牙案对被遗忘权的确认

"被遗忘权"的概念早在 2006 年就已出现在欧洲和阿根廷,但 2014 年欧盟法院在 Google 西班牙案件的判决才真正地将此概念带入了公众视野。

1. 基本案情

1998 年,为吸引竞标者,西班牙《先锋报》在西班牙政府的指令下刊登了两起因社会保障债务而被迫出售房产的公告,该公告电子版随即发布在网站上。冈萨雷斯是公告中被点名的房产业主之一。2009 年,冈萨雷斯发现,当他在 Google 搜索引擎中输入自己的名字时,搜索结果中就包含了《先锋报》的这篇公告链接。冈萨雷斯认为,该信息太过久远,已与其目前的状况不相关,且这些信息损害了他的个人声誉,应该"被遗忘"。2010 年 2 月,冈萨雷斯联系了 Google 西班牙,要求删除这些公告链接。Google 西班牙答复称,注册地在美国加利福尼亚州的 Google 是负责机构,并代为转呈了冈萨雷斯的请求。在申诉无果后,冈萨雷斯向西班牙数据保护监管机构提出申诉,要求《先锋报》、Google、Google 西班牙分别删除上述公告和链接。2010 年 7 月,西班牙数据保护监管机构驳回了冈萨雷斯要求《先锋报》删除公告的请求,理由是报道内容合法且准确,但受理了冈萨雷斯针对 Google 的请求,要求 Google 和 Google 西班牙采取必要手段从其搜索结果中删除相关链接。为此,Google 和 Google 西班牙向西班牙国家高等法院提出上诉,主张西班牙数据保护监管机构的决定无效。因对涉及欧盟法律

---

[1] Peter Nowak v. Data Protection Commissioner, Case C-434/16, CJEU [2017].

条款的认识存疑,西班牙国家高等法院请求欧盟法院根据《欧盟运行条约》第 267 条作出初步裁决。2014 年 5 月,欧盟法院对 Google 西班牙案作出最终裁决,支持了冈萨雷斯有关"被遗忘权"的部分诉求。

2. 争议焦点问题

一是 Google 和 Google 西班牙是否属于《1995 指令》中的数据控制者。Google 主张,数据控制者指的是对个人数据的处理目的和处理方式作出决定的主体,体现了数据控制者对数据处理的主观意识。Google 仅提供技术手段,即将搜索内容链接到相关页面,Google 作为搜索引擎所进行的数据处理可以说是"无意识"的,[1]因此不属于数据控制者。欧盟法院对此指出,虽然 Google 作为搜索引擎系自动进行数据编排,但在背后指挥具有目的性的信息选择与编排的是 Google 编制的算法,而数据算法中通常被认为内含着开发者的思想,搜索引擎中的信息选择与编排体现了 Google 的主观意识,Google 正是决定数据处理目的和方式的主体。此外,各种相关的信息原本是散落在网络各处的,一般很难收集整理,而借助搜索引擎的自动处理,任何人都可以轻易地在其搜索结果中获取信息。因此,"相对于信息的原始公开者的扩散程度,Google 无疑对信息的扩散具有不容置疑的决定性作用"。[2]

二是对于第三方合法发布的信息,Google 和 Google 西班牙是否承担将有关信息从搜索结果索引中撤回的责任。欧盟法院认为,为了保障 GDPR 所确认的对不完整、不准确数据的修改、删除或屏蔽,以及拒绝的权利,Google 有义务从通过个人姓名进行检索的结果列表中移除相关链接。但通过姓名以外其他关键词检索,或直接输入原始网址,仍可以访问涉诉报道。[3]然而欧盟法院认为,媒体网页上的信息属于"为新闻报道的目的",

---

[1] See Adcocate General's Opinoin in Case C-131/12.

[2] Google Spain S. L. and Google Inc. v. González, Case C-131/12.

[3] See Article 29 Data Protection Working Party, *WP 136 Opinion 4/2007 on the concept of personal data*, available at http://ec. europa. eu/justice/data-protection/article-29/documentation/opinion-recommendation/files/2014/wp225_ en. pdf. , last visited 12-02-2022.

可受《1995指令》第9条"表达自由例外"保护而不必移除。[1]

三是数据主体是否有权删除合法发布的信息。根据《1995指令》第6条之规定，强制出售房产的事件发生在十几年前，由于时间久远，当前的数据处理已经变得不准确、不相关或超出最初目的，数据主体有权要求删除。[2]即便第三方发布的信息是合法的，也不影响Google的移除义务。法院还强调，该权利（编入GDPR第17条）不是绝对的，只有在个人数据保护权超过公众对继续访问信息的利益时才有效。

3. 利益平衡

被遗忘权充分反映了数据主体权利与其他主体权利之间的利益平衡需求，因此根据各国文化、政治需求等差异，对被遗忘权也采取了不同态度。

一是与言论自由的冲突。"被遗忘权"的概念本身也被部分群体视为一种对言论自由的侵犯。数据主体删除数据的权利可能会损害公共话语空间（public discourse）。该裁决作出后，Google删除了BBC、《卫报》等媒体的部分新闻链接，引起多方质疑。这成为一种新形式的网络审查，但这些审查并不具有透明性。"被遗忘权"与言论自由之间的冲突在美国受到了极高的关注。与一定程度上限制言论自由的欧盟相比，美国对言论自由的限制较少。"被遗忘权"在美国的使用可能会侵犯Google等公司与公众的"第一修正案"（美国宪法中保护言论和宗教信仰自由以及和平集会权利的条文）。[3]

二是与公众知情权的冲突。传统媒体格局下，在保障个人数据自主自决与公众知情权之间就长期存在紧张关系，互联网技术与社交网络的发展使之进一步凸显和加剧。第29条工作组有关执行欧盟被遗忘权判决的指南文件指出，考虑到数据处理对数据权利潜在影响的严重程度，作为一个普遍规则，数据主体的权利优先于互联网用户通过搜索引擎访问他人个人数据的利益和搜索引擎的经济利益。当然，这二者之间的平衡关系还取决于

---

[1] Google Spain S. L. and Google Inc. v. González, Case C-131/12, §85.

[2] Google Spain S. L. and Google Inc. v. González, Case C-131/12, §93.

[3] Lee E. , *The Right to Be Forgotten v. Free Speech.*, 12（1）A Journal of Law and Policy for the Information Society（2015）.

所处理数据的本质和敏感程度以及公众获取该特定信息的利益。如果数据主体本人是公众人物（或称公共人物），那么公共利益将更具有优先性。对于公众人物（或者恐怖分子、严重暴力罪犯）等特殊群体，只有在有强力证据证明涉及其健康、家庭成员等不宜被公众知悉的特定情形下，才能够行使被遗忘权申请删除相应的个人数据。[1]

三是关于被遗忘权与国家主权冲突。在2019年C-507/17 Google v. CNIL案中，CNIL认为，Google仅在欧盟和法国境内的搜索中删除链接，位于法国的用户仍然可以访问欧盟以外的其他版本（如Google.com）获知信息，因此不足以保障被遗忘权的实现。Google主张称，被遗忘权"并不一定要求在不受地域限制的情况下从其所有搜索引擎的域名中删除相关链接"，CNIL的主张无视了国际法中的不干涉原则，且过度侵犯言论、信息、通信和新闻自由。欧盟法院认为，根据欧盟法律，Google没有义务在全球范围内适用被遗忘权。Google必须删除欧盟所有版本的所有链接，无论取消链接的请求来自欧盟的哪个国家公民。[2]该决定表明，虽然欧盟居民享有被遗忘的合法权利，但该权利仅适用于欧盟境内。

（三）欧美《隐私盾协议》被判定无效对全球数据跨境的影响

1. 基本案情

2013年6月，基于斯诺登事件披露的美国政府大规模监控活动，奥地利公民马克斯·施雷姆斯向爱尔兰数据保护监管机构提起申诉，称美国国内并未给欧盟公民提供充分的个人数据保护，要求爱尔兰数据保护监管机构禁止Facebook传输他的个人数据至美国。爱尔兰数据保护监管机构则认为，欧洲委员会决定（2000/520/EC）已经认可了美欧安全港框架的效力，即认可了美国对欧盟公民个人数据的充分保护。随后，马克斯·施雷姆斯

---

[1] See Article 29 Data Protection Working Party, *Guidelines on the Implementation of the Court of Justice of the European Union Judgment on "Google Spain and Inc v. Agencia Espaola De Proteccion De Datos (AEPD) and Mario Costeja Gonzalez" C-131/12*, p. 2, available at https://ec.europa.eu/justice/article-29/documentation/opinion-recommendation/files/2014/wp225_en.pdf, last visited 14-02-2022.

[2] Google Inc. v. Commision nationale de l'informatique et des libertés（CNIL），Case C-507/17, para. 64.

申诉至爱尔兰高等法院，对于相关欧盟法律解释等问题，爱尔兰高等法院请求欧盟法院启动先行裁决程序。欧盟法院最终裁定欧洲委员会决定（2000/520/EC）——美欧安全港框架无效，认为安全港框架仅约束自愿加入的美国企业，而美国政府并不受制于该框架；欧洲委员会决定并未对美国是否实现与欧盟基本一致（Essentially Equivalent）的保护水平进行审查。[1]基于此，美欧安全港框架失效，该案又被称为 Schrems I 案。

2016 年 6 月，欧美通过新的《隐私盾协议》（EU-U.S. Privacy Shield），美国通过建立隐私盾监察员、提供救济措施等，对欧盟个人数据保护制度作出重大让步。[2]与此同时，Facebook 爱尔兰公司尝试通过第 2010/87 号决定附件中规定的标准合同条款继续实现数据回流美国。对此，马克斯·施雷姆斯继续申诉至爱尔兰高等法院，请求终止 Facebook 转移其个人数据。由于案件涉及欧盟法律的解释及效力认定问题，爱尔兰高等法院请求欧盟法院启动先行裁决（Preliminary Ruling）程序，就欧洲委员会《隐私盾协议》（2016/1250 决定）和标准合同条款（2010/87 决定）的效力作出裁决。

2. 欧盟法院关于 Schrems Ⅱ 案的裁决结果及理由

经全面审查，欧盟法院在裁决中指出，《隐私盾协议》并不足以保护从欧盟转移至美国的用户数据。理由如下：第一，《隐私盾协议》未能有效对抗美国监视法的规定。《隐私盾协议》申明，美国国家安全、公共利益和法律执行的要求居于首要地位，允许美国公共机构对于从他国转移至美国的个人数据享有调用的权力。根据 2018 年特朗普签署的《美国外国情报监视法案修正案》（FISA Amendments Act）第 702 条的更新授权，国家安全局有权通过收集电子数据获取境外外籍人士的情报。[3]美国监视法

---

[1] Schrems, Maximillian Schrems v. Data Protection Commissioner, Case C-362/14, Judgment of 06.10.2015.

[2] 黄志雄、韦欣好："美欧跨境数据流动规则博弈及中国因应——以《隐私盾协议》无效判决为视角"，载《同济大学学报（社会科学版）》2021 年第 2 期。

[3] See S.139-FISA Amendments Reauthorization Act of 2017, available at https://www.congress.gov/bill/115th-congress/senate-bill/139, last visited 14-02-2022.

的规定与欧盟的数据保护基本权利相悖。第二，美国对于公共机构调取和使用数据的规定未能满足《欧盟基本权利宪章》等基本法的要求。美国对个人数据的调用不满足使用范围限定和目的相称原则，同时监视也未受限于严格必要的程序。第三，《隐私盾协议》缺乏对于非美国公民诉权的保障。针对美国当局监视活动，欧盟公民在美国没有相应的司法诉讼权利保障。第四，《隐私盾协议》中的监察员机制未能对数据主体提供充分保护。美国监察员缺乏足够的独立性，同时也无权对美国的公共机构（尤其是采用智能技术的行动）发布有约束力的决定，因此难以对监视项目中的公权力予以限制。

对于标准合同条款的效力问题，欧盟法院认为2010/87决定中的标准合同条款仍然是有效的机制，可以确保企业达到欧盟要求的基本一致（Essentially Equivalent）的保护水平。欧盟法院指出，标准合同条款为数据输出方和数据接收方施加了事先核实义务，数据接收方有义务向输出方披露其自身无法遵守标准合同条款的事实，在接到披露通知后，输出方也必须作出暂缓或终止合同履行的决定。同时，当输出国监管机构认为输入国不足以有效保障标准合同条款实施的，有义务暂缓或终止数据传输，为企业行为提供兜底保障。[1]

3. 欧美《隐私盾协议》无效的影响

第一，反映了各国在不同价值立场下的数据跨境流动分歧。基于欧盟法院裁决及最新形势，未来全球跨境数据流动政策会在国与国之间、区域与区域之间体现出多样性、灵活性。在全球数据跨境流动政策方面，美欧长期处于主导地位。美国是主张数据全球自由流动的典型代表，长期通过在双边或多边谈判中增加数据跨境自由流动内容，力图破除各国数字市场准入壁垒。而欧盟则通过政府层面的充分性认定和企业层面的标准合同文本、有约束力的公司规则对数据跨境流动加以限制，以对抗美国的数据攫取，维护主权利益。但由于白名单国家范围过小、数据跨境传输成本过高

---

[1] Facebook Ireland and Schrems, Data Protection Commissioner v. Facebook Ireland Limited and Maximillian Schrems, Case C-311/18, Judgment of 16-07-2020.

而导致全球性数据交换成本居高问题，招致了包括德国、比利时等在内的成员国的批评。[1]同时，《隐私盾协议》无效加剧了欧盟"软数据本地化"的实际效果。[2]从全球影响来看，欧盟在此次裁决中展现的审慎态度将对印度、巴西等互联网新兴市场产生一定影响，数据后发国家将有更多谈判资本坚持实施数据本地化留存政策。

第二，《隐私盾协议》无效对欧美经贸关系产生重大影响。针对欧盟法院的裁决，美国商务部部长威尔伯·罗斯表示，"商务部对欧盟法院的决定感到失望，但将充分研究该裁决，以充分理解其实际影响"。前期，《隐私盾协议》为5300多家公司提供跨大西洋数据流通和数字贸易的保护框架，其中既有互联网技术公司，也有向欧洲公民出售产品的传统实体公司；既包括Facebook、Google、Amazon等互联网巨头，也包括大量的中小型企业和初创企业。有报告指出，通过《隐私盾协议》认证的公司中有大约65%为中小企业，有41%的认证公司收入低于500万美元。一旦《隐私盾协议》失效，对中小企业来说打击巨大。[3]同时，该法律框架促成的贸易金额已高达7.1万亿美元。受欧盟裁决影响，众多公司将被迫重新考虑如何存储和收集欧洲客户的数据，并可能需要在建立昂贵的欧洲数据中心或缩减欧洲业务之间作出选择。而对于依赖标准合同条款的其他企业也需要对输入国数据保护状况展开评估，并实施其他保护措施以纠正数据保护中的不足之处。

第三，Schrems Ⅱ降低了市场主体对欧盟跨境数据流动法规的可预期性。在Schrems Ⅱ中，法院认为与欧盟法律"基本同等保护水平"的标准

---

〔1〕 王融、朱军彪："GDPR 2周年：来自欧盟内部的反思与启示"，载腾讯研究院，https://www.tisi.org/14590，最后访问时间：2022年2月24日。

〔2〕 "软数据本地化"机制是指相关规则条款中没有明确的数据本地化表述，但要求个人信息跨境传输满足相关严苛条件，并造成事实上的数据本地化，典型代表如欧盟。参见李艳华："隐私盾案后欧美数据的跨境流动监管及中国对策——软数据本地化机制的走向与标准合同条款路径的革新"，载《欧洲研究》2021年第6期。

〔3〕 See Oliver Patel, Dr Nathan Lea, *EU-U. S. Privacy Shield, Brexit and the Future of Transatlantic Data Flows*, available at https://www.ucl.ac.uk/european-institute/news/2020/jun/eu-us-privacy-shield-brexit-and-future-transatlantic-data-flows/, last visited 15-02-2022.

适用于标准合同条款等保障措施，放弃了充分性认定制度和保障措施之间的等级划分。[1]这便使得各国企业对于适用标准合同的预期性受到减损，即使适用了标准合同条款，企业也难以预料自身所在的国家是否能够被欧盟或欧盟法院认定为提供了"充分保护水平"。Schrems Ⅱ判决中要求数据输入方、输出方、成员国数据保护监管机构承担起评估第三国是否能够确保"充分保护水平"的职责[2]。但由于评估一国的法律是一件十分困难、敏感、缺乏标准而又风险巨大的事情，上述三方主体，特别是输入方企业，显然不具备该种能力。有学者指出，评估主体的"能力赤字"，使得"充分保护水平"的评估呈碎片化趋势。[3]

4. 最新进展及启示

2022年3月25日，欧美签署声明宣布，双方针对跨大西洋数据流动新框架——《跨大西洋数据隐私框架》达成"原则性协议"。该框架目的在于促进跨大西洋数据流动，以解决欧盟法院在《隐私盾协议》无效裁决中涉及的问题。该框架通过为数据跨境流动提供稳定法律基础，实现具有包容力和竞争力的数字经济，为欧美经济合作奠定良好基础。美国将出台制定新的保障措施，以确保情报数据利用与维护国家安全目标方面是必要和相称的。

具体来看，美国承诺：一是改善美国情报活动中的公民隐私和自由保障措施，二是建立有独立性和约束力的新型救济机制，三是强化对情报活动的严格分层监督措施。例如在权利救济方面，将建立独立的数据保护审查法庭，该法庭由非美国政府人员组成，并享有充分的裁决权力。下一步，美国将把这些承诺纳入行政命令，作为欧盟委员会未来评估充分性决定的重要基础。

---

[1] 杨帆："后'Schrems Ⅱ案'时期欧盟数据跨境流动法律监管的演进及我国的因应"，载《环球法律评论》2022年第1期。

[2] Facebook Ireland and Schrems, Data Protection Commissioner v. Facebook Ireland Limited and Maximillian Schrems, Case C-311/18, Judgment of 16-07-2020.

[3] 杨帆："后'Schrems Ⅱ案'时期欧盟数据跨境流动法律监管的演进及我国的因应"，载《环球法律评论》2022年第1期。

《安全港协议》和《隐私盾协议》的接连无效,启示我们在涉及跨境的数据流动议题上:一是要妥善处理好国家安全利益与个人权利保护的关系,一国的国家安全价值虽然在其国内拥有较为公认的优先性,但不能滥用"国家安全"肆意侵犯他国公民的个人数据权利,否则将极大地阻碍国际数字经济的交流与合作;二是要注重保障机制和救济措施的研究制定,目前世界各国在个人数据处理的权利、义务、原则等方面的共识已较为成熟,争议的焦点与合作的堵点已转移到如何保障相关条款的落实上,特别是在跨国的监督、惩罚和救济措施上,需要遵循更加平等、包容、互谅互让的原则;三是高度关注欧盟等组织、国家和地区司法体系在立法中的作用,签订相关国际协议需要加强预判,企业开展相关活动时关注司法层面的合规风险。

(四)Facebook 诉德国卡特尔局——个人数据保护与竞争法

在新技术应用中,大型平台构建了基于海量个人数据进行个性化服务的商业模式。海量的数据汇聚对平台市场支配地位的形成具有重要影响。一方面,其他竞争者可能遭遇市场壁垒,难以拥有进入市场所需的数据体量。另一方面,平台滥用支配地位导致用户丧失了自主选择权,难以实现信息自决。因此,个人数据保护和反垄断、反不正当竞争之间有着密切关联,违反个人数据保护是否可被视为违反反垄断法?通过反垄断规制是否可实现个人数据保护目的?2016 年 Facebook 诉德国卡特尔局(Case C-252/21 Facebook Inc. and Others v. Bundeskartellamt)案对上述问题作出了实践探索。

1. 案情简介

2016 年 2 月,因 Facebook 涉嫌违反 GDPR 规定收集、处理用户个人数据,涉嫌滥用市场地位,德国卡特尔局(Bundeskartellamt)对此展开调查。经调查发现,Facebook 未经用户同意而收集用户在 Facebook 旗下其他平台(如 WhatsApp、Oculus、Instagram 等)的用户数据、设备关联数据等,以及通过技术手段收集用户访问第三方网站、移动应用的相关数据,并将这些数据予以整合。德国反垄断执法机构认为,考虑到 Facebook 的市场支配地位，用户难以转向其他平台，而 Facebook 要求用户一揽子同意其全部隐私政策条款后，方可使用其服务并不能构成 GDPR 规定的有效的"自主同意"，此外 Facebook 从第三方获取用户数据也有违 GDPR 规定的目的限制和数据最小化原则，构成对用户的剥削性行为，同时，此行为也使 Facebook 获得了取得数据的额外渠道，在其与竞争对手的竞争中获得不当优势，提高了市场进入门槛。德国卡特尔局认为，Facebook 不仅违反了 GDPR，同时也违反了德国《反限制竞争法》，构成滥用市场支配地位行为，要求 Facebook 在 4 个月内提出整改方案，并在 12 个月内完成整改。

对此，Facebook 向德国杜塞尔多夫高等法院提起上诉。经审查，高等法院裁定中止德国卡特尔局禁令。法院认为，由于明显缺乏有关竞争损害的可靠证据，Facebook 的行为不会导致不利于竞争的结果。支持该裁决的论据是用户自治和数据传输自由，即用户数据实质上始终都可以被自由复制并传输给其他平台（包括 Facebook 的竞争对手）。德国卡特尔局对此进一步上诉至德国联邦最高法院。最高法院认为，Facebook 对用户强加不公平条款，没有给用户"从不同来源整合数据而产生的高度个性化服务"与"仅以于 Facebook 网站上披露的数据为基础的服务"之间选择的可能。[1] 换言之，Facebook 应该为用户提供不同的选项，且在任何情况下，Facebook 的市场力量都不应高于用户自决权。基于此，最高法院驳回杜塞尔多夫高等法院的裁决，要求 Facebook 继续整改。

此后，杜塞尔多夫高等法院继续开展本案审理工作。2021 年 3 月，杜塞尔多夫高等法院根据《欧盟运行条约》第 267 条规定，将该案提请欧盟法院作出初步裁决（主要针对 GDPR 等相关条款的解释），该等案件的进一步推进将受限于欧盟法院就该案的初步裁决，仅此过程即可能耗时数年。

2. 个人数据保护与竞争法之间的关联

数字市场将个人数据保护和竞争法联系起来，而二者之间的关系是复杂且有争议的。在具体实践中，应注意以下问题。

---

〔1〕 Rupprecht Podszun, "Facebook @ BGH", D'KART, 2020-06-23, www.d-kart.de/en/blog/2020/06/23/facebook-bgh/, last visited 2022-02-15.

一是将个人数据保护纳入反垄断法的调整范围，既有必要，也有可能。在反垄断法下，个人数据保护与市场竞争问题的交集不仅体现在滥用形式的垄断行为规制，同时也涉及反垄断法其他两大支柱，即垄断协议和经营者集中。数字时代背景下，个人数据已不仅是影响价格的一个因素，很多时候就是"价格"本身，已经成为市场竞争要素之一。因此，平台经营者在考虑反垄断合规时需要考量个人数据保护的问题，而在设计、评估、实施企业隐私政策时，亦应当注意反垄断规制的问题。

二是尽管法律间存在重叠内容，但应明确二者间的不同。从立法目的来看，竞争法处理市场支配力造成的消费者损害，如果市场竞争较弱，消费者别无选择，就只能接受企业提供给他们的价格和条件。数据保护法旨在减轻主要由信息不对称造成的消费者利益侵害，即使在竞争激烈的市场中，消费者也可能会接受不利的交易条件。在该案中，只要用户自身不知情，无论 Facebook 是否具有支配地位，都有可能进行数据搜集，因为这是 Facebook 赖以生存的主要商业模式（个性化广告）。因此，从某种程度上讲，竞争法的适用需要判断不同的商业模式，而数据保护法的适用往往不需要做这种判断。

三是个人数据保护需要不同执法部门间的协调和合作，这也是 Facebook 诉德国卡特尔局案所忽视的部分。当然，由竞争主管机关主导双重程序有一定合理性：一方面，竞争法允许有针对性地对单一企业进行执法；另一方面，竞争法比数据保护法具有更严格的制裁手段，甚至可导致平台商业模式的结构性变化。然而，不应要求反垄断执法解决数字市场竞争的所有问题。重要的是，在哪些情况下竞争主管部门能够以有意义的方式辅助数据保护主管部门，反之亦然。

三、欧盟个人数据保护的多元实践经验

技术赋权和数据集聚日渐削弱国家中心主义，互联网的自身逻辑构筑了卢曼笔下的自我封闭系统，代码和算法等手段实际践行"商谈"治理模式，体现多方利益诉求。伴随人工智能等新技术发展，欧盟个人数据保护实践更为注重数据控制者、行业协会、社会组织等多种角色之间的互动协

作，力图实现公私协力的多元保护。

（一）匿名化机制等技术治理实践

在个人数据保护实践中，尽管主要的规制模式是法律，但技术治理也在影响着个人数据处理的规制效果。个人数据保护需要一种法律和技术深度结合的思路。网络技术逐步生成了一种网络自主空间，并形成了一套以技术编码和自治伦理为主的技术治理方式。[1]法律需要依靠数字智能技术，包括代码、加密和区块链、人工智能技术，通过技术赋能来增强规范性能力。

作为一项重要的技术治理措施，匿名化机制是通过处理以实现不可逆转地识别用户身份的技术方案，包括噪声添加、置换、差分隐私、聚合、K-匿名性等技术手段。匿名化数据不属于 GDPR 的保护范围，因此匿名化是有效平衡个人权利和商业利益、公共利益，更好发挥数据要素价值的工具。匿名化并非简单的技术措施，而是一种协同上下游数据处理链条，需要结合具体场景、政策、运营等进行判定的方式。伴随去匿名化、大数据分析等技术发展，即便实施匿名化措施，仍然存在再识别风险的可能性显著增加，匿名化的有效性受到质疑。例如在爱尔兰 WhatsApp 巨额处罚案中，WhatsApp 将经有损哈希处理的个人数据归为匿名化数据，主张无须履行个人数据保护义务，但仍被处以罚款。针对匿名化应用中的争议性，第 29 条工作组《关于匿名化技术的意见》对相关匿名化技术应用提供指引。该意见指出了判定匿名化技术稳健性的三个标准，即是否仍有可能筛选（single out）出一个人，是否仍有可能关联（link）到与个人的有关记录，以及是否能够推断（infer）出相关个人的信息。匿名化并非一劳永逸，数据控制者应动态看待匿名化技术，应定期对匿名化的遗留风险进行重新评估，评估对风险控制措施是否足够，并作出相应调整，因此应对其进行事前评估、事中控制和事后审查。此外，还应对匿名化处理进行个案衡量，重视场景因素，考虑控制者和第三方可能合理识别到数据主体的所有手段，且应根据当下的技术水平做动态判定。

---

[1] 郑智航："网络社会法律治理与技术治理的二元共治"，载《中国法学》2018 年第 2 期。

第五章　人工智能时代欧盟个人数据保护的实践考察

除匿名化技术外，欧盟数据保护立法中最为典型的技术治理措施是"基于设计的数据保护"（Data Protection by Design），亦称数据保护设计原则。早在20世纪90年代，加拿大的隐私保护专员Ann Cavoukian即提出了基于设计来保护数据的理念。[1]在国际层面，经由第31届、第32届数据保护和隐私委员会国际会议努力，《数据保护设计方案》（Resolution on Data Protection by Design）于2010年第32届大会上获得通过，成为国际共识。"数据保护设计"奉行以用户为中心，主张最初设计系统时，就嵌入个人数据保护规则，给予用户对个人数据更多的控制权，使数据保护成为贯穿系统的一条主线。[2]数据保护设计理论强调对风险采取积极主动预防措施，而非消极地予以事后救济。实践中，技术开发与商业运行往往涉及多个主体，很多运营商选择将技术开发外包给第三方机构。数据保护设计理论不仅要求数据控制者（系统的使用者）承担个人数据保护义务，还要求开发、设计系统的第三方机构同样承担个人数据保护的职责，在系统设计阶段即考虑个人数据保护的需要，将之嵌入系统，通过代码实现规制。[3]有学者认为，数据保护设计理论将个人数据保护，从政策驱动（policy-driven）和法律驱动（law-driven），转向了设计驱动（design-driven）的新阶段。[4]

数据保护设计理论的实践应用不胜枚举。比如，Google街景是由Google专用街景车360度实景拍摄的照片，用户可在Google提供的地图服务中使用。该应用2007年正式推出后不断引发侵犯隐私的批评。为解决这一问题，Google将人脸识别技术嵌入Google街景服务中，对拍摄到的人脸以及车牌等敏感信息精准识别并进行模糊化处理。同时，用户也可以涉及

---

〔1〕　See Ann Cavoukian，*Data Protection by Design*，at 1（Information and Privacy Commissioner，2013）.

〔2〕　See Ira S. Rubinsteint & Nathaniel Good，*Data Protection by Design，A Counterfactual Analysis of Google and Facebook Data Protection Incidents*，28 Berkeley Technology Law Journal 1335（2013）.

〔3〕　See Alexandra Rengel，*Privacy–Invading Technologies and Recommendations for Designing a Better Future for Privacy Rights*，8 Intercultural Hum. Rts. L. Rev. 226（2013）.

〔4〕　See Demetrius Klitou，*Privacy-Invading Technologies and Privacy by Design：Safeguarding Privacy，Liberty and Security in the 21st Century*，at 263（Springer，2014）.

隐私为由要求 Google 删除与自己相关的街景信息。比如，用户在使用浏览器等应用程序时，网站通常会在用户设备上储存 Cookies 等数据，广告商为向用户精准推送广告，往往借此收集用户数据。而 Apple Inc. 在设计应用程序 Safari 时，选择将阻止来自第三方应用程序的 Cookies 作为默认设置，使用户有效避免了在使用 Safari 时被第三方应用程序收集个人数据，也保护了用户免受广告推送骚扰。再如，Twitter 在其应用程序中推出的"Your Twitter data"功能体现了极大的透明度，可以使用户全面清晰地了解到自己被收集的数据状况，并赋予用户对个人数据更多的控制权。用户可以将访问自己数据的广告商列表下载并加以控制。又如，Facebook 用户在首次使用"附近的人"功能时，会看到一个弹窗，提示用户启用该功能将导致自己的地理位置数据被他人获知，并提醒用户随时可以选择将自己的地理位置数据清除。这一设计贯彻了数据保护设计以用户为中心的理念，可以防止用户在对应用程序不熟悉的状况下意外泄露个人数据。

近年来，除数据保护设计理论逐渐被各国立法认可外，隐私增强技术因可以使企业节约数据保护成本、减少法律责任风险及赢得用户信任等优势，其重要性也慢慢被各国政府机构、企业、专家学者所接受。[1]其中最广为人知的应用案例是个人隐私偏好平台（Platform for Privacy Preference，P3P）。实际应用中，用户可以在个人隐私偏好平台选择设定自己的个人隐私偏好，第三方网络运营商与用户通过个人隐私偏好平台就是否同意收集用户的网上数据达成某种电子形式的协议。如果某个网络站点不符合个人隐私偏好平台标准，其 Cookies 将被平台自动拒绝，从而保护用户的网上数据不被第三方网络运营商收集。隐私增强技术在具体运用中需要结合不同的数据保护设计策略。如最小化策略，通过加密、匿名的隐藏策略，通过去中心化储存的分离策略，通过点对点加密支持

---

〔1〕 See European Union Agency for Cybersecurity, Domingo-Ferrer, J., Hansen, M., Hoepman, J., et al., *Privacy and Data Protection by Design：From Policy to Engineering*, at 18-22（Publications Office of the European Union, 2015）. https：//data. europa. eu/doi/10. 2824/38623.

的控制策略等。[1]

在欧盟数据保护实践中，更多的技术保护措施得以实现。如通过制造欧洲云（European Cloud）保障欧盟成员的数据不被欧盟以外的第三国获取，欧盟"地平线2020"计划资助的"云安"（Safe Cloud）项目通过分区和纠缠这两项核心技术兼顾通信安全与个人数据的妥善存储，以及改善技术加密措施等。据研究，在同样的技术手段下，一个8位密码在一天内即可被破解，而破解一个10位密码则需要19.5个月。[2]日益普及的物联网在数据保护技术上也获得突破，既可以采用电磁屏蔽、阻塞式标签、销毁式标签及有源干扰等硬件技术，也可以运用公钥加密、散列函数等加密技术预防数据泄露。[3]以比特币、以太坊为代表的区块链技术，其分类账本的记账是"伪匿名"的，区块链地址背后的交易实体可以通过分析交易图谱及其他信息被识别出来。因此，人们开始研究区块链交易的隐私增强技术。比如，隐身地址密钥管理机制通过要求区块链交易中的发送方代表接收方为每笔交易创建随机的一次性地址，可以使他人无法将同一收款人的不同转账作关联，从而保护交易实体的真实身份不被泄露。

对于更为复杂的数据处理，如目前最为常用的算法处理所带来的隐私侵犯、歧视、行为操纵等问题，技术规制算法也成为实践中被广泛接受的个人数据保护路径。例如，算法会导致歧视，但目前技术领域也积极研发可识别歧视并实施人工干预的算法，[4]实现了以算法规制算法。鉴于算法透明度的需求，透明度提高工具（Transparency enhancing tools）逐渐被实践领域所关注，该工具要求在算法设计的初始环节将透明度要求输入算

---

[1] See European Union Agency for Cybersecurity, Domingo-Ferrer, J., Hansen, M., Hoepman, J., et al., *Privacy and Data Protection by Design: From Policy to Engineering*, at 18-22 (Publications Office of the European Union, 2015). https://data.europa.eu/doi/10.2824/38623.

[2] See *2015 Trustwave Global Security Report*, available at http://www2.trustwave.com/rs/815/-RFM-693/images/2015_TrustwaveGlobalSecurityReport.pdf, p. 104, last visited 16-02-2022.

[3] 参见吴亮、邵培基、李良强："物联网背景下隐私信息保护策略影响企业决策行为"，载《系统工程》2010年第6期。

[4] See Goodman B., Flaxman S., *European Union regulations on algorithmic decision-making and a "right to explanation"*, 38 (3) Ai Magazine 1, 9 (2016).

法。有学者指出如适当使用，算法不仅可提供更为准确的预测，同时可比人类实现更多透明度和公平性。[1]另外，还有一些替代模式有助于实现算法透明度，如在所设计的系统中，用户可通过修改某些个人数据以检验自动化决策是否正确。我们可期待发展科技工具用于审查自动决策过程，使其遵守数据保护和其他的法律规定。[2]同时，也有可能运用算法对基于人类决策和自动决策的合法性、公平性及透明度进行审查。[3]正如欧盟理事会在评估报告中所强调：我们也应该看到，技术在某些领域的应用也可能是一个巨大的优势，并有可能加强欧洲公民的隐私保护。例如，基于区块链的"零知识证明技术"能够实现使用尽可能少的个人数据，同时验证某一特定主体的身份。法律的适用应当为技术发展留有"一定空间"，而不是完全抵制。[4]

（二）个人数据保护行为准则和认证

正如著名法学家苏永钦教授所言，"让民间社会的活力充分释放、使资源利用的效益最大化的必由之路是自治；但若政府放弃管制，则又难免出现种种社会问题"。实践证明，无论是过度管制导致"政府失灵"，还是完全放任致使"市场失灵"，都会造成市场紊乱。在互联网技术迅猛发展的当代，政府顺应市场的内在规律制定法律规制框架，并信赖符合框架原则的自律管理，即采取政府适度监管下的自律机制，是不断完善个人数据保护制度的发展趋势。这也是西方国家自我规制理论发展的一个趋势，即"与不断增强的监督机制相结合的自我规制，这种趋势强调使自我规制服从于更为紧密的控制或监督，即所谓政府监督下的自我规制或共同规

---

[1] See Weitzner et al., *Transparent Accountable Data Mining: New Strategies for Privacy Protection*, MIT Technical Report. 2016.

[2] See Kroll J. A., Huey J., Barocas S., et al., *Accountable Algorithms*, 165 (3) University of Pennsylvania Law Review 633, 705 (2016).

[3] See Christopher K., et al., *Machine Learning with Personal Data: is Data Protection Law Smart Enough to Meet the Challenge*? 7 (1) International Data Privacy Law 1, 2 (2017).

[4] See *Council Position and Findings on the Application of the General Data Protection Regulation (GDPR) – Adoption*, available at https://data.consilium.europa.eu/doc/document/ST-14994-2019-REV-1/en/pdf., last visited 15-02-2022.

制"。[1]这也充分体现在欧盟关于个人数据保护的改革中。正如周汉华教授所指出的,GDPR增加了经批准的行为规范和第三方认证制度,使其合作治理形式更加丰富,可以充分调动数据控制者参与个人数据保护的积极主动性,体现了规制与自律相结合的典型的激励性监管。[2]

欧盟个人数据保护的自律机制首先体现在其借鉴美国的隐私保护行业指引发展而来的行为准则制度。美国的隐私保护行业指引是由互联网行业联盟发布的关于隐私保护的自律规范,这些自律规范适用于整个行业成员。比如美国在线隐私联盟[3]发布的《在线隐私政策指导方针》(Guidelines for Online Privacy Policies),在公开个人数据的收集手段、数据收集目的、征求数据主体同意、保障数据的安全使用等环节作出导向型指引,为行业自律提供广泛适用的范本。在线隐私联盟倡导自我执行的自治机制,仅制定政策建议,不监督、干涉成员对联盟制定的隐私保护政策是否执行,亦无相应的处罚措施,其作用仅限于在隐私保护方面为成员与社会公众提供一个行为参考的范本。欧盟《1995指令》即有关于"行为准则"(Codes of Conduct)的制度设计。《1995指令》规定,各成员国及欧盟委员会鼓励行业协会或其他机构起草关于个人数据保护的行为准则,旨在使个人数据保护的一般性法律规定能够更好地适应不同行业的特点。行业协会或其他机构起草的行为准则或者对行为准则作出的修改,应提交各成员国监管机构审核。但《1995指令》有关行为准则的规定较为模糊,使得各成员国在国内适用时出现较大差别。

在借鉴过往实践经验的基础上,欧盟克服《1995指令》的不足,创设了适用于所有成员国的水准相同的数据保护标准,构建了更为完备的行为准则制度。GDPR第40条规定,考虑到不同数据控制者的特点以及中小微

---

[1] Michael D. C., *Federal Agency Use of Audited Self-regulation as a Regulatory Technique*, 47 (2) Administrative Law Review 171 (1995).

[2] 参见周汉华:"探索激励相容的个人数据治理之道——中国个人信息保护法的立法方向",载《法学研究》2018年第2期。

[3] 在线隐私联盟于1998年在美国成立,至今为止,其成员包括Apple Inc.、Dell Inc.、易趣公司、Microsoft、AT&T等技术、零售、娱乐、电信行业的重要公司。

企业的具体需要，鼓励行为准则的制定。代表不同种类数据控制者、处理者的协会及其他机构，可以参与制定、修订或扩充行为准则，可涵盖的内容包括公平透明处理；具体情形下数据控制者追求的合法利益；个人数据的收集；个人数据的匿名化处理等。同时，行业协会及其他机构应当将行为准则的草案、修正案或扩充方案提交监管机构就是否符合条例规定进行审批，[1]监管机构予以批准后应当登记并公布该行为准则。[2]对于与数个成员国有关的行为准则，GDPR 详细规定了涉及欧洲数据保护委员会和欧盟委员会的审批、登记、公开程序。[3]GDPR 还对行为准则的监督制度作出规定，监管机构可以授权具备专业资质的第三方机构对行为准则的遵守情况进行监督。[4]

可见，GDPR 有关行为准则的制度设计采用的是政府适度干预下的行业主导模式，对行业自律予以充分信赖，政府负责做好个人数据保护基本法律框架的顶层设计，微观层面的规则设定与执行监督均发挥市场主体的积极作用。比如，对于云计算服务领域日益凸显的数据安全问题，2017 年注册于比利时的非政府组织欧洲云计算服务供应商联盟（Cloud Infrastructure Services Providers in Europe，CISPE）即根据 GDPR 关于行为准则的规定，制定了《CISPE 数据保护行为准则》。准则要求服务于欧洲用户的云计算运营商不得因自身需要访问或处理用户数据，并确保用户有权选择将自己的个人数据完全在欧洲经济区内存储和处理。这为服务于欧洲用户的云计算运营商提供了行为范本，可以帮助其有效提升遵守 GDPR 规制的合规程度。

欧盟个人数据保护的自律机制还体现在对认证制度的引入。认证是指由认证机构对符合相关技术标准或规范的产品、服务或管理体系予以证明的评定活动。与行为准则类似，认证也有助于数据控制者向监管机构展示数据处理活动的合规性。但与前者是对 GDPR 抽象规则的具体化规范不

---

[1] 参见 GDPR 第 40 条第 5 款。
[2] 参见 GDPR 第 40 条第 6 款。
[3] 参见 GDPR 第 40 条第 7—11 款。
[4] 参见 GDPR 第 41 条。

同，认证机制旨在向公众展示数据控制者业务的合法性，并向监管机构提供合规性证明。就此而言，行为准则和认证机制之间相互补充，数据控制者可以择一或合并使用。根据 GDPR 第 42 条之规定，为证明数据控制者和处理者的处理操作符合条例规定，各成员国、监管机构、欧洲数据保护委员会及欧盟委员会鼓励数据保护认证制度以及数据保护印章和标识制度的建立，并考虑中小微企业的需要。认证遵循自愿及程序透明原则。认证不减少数据控制者或处理者遵守条例规定的责任，亦不减少监管机构的职责。欧洲数据保护委员会应当将所有认证机制、数据保护印章和标识整理成册并以合理方式向公众公开。根据 GDPR 第 43 条之规定，数据保护认证机构须具有适当专业等级，并向监管机构证明其符合开展认证的独立性、专业性。

数据保护认证制度能够充分调动市场力量参与到监督中，形成有效的市场监督机制，节约监管机构的监督成本。数据保护认证制度给予那些在数据保护方面更合规的优质企业特别是中小微企业正向激励，使其在取得消费者信任上更具竞争优势，从而降低经营成本。数据保护认证制度还有助于消费者快速识别市场主体在数据保护上的优劣，以选择自己信任的经营者，节约选择成本。比如，总部位于法国巴黎的著名国际检验、认证机构必维国际检验集团（Bureau Veritas）就按照 GDPR 规定积极开展针对企业或其他组织的数据保护认证服务，其认证服务旨在证明通过认证的企业或其他组织遵守 GDPR 的要求以保护个人数据不被误用、泄露或者丢失，展示通过认证的企业或其他组织根据合规程序对员工、利益相关方及客户的数据予以良好保护，以帮助其维护良好的市场声誉、品牌及客户信任。一旦发生数据泄露事件，证书还可以显示通过认证的企业或其他组织已经实施了尽职调查，使其毫不延误地将数据泄露情况通知监管机构或数据主体，以便数据主体及时采取止损措施，从而减轻数据泄露事件可能给数据控制者带来的处罚。[1]

---

[1] See Data Protection Certification and GDPR, https://certification.bureauveritas.com/needs/data-protection-certification-and-gdpr, last visited 16-02-2022.

（三）社会组织推动的社会监督与公益诉讼

在数据保护领域，欧盟范围的社会组织在推动数据保护法律实施、维护数据主体权益、监督数据控制者履行义务、促进社会公平方面发挥着重要作用。社会组织介入个人数据保护领域，往往比政府直接介入该领域更为高效。

1. 社会组织在欧盟个人数据保护中发挥积极作用

在欧洲数据保护组织中，借由已有的成熟机制和丰富经验，消费者保护组织在维护数据主体权益、尤其是对跨国互联网企业的投诉或诉讼方面发挥着最为显著的作用。

欧洲在个人数据保护领域借鉴传统消费者权益保护机制的有益做法，鼓励具备专业水准的公益性社会组织介入，对收集、处理、存储、传输个人数据的企业进行社会监督，已经收到良好成效。比如，位于伦敦的隐私国际（Privacy International）就在个人数据保护领域非常活跃，经常向公众披露互联网企业侵犯用户数据权利的行为。该组织曾于2007年针对Google的隐私保护状况提出批评，认为没有一家互联网企业的隐私政策像Google那样"对用户隐私有如此大的威胁"，Google在此外部压力之下作出了积极回应，并改进了在线隐私政策。[1]而随着互联网发展，欧洲也兴起一批网民权利组织，如英国的"绿色网络"、法国的"网络团结"、德国的"混沌计算机俱乐部"、荷兰的"点滴自由"，以及在欧洲21个国家拥有会员单位或办事处的国际性组织"网络公民权利在欧洲"等。其中，成立于2000年的"点滴自由"是荷兰最有影响力的网民权利组织，以保护荷兰网民在互联网空间中的自由权与隐私权作为组织的核心目标。[2]

GDPR生效后，欧盟各监管机构收到的有关数据保护投诉案件增幅明显，其中相当一部分是来自社会组织的投诉。GDPR生效当日，奥地利隐私活动人士马克斯·施雷姆斯成立的非营利性组织欧洲隐私权倡导组织

---

[1] See Chris Maxcer, *Privacy Watchdog Tags Google Worst on Web*, Tech News World, available at http://www.ecommercetimes.com/story/57787.html, last visited 16-02-2021.

[2] 参见赵玉林："构建我国互联网多元治理模式——匡正互联网服务商参与网络治理的'四大乱象'"，载《中国行政管理》2015年第1期。

(Noyb. eu)就对 Facebook 和 Google 发起投诉,要求欧盟监管机构对这两家公司处以巨额罚款。GDPR 生效三周内,英国数据保护监管机构共收到 1106 项有关数据保护的投诉。GDPR 生效 50 日内,法国数据保护监管机构收到的投诉比 2017 年同期增加了 50%;奥地利数据保护监管机构收到的投诉和违规通知则相当于此前 8 个月的总数。[1] 伦敦隐私国际在 2018 年利用媒体披露,很多安卓应用程序未经用户许可,将用户个人数据直接发送给 Facebook。而 Facebook 可以将安卓 ID 与用户的社交账号绑定,从而识别用户身份。Facebook 还可以为安卓程序用户的个人资料添加性别、宗教信仰、工作状况等标签信息,并利用其掌握的用户数据推送精准广告,以上行为均违背了 GDPR 的规定,这对涉事企业形成了巨大的舆论压力。[2]

2018 年 5 月,欧洲两家个人数据保护非营利组织向法国 CNIL 投诉,称 Google 采用"强制同意"策略处理个人数据,在用户不知情的情况下将收集的大量个人数据用于商业广告。法国 CNIL 经调查认为,Google 在处理用户个人数据方面存在缺乏透明度、用户获知信息不便、广告定制缺乏有效的自愿原则等问题,违反了 GDPR 有关规定。Google 随后发表声明,表示将采取措施严格遵守透明度等 GDPR 的要求。[3] 2019 年 1 月 21 日,法国 CNIL 对 Google 违反个人数据保护规定的行为处以 5000 万欧元罚款,这是 GDPR 生效以来 Google 收到的第一张来自欧盟国家的罚单。2018 年 11 月,欧洲消费者同盟机构亦指控 Google 违反 GDPR 规定,不当收集用户地理位置数据。根据荷兰、波兰、瑞典、挪威(非欧盟国家但适用 GDPR)、捷克共和国、希腊、斯洛文尼亚 7 个国家消费者团体(均为欧洲消费者同盟机构成员)提供的信息,欧洲消费者同盟机构指控 Google 为收集利用用

---

[1] 参见"GDPR 生效 50 日:值得关注的投诉、诉讼及执法案例",载安全内参,https://www.secrss.com/articles/3915,最后访问时间:2022 年 1 月 20 日。

[2] 乐学:"国际隐私组织:很多安卓应用未经用户同意给脸书发送数据",载腾讯网,http://tech.qq.com/a/20181231/008143.htm,最后访问时间:2022 年 1 月 20 日。

[3] 参见陈晨:"法国对谷歌开出 5000 万欧元罚单",载中国经济网,http://intl.ce.cn/sjjj/qy/201901/23/t20190123_31333291.shtml,最后访问时间:2022 年 1 月 21 日。

户移动位置数据营收,采用"欺骗性手段"让用户启用 Google 账户中的"位置历史记录"与"网络和应用程序活动"两项功能,但并未将这样做可能带来的后果完全告知用户,这涉嫌违反 GDPR 有关个人数据保护的规定。[1]

2. 个人数据保护救济中的公益诉讼

相较于传统诉讼救济机制,公益诉讼以维护公共利益为出发点,保护扩散性利益。基于诉讼成本和专业能力考虑,社会组织提起的公益诉讼通常更有影响力和实际效果。在"小额多数侵权案件"中,公益诉讼制度的优势更为明显,有助于化解"诉讼收益小、诉讼成本高"的问题。此外,公益诉讼并不限定在民事领域,凡是有关不特定多数人共同利益的行政诉讼,也可以理解为公益诉讼。公益诉讼也存在一定的弊端。通常而言,社会组织并非基于民主程序产生,因此不受公众、立法机关和公共问责机制的监督和制约。在缺乏制约机制前提下的社会组织有可能滥用诉权,所提起的诉讼可能并不客观、必要。公益诉讼还可能导致司法权过于主动,行政机关反而无所适从。[2]

大部分情况下,个人数据侵权属于"大规模微型侵害行为"。互联网软件的用户规模普遍少则数百万多则数亿,在一次次的商品购买、服务评价、注册账号、浏览网页的过程中,个人数据不知不觉地泄露并被收集,且通常造成的损害后果轻微、不直观、不显著。[3]无论是从数据主体的时间、精力和诉讼成本方面,还是从取证难度方面,个人维权成本都很高。且个人通常难以证明个人数据侵权可能带来的损失,导致最终诉讼的结果也仅限于停止侵权。侵权行为个人难以察觉、侵害后果轻微、举证责任能力低下、诉讼激励不足、赔偿微不足道等因素均导致诉讼效率大打折扣。

---

[1] 参见 Kathy:"谷歌在欧洲 7 个国家被指控侵犯 GDPR 隐私",载腾讯网,http://tech.qq.com/a/20181127/014162.htm,最后访问时间:2022 年 1 月 21 日。

[2] 参见颜运秋、金彦:"我们究竟需要什么样的环境民事公益诉讼——最高院环境民事公益诉讼解释《征求意见稿》评析",载《法治研究》2015 年第 1 期。

[3] 参见[德]格哈德·瓦格纳:《损害赔偿法的未来——商业化、惩罚性赔偿、集体性损害》,王程芳译,中国法制出版社 2012 年版,第 178 页。

第五章　人工智能时代欧盟个人数据保护的实践考察

在欧洲视域下，"二战"后基于高福利的社会体系，人们大多对小额侵权损害不太计较，更倾向于通过公共执法而不是寻求司法救济来制约小额多数侵权行为。[1]在个人数据保护领域，个人维权起诉率非常低。以德国为代表，在整个20世纪90年代，德国没有出现一起因个人数据受到侵犯，而由个人起诉并请求赔偿的案件。[2]意识到这些不足，欧盟试图引入公益诉讼制度加以改善，通过对起诉违法数据处理行为原告资格的广泛授权，赋予社会组织诉诸法律从而获得公正审判的权利。GDPR规定，按照成员国国内法依法设立的、以公共利益为法定目标并且活跃于保护数据主体权利与自由领域的非营利性机构、组织或协会，有权接受数据主体的委托代表其行使诉权，包括向监管机构申诉的权利、针对监管机构的有效司法救济的权利、针对数据控制者或处理者的有效司法救济的权利、获得赔偿的权利。[3]

2022年4月，欧盟法院在一项先决裁定中指出，消费者组织可以在没有个人授权的前提下，对个人数据处理违法行为提起集体诉讼。该裁定针对德国消费者组织联合会诉Meta案而作出。在该案中，德国消费者组织联合会在未经任何用户授权的前提下，向德国柏林地区法院提起诉讼，要求对Meta发出禁令，指控Meta在向用户提供免费游戏过程中违反了关于保护个人数据、打击不公平商业做法和保护消费者的规则，柏林地区法院判决Meta败诉。对此，Meta向德国联邦法院提起上诉。德国联邦法院认为柏林地区法院的判决理由充分，但对于德国消费者组织联合会提起诉讼的资格质疑，故提请欧盟法院就GDPR相关条款的解释作出初步裁决意见。[4]欧盟法院的裁决意见被认为是"消费者团体的重要胜利"，由消费者团体主导的集体诉讼与个人数据保护的公共利益具有一致性。Reuschlaw法律顾

[1]　参见陈巍："欧洲群体诉讼机制介评"，载《比较法研究》2008年第3期。
[2]　See Mayer-Schonberger V.，*Beyond Privacy*，*Beyond Rights-Toward a Systems Theory of Information Governance*. 98 Calif. L. Rev. 1853（2010）.
[3]　参见GDPR第80条第1款。
[4]　Meta Platforms Ireland Limited v. Bundesverband der Verbraucherzentralen und Verbraucherverbände-Verbraucherzentrale Bundesverband e. V.，case C-319/20，available at https：//curia. europa. eu/juris/documents. jsf？num＝C-319/20，last visited 17-02-2022.

问公司的律师斯特凡·赫塞尔指出,"欧洲消费者协会有良好完备的行动网络,将在监督数据保护违规行为方面发挥先锋作用"。[1]

在新技术广泛应用的背景下,个人数据保护常常体现为侵权的隐蔽性、技术的专业性,监管机构的资源调配越发难以满足个人数据治理的现实需求。因此,社会组织提起的集体诉讼成为个人数据保护实践的重要补充。

四、典型人工智能场景下个人数据保护实践

伴随人工智能的开发部署,自动驾驶、区块链、人脸识别、算法推荐等技术应用逐渐渗透至我们日常生活的零星环节。如学者马克韦瑟所言,"最复杂的技术莫过于那些隐而不彰的技术。它们被编织进日常生活的纹理之中,最终成为其中顺理成章的组成部分"。[2]在人工智能具体应用中,如何更好确保个人数据处理的合法性,保障访问权、删除权等个人权利,是全球面临的共同挑战。《欧盟数据保护机构监管战略2021—2022》报告指出,欧洲数据保护委员会将区块链、面部识别执法、匿名化和假名化、云计算、人工智能/机器学习、数据经纪人、物联网等新技术可能影响的基本权利作为重要工作任务。在欧盟个人数据保护实践中,欧盟及其成员国对不同智能应用场景推出相关单行立法、指南性文件、行业标准等,为个人数据保护规则的细化提供了宝贵经验。

(一)人脸识别:特殊个人数据的处理规则与实践

在全球新冠疫情冲击下,人工识别在远程医疗、疫情监控、电子商务、娱乐消费等领域的应用快速扩张,据市场研究机构 Markets and Markets 预测,到2025年全球人脸识别市场规模预计将达到85亿美元。[3]与此同

---

[1] See *EU top court: Consumer Groups can Bring Class Actions for Data Protection Infringements*, available at https://www.euractiv.com/section/data-protection/news/eu-top-court-consumer-groups-can-bring-class-actions-for-data-protection-infringements/, last visited 17-02-2022.

[2] Mark Weiser, *The computer for the 21st century*, Scientific American 94 (1991).

[3] See *Facial Recognition Market by Component [Software Tools (3D Facial Recognition) and Services], Application (Law Enforcement, Access Control, Emotion Recognition), Vertical (BFSI, Government and Defense, Automotive), and Region-Global Forecast to 2025*, available at https://www.marketsandmarkets.com/Market-Reports/facial-recognition-market-995.html, last visited 18-02-2022.

时，人脸识别系统正逐步实现对社会生活的全景介入，"双刃剑"效应日益凸显，引发社会舆论的广泛关注。

1. 人脸识别技术特点带来的挑战

人脸识别是指通过对实时或静态的人脸图像进行特征提取、分类识别，以达到识别、认证、监控、伪造等目的的新兴技术手段。欧洲数据保护委员会指出，利用生物数据特别是人脸识别技术会增加数据主体的风险，属于较高侵入性行为。[1]相比传统互联网应用的个人数据收集行为，人脸识别技术具有典型的自然性、非接触性和不被觉察性。[2]相较于一般个人数据，人脸信息也具有独特性、直接识别性、不可更改性、易采集性等特征。[3]同时，由于人脸识别具有自然友好、对用户干扰少、显著提升效率和便捷性等优势，伴随人脸识别技术应用在悄然间大幅扩散，在某些场景下呈"应用失控"的态势，人脸识别应用的风险也在不断叠加。

一是人脸识别的技术特征引发知情同意困境。人脸识别技术的非接触性可实现远程、实时和自动收集，可在未经自然人同意的情况下获取人脸数据，极易规避个人数据保护中的知情同意要求，强制使用、隐蔽使用等现象突出，进而侵犯个人数据主体的自主权。例如商家在公开场合安装人脸识别，对用户实施监控或用户画像的行为较为突出。2021年我国售楼处人脸识别杀熟事件中，消费者已明显丧失对人脸信息使用的知情权和自决权，出现戴头盔看房的戏剧场面。[4]

二是技术攻击带来的安全风险更为突出。当前上市应用的人脸识别技术安全保障参差不齐，部分应用通过人脸照片、3D模型、硅胶脸膜即可实现人脸解锁，极易带来财产损失或人身安全问题。同时，相比其他新兴技

---

[1] See EDPB, *Guidelines 05/2022 on the use of facial recognition technology in the area of law enforcement*, available at https://edpb.europa.eu/our-work-tools/documents/public-consultations/2022/guidelines-052022-use-facial-recognition_en, last visited 18-05-2022.

[2] 参见潘林青："面部特征信息法律保护的技术诱因、理论基础及其规范构造"，载《西北民族大学学报（哲学社会科学版）》2020年第6期。

[3] 参见邢会强："人脸识别的法律规制"，载《比较法研究》2020年第5期。

[4] "戴着头盔去售楼处看房？细思极恐"，载澎湃网，https://www.thepaper.cn/newsDetail_forward_10116251，最后访问时间：2022年2月13日。

术，人脸识别技术使用方涉及小区物业、用人单位、学校等大量小微实体，数据安全保障措施难以跟进，由于人脸信息等生物信息具有强识别性和不可变更性，一旦发生数据泄露，损失将难以估量。

三是滥用风险波及面尤为广泛。人脸识别技术滥用不仅带来侵犯隐私、侵犯肖像权等问题，还可能关涉种族歧视、财产安全、人身安全乃至国家安全。例如，欧盟2019年发布的《关于通过视频设备处理个人数据的指南》指出，除了隐私问题，视频设备应用还可能面临设备故障或偏差带来的性别歧视、种族歧视等问题，进而加剧社会偏见。[1]人脸识别存在错误使用带来的人身自由风险，据报道，美国新泽西州一公民曾因人脸识别系统问题被错误关押十天。同时，人脸识别的应用不再限于"把人认出来"的身份识别过程，还扩大到对人进行情感计算、习惯分析等识别分析机制。[2]人脸应用严重侵犯用户思想情绪等个人隐私。作为特殊个人数据，人脸数据能体现人的种族、肤色、性别，甚至可通过分析体现性取向、政治倾向、个人情绪等特征。欧洲数据保护委员会和欧洲数据保护监督员发布的报告详细介绍了面部情绪识别技术的原理及可能引发的数据保护问题。[3]美国保险公司Lemonade曾发布声明指出，在判定客户索赔中是否存在欺诈行为时，该公司会利用"非语言暗示"这一面部识别技术分析用户表情，以获知相关信息。[4]

2. 欧盟特殊个人数据处理规则

在GDPR中，人脸数据属于生物特征数据（biometric data）。GDPR第4条第14款将"生物特征数据"定义为"通过对自然人的相关身体、生理或行为特征进行特定技术处理而得出的个人数据，这种个人数据能够识别

---

[1] See EDPB, *Guidelines 3/2019 on processing of personal data through video devices*, available at https://edpb.europa.eu/our-work-tools/our-documents/guidelines/guidelines-32019-processing-personal-data-through-video_en, last visited 19-02-2022.

[2] 韩旭至："刷脸的法律治理：由身份识别到识别分析"，载《东方法学》2021年第5期。

[3] See https://edpb.europa.eu/news/news/2021/edpb-edps-call-ban-use-ai-automated-recognition-human-features-publicly-accessible_en, last visited 19-02-2022.

[4] See https://gizmodo.com/lemonade-jk-jk-we-dont-use-facial-recognition-to-rej-1846976751, last visited 19-02-2022.

第五章 人工智能时代欧盟个人数据保护的实践考察

或确定自然人的特定标识，比如面部形象或指纹数据"。将生物特征数据划分为特殊个人数据，相比非特殊个人数据有着更加严格的处理要求。[1] GDPR 对生物特征数据的处理遵循"原则禁止、特殊例外"原则。一方面，数据控制者可以援引"数据主体的同意"作为处理个人生物数据的例外，但同意必须是"自由给予、明确、具体、不含混"的，数据主体的任何被动同意均不符合 GDPR 的规定。[2] 另一方面，为就业、社会保险与社会保障领域内数据控制者履行义务所必需，保护数据主体或其他自然人重大利益所必需，数据主体已明确公开的个人数据等情形下，数据控制者也可以处理人脸数据。

在具备合法性基础后，对生物数据的处理活动也需要遵守 GDPR 所确立的一般规则，包括需要遵守合法性、合理性、透明性原则以及目的限制等原则。具体而言，GDPR 要求"数据控制者收集信息和获取个人数据时应当履行事前通知义务"，赋予个人对数据拥有使用权、访问权，并确立数据保护影响评估制度以加强数据控制者的隐私风险管理责任意识。[3] 2021 年，欧盟《关于人脸识别的指南》对监管部门提出更高要求。立法者和决策者应当确保人脸识别技术使用的合法性，监管部门须系统性参与涉及人脸识别技术的立法与行政措施，在人脸识别开展试验项目和部署之前，各部门有权对项目实施进行评估，以确保人脸识别技术的合法使用；[4] 开发者应保证数据和算法的质量，遵守数据保护原则；对于使用者，应确保数据主体自愿作出同意，明确禁止私营主体在购物中心等非受控环境中使用人脸识别，特别是为营销目的或非公共安全目的。[5]

---

〔1〕参见银丹妮、许定乾："人脸识别技术应用及其法律规制"，载《人工智能》2020 年第 4 期。

〔2〕参见洪延青："人脸识别技术的法律规制研究初探"，载《中国信息安全》2019 年第 8 期。

〔3〕参见李婕："人脸识别信息自决权的证立与法律保护"，载《南通大学学报（社会科学版）》2021 年第 5 期。

〔4〕See Consultative Committee of the Convention 108, *Guidelines on facial recognition* (2021), available at https://edoc.coe.int/en/artificial-intelligence/9753-guidelines-on-facial-recognition.html, last visited 18-02-2022.

〔5〕参见曾雄、梁正、张辉："人脸识别治理的国际经验与中国策略"，载《电子政务》2021 年第 9 期。

在人脸识别应用方面，欧盟对个人数据的保护一直坚持严格的优先保护原则，长期以来一直禁止"人脸识别"的开展，现阶段则逐渐向审慎使用的方向转变。[1]2019年7月，欧洲人工智能高级别专家组（HLEG）发布报告，提议欧洲应该禁止进行大规模AI监视，呼吁政府应承诺只部署和采购值得信赖的AI系统。在2020年拟议的《人工智能白皮书》初稿中也曾主张"在评估人脸识别技术影响的方法和风险管理措施被开发出来之前，应暂时（3—5年）禁止在公共场所使用该项技术"。然而，2021年，欧盟公布的《人工智能法案（草案）》则转变严格禁止的立场，仅规定禁止基于执法目的在公共场合使用实时远程生物特征识别系统，且同时列明了用于寻找失踪儿童、预防恐怖袭击等几种豁免情形，为执法人员使用人脸识别技术预留了一定空间。2021年6月，欧洲数据保护委员会和欧洲数据保护监督员有关《人工智能法案（草案）》的联合意见呼吁，全面禁止在公共访问区域使用人工智能自动识别个人特征，在任何情况下利用数据识别人脸、步态、指纹、DNA、声音、击键和其他生物识别或行为信号等都被禁止。[2]

除法律规制外，从技术层面规范人脸识别技术的开发部署行为，同样是降低风险的重要内容。《关于通过视频设备处理个人数据的指南》要求，应对原始数据进行分离存储和传输；对生物识别数据特别是分离出的片段数据进行加密并制定加密和密钥管理政策；整合关于反欺诈的组织性和技术性措施；为数据分配整合代码；禁止外部访问生物识别数据；及时删除原始数据，如果必须保存则采取"添加干扰"的保护方法。[3]

---

[1] 参见李朋、王明达："'人脸识别'场景下个人面部信息保护问题初探——由'人脸识别第一案'展开"，载《上海法学研究》2021年第1期。

[2] See EDPB-EDPS, *Joint Opinion 5/2021 on the proposal for a Regulation of the European Parliament and of the Council laying down harmonised rules on artificial intelligence*, available at https://edpb.europa.eu/our-work-tools/our-documents/edpbedps-joint-opinion/edpb-edps-joint-opinion-52021-proposal_en, last visited 12-12-2022.

[3] See EDPB, *Guidelines 3/2019 on processing of personal data through video devices*, available at https://edpb.europa.eu/our-work-tools/our-documents/guidelines/guidelines-32019-processing-personal-data-through-video_en, last visited 19-02-2022.

3. 欧盟人脸识别监管实践

近年来，伴随人脸识别应用的普及，所涉监管或司法案例不断增多，同时引发相关法律争议。

一是瑞典中学使用人脸识别案。这是瑞典适用 GDPR 的首个监管案例。2019 年 8 月，瑞典某中学因使用人脸识别被当地数据保护监管机构处罚。在该案例中，学校对学生人脸数据进行采集，并存储在没有连接互联网的本地计算机中，用于统计学生每天的出勤率。学校在收集学生的生物识别数据之前，征得了监护人的明确同意。监管机构认为，第一，该学校违反 GDPR 第 5 条目的限制、数据最小化等原则，为满足统计出勤率的需求，采集学生人脸数据超出了必要范围。第二，该行为违反 GDPR 第 9 条规定，在处理特殊个人数据之前，虽征得监护人同意，但由于学校与学生之间关系不平等，监护人同意不能被视为自愿、自由作出。第三，该行为违反 GDPR 第 35 条、第 36 条规定，学校未对该人脸数据处理行为可能对数据主体权利和自由带来的风险进行评估，也未提前向监管机构进行事前咨询。最后，瑞典数据保护监管机构对该中学处以 20 万克朗行政罚款。[1]

二是欧盟处罚美国人脸识别 Clearview AI 公司。Clearview AI 是一家美国人脸识别公司，该公司利用爬取等技术从 Facebook、Twitter 等社交媒体爬取用户人脸照片、社交信息、联系方式等数据，建立了包含全球 200 亿张人脸照片的数据库，并将数据库访问权出售给全球多国政府执法机构和私营企业。2021 年，隐私国际等非政府组织向英国、法国、意大利、希腊、奥地利等国家发起投诉。2022 年，意大利数据保护监管机构对 Clearview AI 展开调查评估，认为其对生物特征数据的处理缺乏法律依据，同时违反了透明度、目的限制、存储限制等多项原则，未履行 GDPR 第 13—15 条规定的信息告知义务。故要求 Clearview AI 删除意大利境内人员的数据（包括人脸数据），禁止通过爬取技术进一步收集意大利境内人员的图像和相关元数据，并责令 Clearview AI 在欧盟内指定一名代表。法国

---

[1] See https://edpb.europa.eu/news/national-news/2019/facial-recognition-school-renders-swedens-first-gdpr-fine_sv, last visited 01-02-2022.

数据保护监管机构则发表声明指出，Clearview AI 严重违反 GDPR，缺乏合法性依据，要求其删除数据库中的数据并停止收集相关数据。2022 年 5 月，英国对 Clearview AI 作出 750 万美元罚款。Clearview AI 认为，其并未与该国客户签订合同，不在 GDPR 的管辖范围之内。在该案中，GDPR 的管辖范围和爬取公开数据的合法性成为争议焦点。

三是英国 Bridges 诉警方使用人脸识别技术案。该案中，英国高等法院判决警方使用人脸识别技术合法，但应确保在每一个特定的场景下使用人脸识别技术是严格必须的、有效的且符合比例原则。同时，英国对人脸识别技术应用提出了事前、事中和事后的监督要求。例如，必须在使用前获得授权，并辅以人工审查。一些部门已经正式或非正式地实行了双盲确认要求，要求只有当两名审查人员独立得出同一匹配结果时，才可以使用人脸识别分析作为调查线索。

(二) 算法应用：个人数据保护透明度的重大挑战

在 5G、物联网、云计算等新型技术推动下，大量社会生活向线上迁移，远程办公、电子商务、在线问诊、网络教学等线上生态呈爆发式增长。算法逐渐成为经济社会的底层架构，被日益广泛地应用在新闻推荐、电子商务、无人驾驶、司法判决、智能诊疗等商业和公共领域。同时，算法操纵、滥用数据、算法霸权等问题日益突出，为个人数据保护带来新兴挑战。

1. 欧盟算法技术的实践应用

算法是一种数据处理程序，一般可理解为任意一种设计良好的，将某一组数值作为输入信息，并产生某一组数值作为输出信息的计算程序。[1] 身处信息大爆炸时代，算法是继分类条目与搜索引擎之后的又一技术革新，它极大地提升了信息分发的效率和精准度，以此颠覆了人与信息的相处方式。[2] 算法在海量信息中推送个性化信息，将信息获取从"大海捞

[1] See Thomas H. Cormen, et al., *Introduction to Algorithms*, at 7 (MIT Press, 2014).
[2] 二因斯坦："取消算法推荐，是技术上的倒退吗？"，载腾讯研究院公众号，https://mp.weixin.qq.com/s/_NemiGmr04YuxtCsx7y3gg，最后访问时间：2022 年 9 月 3 日。

第五章 人工智能时代欧盟个人数据保护的实践考察

针"进入"私人定制",大幅提高了信息效率,也推动音视频、直播、广告等数字内容产业的快速发展。

在欧盟,算法也被用于个性化广告、信息内容推荐、电商购物等领域。以政治广告为例,近年来,欧美等国家政治竞选团队越来越多地将竞选活动从传统媒体转向在线平台,利用 Facebook、Instagram、Google、YouTube、Twitter、Pinterest 或者 Tiktok 提供的广告工具。其中,在线政治微定位(online political micro-targeting)是近年欧美国家政治选举中新兴的政治广告形式,是通过收集用户身份、喜好、行为数据等,识别易受特定信息影响的人群,并精准推荐特定广告的行为。[1]在平台所收集的数据中,很多数据与政治倾向并不相关,但将教育、移民、社会政策等问题相关的数据结合起来,可能变为与政党极其相关的信息,间接表明政治倾向特征。在线政治微定位是一类典型的算法应用,其应用的合法性因剑桥分析事件而引发广泛关注。

2018 年,英国剑桥分析公司在 Facebook 平台开发"This is your digital life"问卷测试,借此收集 25 万直接参与测试的用户数据,以及他们"好友关系"中 5000 多万用户的数据。通过算法分析这些数据并进行用户画像,从用户社交网络、行为数据等信息中推断个人政治偏好,进而重点对摇摆群体推送特定候选人政治广告,以影响选民选举意愿。剑桥分析公司向美国、英国等多国提供政治选举服务,对美国总统选举、英国脱欧等产生直接影响。[2]

除算法在信息内容、个性化广告中的应用,算法在电商购物中向用户定向推送商品,在外卖平台等应用中对零工工人进行管理等,同样带来个人数据滥用的问题,对用户公平权、知情权等带来重大挑战。例如,借助隐秘且严密的算法数据分析系统,平台可以将劳动者精准划分为若干等

---

[1] Frederik J. Zuiderveen Borgesius, Judith Möller, Sanne Kruikemeier, Ronan Ó Fathaigh, Kristina Irion, Tom Dobber, Balazs Bodo, Claes de Vreese, *The Promise and threat of democracy*. 14 (1) Utrecht law review 82, 96 (2018). https://doi.org/10.18352/ulr.420, last visited 01-02-2022.

[2] See https://www.nytimes.com/2018/04/04/us/politics/cambridge-analytica-scandal-fallout.html, last visited 18-02-2022.

级,并配以相应的绩效奖惩规则规训劳动行为,实现劳动力压榨。这一应用模式将人类工具化,对人的尊严等主体性价值造成了极大挑战。

2. 欧盟算法监管案例

总体来看,算法不透明问题是导致数据主体无法作出有效知情同意、监管部门难以监管取证的重要原因。由于技术鸿沟、商业秘密等原因,算法技术的运作带有一定的不透明性,监管部门、社会公众和平台用户难以洞悉算法运作的机理。有学者将算法的不透明性概括为三种类型,一是因公司商业秘密或国家秘密而产生的不透明性,二是因技术鸿沟而产生的不透明性,三是因机器学习算法的特征而产生的不透明性。[1]在欧盟监管案例中,因未有效履行透明性原则,未获得用户有效知情同意成为数据控制者被处罚的重要原因之一。例如在剑桥分析事件之后,英国数据保护监管机构 ICO 对 Facebook 作出 50 万英镑的处罚,理由是 Facebook 未能及时向用户告知剑桥分析公司滥用用户个人数据的行为,且并未提供有效数据保护措施。

在 Amazon 个性化广告案中,卢森堡国家数据保护委员会以 Amazon 未经用户同意,不遵守数据处理原则为由,对 Amazon 处以史上最高额处罚——7.46 亿欧元罚款。2018 年 5 月,有一万名用户通过某法国隐私权组织进行投诉,在卢森堡国家数据保护委员会的调查中发现,Amazon 在用户不知情的情况下将他们的个人数据用于广告跟踪,而并没有获得数据主体的有效同意。Amazon 的广告计划主要包括"赞助文章"(sponsored posts)和侧边栏广告(sidebar ads)。虽然 Amazon 卖家对特定的内部搜索条件进行竞价,但第三方也可以通过该公司的网站和应用程序获得特定的广告时段,向非 Amazon 用户进行服务推销。这些广告商利用了 Amazon 客户的历史记录,而这些数据详细记录了买家之前购买和搜索的内容。

算法歧视同样是平台滥用个人数据带来的典型问题。意大利外卖算法

---

〔1〕 Jenna Burrell, *How the Machine "Thinks": Understanding Opacity in Machine Learning Algorithms*, available at https://journals.sagepub.com/doi/full/10.1177/2053951715622512, last visited 19-02-2022.

歧视零工工人案凸显了对算法透明度和公平性的严格要求，并适用了如修改算法、算法审查等新的监管处罚手段。2021年8月，因使用算法歧视零工工人，意大利数据保护监管机构对在线外卖平台Foodinho和Deliveroo作出行政处罚。该案是监管部门根据GDPR第22条作出的典型案例。Foodinho是一家送餐平台，同时在欧洲、亚洲、非洲等20多个国家提供送餐服务。在平台管理系统中，所有骑手在入职时获得一个默认分值，随后系统算法将根据客户反馈、商家反馈、交付订单量、在高峰时段的运力情况等进行分值调整，评分较高的骑手将获得优先派单的权利。[1]类似地，Deliveroo在评价骑手时考虑的权重包括是否在周五至周日晚上等关键时间段工作，是否存在取消订单的情形，骑手完成订单的速度等。在算法评分的过程中，透明度和公平性显著不足，严重影响骑手权益保障。例如，平台没有告知骑手利用算法评分的事实，没有通过审查评估确保算法结果的准确性，没有赋予骑手提出异议、获得人工干预的渠道，甚至通过算法剥夺了部分骑手的工作机会。[2]监管部门认为，平台有责任评估和验证算法结果的正确性，应当成立道德委员会衡量算法系统是否过度侵犯隐私等。监管部门认为两家平台违反了GDPR第5条有关个人数据必须"以合法的、合理的和透明的方式进行处理"和第22条免予自动化决策条款的要求。在处罚方面，监管部门要求平台修改算法系统，以审查修正算法歧视问题，同时考虑到平台没有设立数据保护官，没有做好记录留存，不积极配合调查以及影响范围等因素，最终分别对Deliveroo和Foodinho作出290万欧元和260万欧元的罚款。[3]

3. 欧盟进一步细化算法技术的法律规制

有学者指出，社会的透明化与算法的黑箱化，是考虑经济和社会的智

---

[1] See https://www.garanteprivacy.it/web/guest/home/docweb/-/docweb-display/docweb/9685994, last visited 20-02-2022.

[2] See https://www.garanteprivacy.it/home/docweb/-/docweb-display/docweb/9677377, last visited 20-02-2022.

[3] See *Food Delivery Services Face GDPR Fines Over AI Algorithms*, available at https://www.databreachtoday.com/food-delivery-services-face-gdpr-fines-over-ai-algorithms-a-17212, last visited 20-02-2022.

能化转型时必须注意的一对基本矛盾。[1]针对算法带来的问题风险，欧盟早期从伦理层面提出算法透明度价值。2019年，欧盟《可信人工智能伦理指南》提出，应确保人工智能决策结果对个人产生重大影响时，就决策的过程和原理进行适当、及时的解释；应确保人工智能决策的数据集、结果和过程的可追溯性，确保可被人类追踪和理解。[2]《算法责任与透明治理框架》提出，算法透明度是实现算法问责的前提。简短、清晰，且有助于公众理解算法的信息内容披露方为有效。然而，算法透明度并不要求对算法的每一个步骤、技术原理和具体细节进行解释，同样地，简单公开算法源代码也并不意味着有效的透明度，反而可能侵害个人隐私或影响技术安全应用。[3]

2020年底，欧盟《数字服务法案》将算法透明度与平台责任写入立法。法案对超大型平台使用算法推荐系统作出规制，要求使用清晰、易获取且可理解的语言向用户说明推荐系统的运行规则、采用参数，并赋予用户调整参数的权利。同时要求平台应当定期发布并向数据服务协调员和欧盟委员会提交审计报告，其内容包括风险评估、采取的风险控制措施等。在广告推荐方面，欧盟《数字服务法案》要求平台在向用户推送广告时，确保用户知道此为广告内容。具体而言，用户应当知道，这一展示的信息是广告，该广告是代表谁作出的，以及平台在作出广告推送时采用了哪些主要参数。对于超大型平台，《数字服务法案》要求在应用程序界面（API）发布广告相关信息，包括广告的内容、广告商家、广告持续时长、向特定人群推送广告所采取的参数、广告实际推送的人数等信息，对个性化广告透明度提出更高的要求。[4]

---

[1] 季卫东：“数据保护权的多维视角”，载《政治与法律》2021年第10期。

[2] See *Ethics guidelines for trustworthy AI*, available at https://digital-strategy.ec.europa.eu/en/library/ethics-guidelines-trustworthy-ai, last visited 22-05-2021.

[3] See *A governance framework for algorithmic accountability and transparency*, available at https://www.europarl.europa.eu/stoa/en/document/EPRS_STU(2019)624262, last visited 22-07-2021.

[4] See *Proposal for a Regulation on a Single Market For Digital Services*, available at https://ec.europa.eu/info/strategy/priorities-2019-2024/europe-fit-digital-age/digital-services-act-ensuring-safe-and-accountable-online-environment_en, last visited 22-07-2021.

第五章 人工智能时代欧盟个人数据保护的实践考察

此外，针对社交媒体定向服务带来的风险挑战，2021年4月，欧洲数据保护委员会专门发布《关于针对社交媒体用户提供定向服务的指南》。该指南指出，在社交媒体用户定向服务中，用户歧视、潜在操纵（包括购买行为、政治决策等）、监视、影响儿童个人偏好和兴趣养成等风险问题突出，主要原因在于个人数据处理缺乏透明度和用户缺乏控制权。在透明度方面，欧洲数据保护委员会指出，仅使用"广告"一词不足以让用户充分获知他们正受到定向广告监控的情况，如果社交平台分别基于目标用户在平台或网站上的在线行为建立档案，则应以易于理解的语言告知数据主体，向用户提供有关为建立此类档案而收集的个人数据类型的信息，并最终获取目标用户同意，进行目标定位和发送广告。社交平台应直接在屏幕上以交互方式向用户提供相关信息，并在适当或必要时通过分层通知提供相关信息。同时，欧洲数据保护委员会确定了三类关键角色，分别是用户、社交媒体服务提供者和定向者（向用户发送定向信息的自然人或法人），后两者被认定为GDPR第26条规定的"共同控制者"。双方有义务通过签署合同等方式，共同履行透明度、数据保护影响评估等数据保护义务。[1]

（三）自动驾驶：平衡个人数据保护和公共利益

根据《工业和信息化部关于加强车联网网络安全和数据安全工作的通知》，"智能网联汽车是搭载先进的车载传感器、控制器、执行器等装置，并融合现代通信与网络技术，实现车与车、路、人、云端等智能信息交换、共享，具备复杂环境感知、智能决策、协同控制等功能，可实现'安全、高效、舒适、节能'行驶的新一代汽车"。近年来，自动驾驶市场规模不断扩大，根据标普旗下IHS Markit咨询公司预测，到2025年全球市场搭载车联网功能的新车渗透率将达到60%，中国将达到75%。[2]自动驾驶能耗低、事故率低，能够有效提升道路交通的承载能力，具有极大的商业

---

[1] See EDPB, *Guidelines 8/2020 on the targeting of social media users*, available at https://edpb.europa.eu/our-work-tools/our-documents/guidelines/guidelines-82020-targeting-social-media-users_en, last visited 21-02-2022.

[2] 参见IHS Markit："演讲报告下载 | 中国智能网联市场发展趋势"，载SPGlobalMobility公众号，https://mp.weixin.qq.com/s/ZxQGEcN60FrQzqLMTzxXGA，最后访问时间：2022年3月20日。

价值和市场前景。

1. 自动驾驶应用中的风险挑战

从运行机理来看，自动驾驶汽车通过自身配置的雷达、立体摄像机等传感器采集汽车内部操作数据和外部环境数据，然后通过无线短距通信技术实时连通车辆之间、车与交通基础设施之间以及车与人之间的各类数据，包括但不限于车辆或行人的状态数据、定位数据、交通数据、天气数据等，以对周围交通环境进行监测并作出反映。[1]可见，自动驾驶离不开大规模数据收集和处理，其中既包括车辆位置、速度、障碍信息等形势和环境数据，也包括油耗、胎压、驾驶员注意力和疲劳度等状态和行为数据，还包括座位占用感应数据、车主手机 App 行程信息、音乐喜好等舒适度数据。[2]在这些类型多样、体量庞大的数据处理过程中，个人数据保护的新风险新问题也愈加突出。

一是可识别到个人的数据越来越多。法国《联网车辆和个人数据合规指南》通过列举与描述扩大了与联网车辆有关"个人数据"的范围："个人数据包括与所做的旅行、车辆部件的磨损、技术控制的日期、里程数和驾驶风格有关的数据，只要他们能与自然人联系起来，特别是通过车辆序列号和车牌号。"[3]欧盟协同智能交通系统（C-ITS）2016 年研究报告将协同智能交通系统（C-ITS）传输的数据分为协作感知信息（CAM）和非中心化环境警告信息（DENM）两种类型，认为这两类数据都具有"潜在的间接识别用户的可能性"，都属于个人数据的范畴。[4]德国汽车工业协会（VDA）和德国联邦及地区独立数据保护委员会（DSK）的 2016 年联合声明强调，如果车辆运行中产生的数据可以关联到车辆标识码或者车

---

[1] See Jeffrey K. Gurney, *Driving into the Unknown: Examining the Crossroads of Criminal Law and Autonomous Vehicles*, 5 Wake Forest Journal of Law & Policy 393-400 (2015).

[2] 郑戈："数据法治与未来交通——自动驾驶汽车数据治理刍议"，载《中国法律评论》2022 年第 1 期。

[3] 郑戈："数据法治与未来交通——自动驾驶汽车数据治理刍议"，载《中国法律评论》2022 年第 1 期。

[4] 张韬略、蒋瑶瑶："智能汽车个人数据保护——欧盟与德国的探索及启示"，载《德国研究》2019 年第 4 期。

第五章　人工智能时代欧盟个人数据保护的实践考察

牌，那么一定是个人数据。[1]因此部分性能数据和技术数据也可能成为个人数据。德国巴伐利亚州经济联合会（VBW）在2018年立场文件中重申了这个观点，并指出即便是车辆性能数据等技术数据，也有可能在被读取时产生个人数据相关性。

二是知情同意规则在自动驾驶场景下遭遇重大挑战。尽管自动驾驶厂商如特斯拉，通常在官网发布客户隐私政策，[2]披露收集的数据类型、数据处理方式、用户权利、安全等内容，但由于自动驾驶收集的数据可能涉及不同的个人数据主体，例如车主、司机、乘客、路人等，其中车主或司机等数据主体尚可能作出有效同意，但事先获得路人的同意并不现实。同时，鉴于自动驾驶技术的复杂性和动态性，即便获得用户同意，用户同意的有效性（如同意的具体形式、目的告知是否明确易懂等）亦难以保障，[3]任何要求中断连接以获得用户经过深思熟虑而后作出"同意"或"选择"都可能危及交通安全。[4]此外，由于每辆汽车之间都有可能互相传输数据，数据主体和数据控制者缺少一对一的互相识别，进而增加知情同意的难度。[5]

三是自动驾驶需要尽可能多的数据喂养和数据共享，提升安全性能，这与最小范围等个人数据保护原则产生冲突。自动驾驶交通系统的整体和决策都需要实时监测的环境数据并进行大数据计算。因此，每一辆汽车收集和处理的数据，不仅与自己这一辆汽车的运行相关，也关系到整个智能交通系统的运作。在这个意义上，自动驾驶的数据处理具有强烈的公共利益属性。"如果我们过于看重个人信息保护过程中的个人权益维度，忽视

---

[1]　VDA, Datenschutzrechtliche Aspekte bei der Nutzung vernetzter und nicht vernetzter Fahrzeuge, S. 1. 转引自张韬略、蒋瑶瑶："智能汽车个人数据保护——欧盟与德国的探索及启示"，载《德国研究》2019年第4期。

[2]　"客户隐私声明"，载特斯拉官网，https://www.tesla.cn/legal/privacy，最后访问时间：2022年2月21日。

[3]　解正山："数据驱动时代的数据隐私保护——从个人控制到数据控制者信义义务"，载《法商研究》2020年第2期。

[4]　See Ivan L. Sucharski et al. *Privacy in the Age of Autonomous Vehicles*, 73 Washington and Lee Law Review Online, 735-736（2017）.

[5]　张韬略、蒋瑶瑶："智能汽车个人数据保护——欧盟与德国的探索及启示"，载《德国研究》2019年第4期。

其他利益主体的声音与地位，就会或多或少地无视个人信息的正外部性，即整合起来能够促进公共利益的信息生产与处理活动。"[1]这使得自动驾驶领域对个人数据保护、数据自由流通、数据商业应用、交通系统的公共利益等各方面利益的权衡过程更为微妙和复杂。

2. 自动驾驶应用中平衡公共利益和用户权利

（1）知情同意问题。数据主体的知情同意是自动驾驶个人数据处理的焦点问题。在实际应用中，知情同意面临较大困境。第29条工作组指出，缺少数据主体和数据控制者的互相识别确实会加大企业合规难度，但这并不必然排除知情同意的适用。针对不同参与者的同意，应当特别注意不同的同意模式。例如，车主和车辆使用者的同意应被分别收集，并且为之提供撤回同意的途径。[2]美国联邦贸易委员会也在探索知情同意的创新模式，例如针对物联网场景，提出在物联网设备上开发视频教程，在设备上粘贴二维码，以及在设备销售点、设备的设置向导、设备的隐私仪表板中向消费者进行隐私政策的告知，并由消费者进行选择。[3]

此外，由于自动驾驶应用不仅涉及用户个人数据自主权问题，还关系到道路安全和交通效率。因此除数据主体知情同意之外，基于公共利益、为履行法定义务所必需、基于合同目的等皆可能成为数据处理的合法性基础。例如，德国于2021年7月通过《修订道路交通法和强制保险法的法律——自动驾驶法》，[4]该法在"数据处理"章节中规定，自动驾驶车主有义务存储行驶数据、操作数据等，特别是与出现事故或异常有关的数

---

[1] 胡凌："功能视角下个人信息的公共性及其实现"，载《法制与社会发展》2021年第5期。

[2] See Article 29 Data Protection Working Party, *Opinion 03/2017 on Processing personal dara in the context of Cooperative Intelligent Transport Systems（C-ITS）*, available at https://ec.europa.eu/newsroom/article29/items/610171, last visited 22-02-2022.

[3] Federal Trade Commission. Internet of things：Privacy & security in a connected world, available at https://www.ftc.gov/system/files/documents/reports/federal-trade-commission-staff-report-november-2013-workshop-entitled-internet-things-privacy/150127iotrpt.pdf, last visited 22-02-2022.

[4] See Gesetz zur Änderung des Straßenverkehrsgesetzes und des Pflichtversicherungsgesetzes-Gesetz zum autonomen Fahren, available at https://www.bgbl.de/xaver/bgbl/start.xav?startbk=Bundesanzeiger_BGBl&start=//*[@attr_id=%27bgbl121s3108.pdf%27]#bgbl%2F%2F*%5B%40attr_id%3D%27bgbl121s3108.pdf%27%5D__1641381743887., last visited 23-02-2022.

据,并向监管机构和交通基础设施公司提供相关数据。同时,明确了监管机构、交通基础设施公司有权收集、使用和存储上述数据,只要这些数据是监测自动驾驶汽车安全运行所必需。但与此同时,该法明确了数据处理的目的限制原则,以及当正当目的事由消失后应当"毫不拖延"地删除数据,因司法原因最迟不得超过诉讼时效届满后。

(2)数据分级分类问题。过于严苛的保护不利于尚处于发展期的自动驾驶行业的生存与进步,因此"分级分类"思维成了重要的平衡手段。2018年德国巴伐利亚州经济联合会(VBW)的《智能汽车:数据保护与数据安全》立场文件提出需要区分"什么是实现安全和功能所必需的数据"和"什么是为了舒适度或其他服务而额外产生的数据"。德国汽车工业协会(VDA)《2014年联网汽车数据保护原则》将自动驾驶汽车数据分成六个类别:一是法律规定的数据处理,如在发生严重交通事故时,需要向当地应急部门提供的位置数据、安全气囊数据、车速数据等;二是合同约定的服务数据,如远程定位、远程维修数据等;三是驾驶员相关的数据,如舒适的座椅角度、导航目的地等;四是汽车生成并向驾驶员展示的汽车数据,如油耗数据;五是汽车产生的汇总数据,如平均速度数据;六是汽车产生的技术数据,如各类汽车组件的运行数据。同时,该标准将每类数据分成了"与数据保护无关、与数据保护关系弱、与数据保护关系中等、与数据保护关系强"四个级别。[1]

在场景方面,欧洲数据保护委员会《车联网个人数据保护指南》针对汽车盗窃、事故防范等应用场景,分别分析了不同场景下个人数据处理涉及的法律依据、数据类型、数据保存期限、数据主体权利实现路径等内容。法国《联网车辆和个人数据合规指南》则将情景区分为三种情形。一是"IN→IN",车辆收集的数据保存在车辆中,而不传输给服务提供商。在这种情况下,仅需要保证数据主体拥有便捷的知情、访问、拒绝、删除的权利,默认不启用与车辆定位等有关的功能。二是"IN→OUT",车辆

---

[1] 德国汽车工业协会(VDA):"一文读懂德国汽车工业协会网联汽车数据保护原则和方案",载《智能网联汽车》2018年第1期。

收集的数据将传输到外部，但不触发车辆自动操作，而是为数据主体提供辅助性服务。该合规包列举了四种场景并提供合规指导：以模型优化和产品改进为目的的，需要对数据进行匿名化、加密化、最小化；以事故调查和打击盗窃为目的的，需要征得数据主体同意；以商业使用为目的的，需要以特定服务合同为依据，且与销售合同分开；以紧急呼叫为目的的，需要遵守法律义务。此外还分别规定了储存期限等。三是"IN→OUT→IN"，车内收集的数据被传输到外部以触发车内的自动操作。这种情况需要有签署的合同，保证主体的知情、拒绝等权利，并且只能收集"绝对必要"的数据。[1]

（3）通过技术处理降低个人数据处理风险。自动驾驶数据安全需要借助技术手段实现。就实现的技术手段而言，欧盟和德国各界都强调数据加密和构建可信赖的认证机制。第29条工作组在《智能交通协作系统场景中的个人数据处理意见》中提出了几种可能的减少数据重新识别风险的技术手段，包括：改进KPI证书机制（例如以一定的频率更换证书），允许短途追踪而防止长途追踪；调整CAM信息交换的频率以防止追踪和识别；强调数据最小化原则以减少重新识别的风险并提供补救措施（例如当有重新识别风险时添加干扰数据）。[2]

总体来看，欧洲在自动驾驶市场上抢占先机的需要，与个人数据高标准保护的传统，已经成为欧洲自动驾驶发展的主要矛盾。有学者对于自动驾驶个人数据保护中的"数据最小化"原则提出了质疑。"鼓励技术创新、探索改变现状的智能出行方式等公共利益考量应当占据主导地位。""在这个阶段，我们并不清楚为实现自动驾驶功能而需要的'最小必要'数据是哪些和多少，因此需要采集所有技术上必要的、不属于隐私和敏感个人数

---

〔1〕 See CNIL, véhicules connectés et données personnelles, available at https://www.cnil.fr/fr/vehicules-connectes-un-pack-de-conformite-pour-une-utilisation-responsable-des-donnees, last visited 24-02-2022.

〔2〕 See Article 29 Data Protection Working Party, *Opinion 03/2017 on Processing personal dara in the context of Cooperative Intelligent Transport Systems（C-ITS）*, p. 7, available at https://ec.europa.eu/newsroom/article29/items/610171, last visited 22-02-2022.

据的数据,从而为日后澄清和厘定'必要'数据的边界提供数据支撑。""在自动驾驶状态下,数据冗余是实现安全驾驶的前提条件。"[1]当前,无论是欧洲数据保护委员会出台的《车联网个人数据保护指南》,还是法国CNIL发布的合规包,都是在自动驾驶领域对GDPR规则的落实与执行意见。归根结底均是落实GDPR确立的数据最小化等原则,必须具有数据主体同意等合法性基础,以及保障数据主体的知情权、拒绝权等权利。总体来说,仍然延续了欧洲在个人数据保护方面严格的特征。

近期,欧洲议会人工智能特别委员会(AIDA)《关于数字时代人工智能的报告》指出,欧盟数据战略存在规则模糊、不统一等问题,欧盟人工智能开发人员面临着巨大的数据挑战,他们通常缺乏多样化和高质量的训练数据,难以适应严格的数据保护规则,并受到跨境数据流动限制的影响。因此,如何在实践中适用个人数据保护法,更好地化解技术发展和个人权利保护间的冲突,是当下欧盟能否把握人工智能机会窗口面临的急迫议题。

---

[1] 郑戈:"数据法治与未来交通——自动驾驶汽车数据治理刍议",载《中国法律评论》2022年第1期。

第六章
人工智能时代个人数据保护的未来制度构建

在新技术快速迭代中,围绕数据的法律和社会关系急剧变动,理论基础和制度工具均在摸索中前进。通过对欧盟个人数据保护的实践考察发现,"基于风险"的规制路径、多元合作治理的思路对个人数据保护起到积极作用。但强化个人自决仍然是欧盟个人数据保护的核心方向,在这种模式下,数据主体除了面临认知困境(隐私政策的信息不对称),还面临结构问题(规模问题、结合问题、评估损害问题等)。[1]在数字经济发展需求下,利用行为规制化解个人支配困境,通过利益衡量对个人数据利益进行公平分配,并引入政府远距离监管,注重合作对话的元规制模式,成为个人数据保护未来制度构建的可行路径。

一、人工智能时代欧盟个人数据保护路径反思

人工智能时代,数据和算法成为驱动各国数字经济发展的重要动能。伴随数据生产机制的日益复杂化、个人数据的利益分配机制不清、各主体间力量悬殊等因素,使得以个人自决为核心的欧盟数据保护机制受到质疑。在数字化转型战略背景下,个人数据保护如何与数字经济发展有效平衡,是否应当坚守个人自决的价值理念,成为各国共同面临的重大命题。

(一) 欧盟个人数据保护法的全球影响

在全球个人数据保护领域,欧盟 GDPR 为全球数字经济发展和个人权利保护树立了标尺。联合国秘书长安东尼奥·古特雷斯指出,GDPR 建立了一个供他国参照的范本,同时敦促欧盟及其成员国继续引领数字时代的转型,扮演科技创新与监管的关键角色。欧洲数据保护委员会在 GDPR 实施报告中指出,"GDPR 的作用正向欧盟范围之外辐射。从智利到日本,从巴西到韩国,从阿根廷到肯尼亚,我们看到新的数据法不断涌现,并逐步

---

[1] Daniel Solove, *Privacy Self-Management and the Consent Dilemma*, 26 Harvard Law Review, (2013).

建立在独立监管机制和可执行的个人权利之上"。[1] 总体来看，GDPR 的全球影响得益于以下三个方面。

第一，GDPR 的示范效应可归因于充分性认定条款。GDPR 第 45 条规定，欧盟委员会将评估域外国家是否具备与欧盟同等保护水平，通过评估的域外国家可进入欧盟"白名单"，具备与欧盟跨境数据传输的资格。在该制度约束下，第三方国家纷纷参照欧盟框架加快国内立法，以期实现欧盟同等数据保护水平。例如，韩国在 2020 年通过了《个人信息保护法》修正案，并对此前的个人信息监管机构作出职能调整，于 2021 年 3 月获得欧盟充分性认定。[2] 我国于 2021 年 8 月通过了《中华人民共和国个人信息保护法》，在适用范围、处理规则、个人权利和义务等方面均借鉴了 GDPR 有关内容。正如学者格雷厄姆·格林利夫教授所指出的，凭借 GDPR 第 45 条设定的"充分性认定"条款和 2018 年 5 月 18 日欧洲委员会提出的"108 号公约+"动议，欧盟将 GDPR 的标准推广至全世界，意图确立个人数据保护的"国际标准"。[3] 在 GDPR 影响下，美国《加利福尼亚州消费者隐私法案》、印度《个人数据保护法》等立法相继出台，积极回应了公众对数据处理透明度的期待，并赋予公众对个人数据更多控制权。

第二，GDPR 的全球影响建立在"长臂管辖"制度之上。GDPR 规定，数据控制者营业地不在欧盟境内，但向欧盟境内的数据主体提供商品或服务，或对数据主体实施跟踪监测、数据画像等监控行为的，也在 GDPR 管辖范围内。这一"长臂管辖"制度使得 GDPR 对众多跨国公司形成强大威慑力。德勤（Deloitte）在 GDPR 实施半年后的调查报告中指出，在欧盟地域内，70% 的被调查者增设了 GDPR 合规岗位，而欧盟境外的被调查者同

---

[1] See European Commission, *General Data Protection Regulation*: *one year on*, available at https://ec.europa.eu/commission/presscorner/detail/en/IP_19_2610, last visited 31-05-2022.

[2] See European Commission, *Data protection*: *European Commission launches the process towards adoption of the adequacy decision for the Republic of Korea*, available at https://ec.europa.eu/commission/presscorner/detail/en/ip_21_2964, last visited 31-05-2022.

[3] Graham Greenleaf, Global data privacy laws 2019: New eras for international standards, 157 Privacy Laws & Business International Report, 19-20, 2019.

样不敢掉以轻心,其比例仅仅落后 1 到 2 个百分点。[1] IAPP 发布的一份"GDPR 三周年"的图表显示,相比 GDPR 实施之初,在 2021 年 5 月,隐私技术供应商数量由 192 个增加至 355 个。[2] 同时,GDPR 塑造了各大跨国企业的隐私文化。GDPR 将组织内部的数据隐私配置提升为"C-Suite 优先",并促进许多隐私计划,从采用打钩式合规到通过设计和问责制创建隐私文化。例如,IBM 首席隐私官克里斯蒂娜·蒙哥马利结合企业实践表示,IBM 不只是从法律合规性,还通过更广泛视角来考察 GDPR,通过技术投资与集中治理相结合,将公司的首席隐私官从被动式领导转变为主动式领导。其首席隐私团队已不仅是纯粹的法律职能部门,还嵌入业务中,与首席数据官、安全业务部门、政策团队以及人工智能道德委员会携手,使 IBM 能够在隐私和技术伦理两个维度上发展。

第三,GDPR 的全球影响体现了欧盟"布鲁塞尔效应"(Brussels effect)。"布鲁塞尔效应"由哥伦比亚大学法学院阿努·布拉德福德提出。欧洲既是科技世界的侏儒,也是巨人。欧洲拥有许多顶尖技术,但几乎没有重要的数字平台。在全球 70 个最大的数字平台总市值中,欧洲仅占不到 4%(美国占 73%,中国占 18%),与此同时,欧洲又是一个巨大的市场,没有哪个科技巨头能忽视它。上述组合催生出"布鲁塞尔效应"。根据该理论,消费市场规模越大,企业越可能遵守该市场标准。欧盟拥有 5 亿多人口规模和人均 4 万多美元的人均国内生产总值,拥有比美国更庞大的消费市场,比中国更富裕的消费群体。对许多企业而言,进入欧盟市场的好处远大于合规成本。虽然国际合作式微,但会有越来越多的科技巨头接受欧盟为全球科技行业制定规则的事实。欧盟将按照自己的价值观塑造世界,它通过颁布法律来塑造国际商业环境、提升全球各行业标准,从而使全球贸易各方面欧洲化;更想方设法在各个方面制定规则,如数据隐私、消费者的健康和安全、环境保护、反垄断和在线仇恨言论等方面。"布鲁塞

---

[1] See Deloitte, *A New Era for Privacy*:*GDPR Six Months on*, available at https://www2.deloitte.com/uk/en/pages/risk/articles/gdpr-six-monthson.html,last visited 31-05-2022.

[2] See IAPP, *GDPR AT THREE*, available at https://iapp.org/resources/article/gdpr-at-three/, last visited 31-05-2022.

尔效应"的作用会持续下去，将欧盟对全球标准的领导权延续到可预见的未来。

GDPR 关于个人数据保护的理念与实践正影响着诸多跨国企业的隐私策略，在世界范围内显著推动了个人数据保护规范的提升与发展。在未来一段时间，GDPR 将继续发挥个人数据保护立法的规范效应，并将在大型平台数字服务的算法透明度、数字市场竞争规制、识别新技术应用中个人数据处理风险、个人数据权利的落地性以及探索个人数据跨境全球图谱等方面，引领各国政府和平台企业的个人数据保护发展方向。

（二）欧盟个人数据保护对数字创新的阻滞

以个人数据驱动的新兴商业模式是数字经济急速增长的关键，同时，个人数据利用对消费者也有巨大的积极效益，这决定了个人数据保护与利用之间的天然平衡需求。欧盟委员会对 GDPR 的评估报告认为，GDPR 的实施使得欧盟数据保护趋于统一和现代化，并引领了全球的数据保护热潮。更高的数据保护标准和用户信任，更有利于欧盟在数字经济中塑造独特的竞争优势。[1]然而，GDPR 的高额处罚措施和严监管态势，使得 GDPR 自诞生以来即备受争议，GDPR 被认为将极大阻碍和影响世界互联网的进步和发展。

在 GDPR 正式实施之际，美国国家经济研究局发布的《GDPR 对科技创业投资的短期影响》指出，通过对 GDPR 给欧洲科技行业带来负面影响的实证分析发现，在 GDPR 实施后的一年内，欧盟部分科技业务市场份额下降，尤其是广告业受到重创。许多广告平台和发布商的欧洲广告需求量下降了 25%到 40%，一些美国广告发布商甚至关闭了在欧洲市场的所有程序化广告。[2]2018 年 8 月路透社新闻研究所发布的报告显示，GDPR 实施

---

[1] See *Data Protection Rules as a Trust-enabler in the EU and Beyond-taking Stock*, available at https://ec.europa.eu/info/sites/default/files/aid_development_cooperation_fundamental_rights/aid_and_development_by_topic/documents/communication_2019374_final.pdf, last visited 28-02-2022.

[2] See *The Short-run Effects of GDPR on Technology Venture Investment*, available at https://www.nber.org/system/files/working_papers/w25248/w25248.pdf, last visited 28-02-2022.

后，许多欧洲新闻网站上的第三方内容和 Cookies 的普及率下降。[1]美国智库信息技术和创新基金会（ITIF）发布《GDPR 实施一年以来的影响》报告，通过调研发现，GDPR 立法"损害了欧洲科技创新公司，同时降低了数字广告的行业竞争力"。[2]

GDPR 在降低市场份额的同时，还导致数字市场向大型平台进一步集中，中小企业受到更严重的打击。牛津大学三位经济学家在 2022 年 3 月的一份实证研究表明，总体而言，受 GDPR 约束的欧洲企业的利润平均下降8.1%，且主要负担落在中小企业身上，它们的利润平均下降了 8.5%，大型企业的平均利润下降了 7.9%。在信息科技领域，小公司的利润平均下降了 12.5%，而该领域大公司利润下降幅度最小，只有 4.6%。值得注意的是，对于 Facebook、Apple Inc.、Google 等大型科技公司，无论是对利润还是销售额，都没有重大影响。相反，规模较小的公司在销售额和利润方面都受到了不成比例的不利影响。[3]以广告行业为例，在 GDPR 实施后，Google、Facebook 等大型平台的竞争力进一步增强。从整体市场来看，Google、Facebook 等市场份额上升，占据了 75%左右的数字市场份额。相比中小平台，广告主更倾向于在大型平台投放广告，以确保数字广告投放的合规性，这对中小平台的竞争力带来较大打击。

同时，GDPR 的严监管态势对创新投资产生阻吓效应。2018 年 11 月，美国国家经济研究局发布的《GDPR 对科技创业投资的短期影响》指出，GDPR 将对风险投资交易数量、规模、投资总额带来显著负面影响，尤其是那些从天使投资转向风险资本的新兴企业受影响最大。从 2017 年 7 月到

---

〔1〕 See *Changes in Third-Party Content on European News Websites after GDPR*, available at https://reutersinstitute.politics.ox.ac.uk/ourresearch/changes-third-party-content-european-news-websites-after-gdpr, last visited 28-02-2022.

〔2〕 See *What the Evidence Shows About the Impact of the GDPR After One Year*, available at https://datainnovation.org/2019/06/what-the-evidence-shows-about-the-impact-of-the-gdpr-after-one-year/, last visited 01-03-2022.

〔3〕 See Carl Benedikt Frey, Giorgio Presidente, *The GDPR effect: How Data Privacy Regulation Shaped Firm Performance Globally*, available at https://voxeu.org/article/how-data-privacy-regulation-shaped-firm-performance-globally, last visited 01-03-2022.

2018年9月，GDPR使得众多担心法律合规风险的企业暂停欧洲服务，造成中小企业陷入融资困境，降低了欧洲市场活跃度，交易数量和私募资金数量明显下降（分别减少了17%和40%），在短期内削弱了欧盟数字经济的竞争力。2022年5月美国国家经济研究院报告显示，GDPR已经扼杀Google应用商店上近三分之一（32.4%）的应用程序，而新的安卓应用程序开发由于巨额罚款风险而减少了一半。[1] SGI通过考虑总体政策框架、研发支出、专利和研究人员数量等因素，对发达国家的研究和创新表现进行评级。根据这些指标，欧盟国家的平均得分仅为5.2，而美国为7.4，日本为7.6。[2]

此外，GDPR对人工智能等新技术发展带来一定负面影响。以人工智能为例，美国数据创新中心2018年发布了《欧盟新数据保护条例对人工智能的影响》报告，从十个方面论述了GDPR对人工智能产业发展的负面影响。例如，GDPR第22条规定数据控制者对自动化决策进行人工干预和解释的义务，而在深度学习算法场景下，很难充分实现算法解释。再如，"被遗忘权"将破坏AI系统的完整性。最后，虽然GDPR规定了匿名化和假名化数据的例外，但并未明确标准，在严苛的监管处罚面前，很大程度上削弱了企业利用技术措施进行匿名和假名化处理的积极性，限制了数据合法使用的范围。尽管欧盟大力推动数据战略和开发利用政策，但仍受限于GDPR的保护规则。例如，在《非个人数据自由流动条例》中，对包括个人和非个人数据的混合数据集，要求进行区分处理，如难以区分的，则统一遵照GDPR的规定。实践中，数据集的分离通常是很困难的，因此成为大量公司不愿共享数据的理由。2022年欧盟人工智能报告指出，欧盟人工智能开发人员面临的数据挑战是其美国和中国同行都没有的，由于难以适应严格的数据保护规则，他们往往没有足够的高质量数据来训练

---

〔1〕 See *GDPR and the Lost Generation of Innovative Apps*, available at https://www.nber.org/system/files/working_papers/w30028/w30028.pdf, last visited 01-03-2022.

〔2〕 See Craig J. Willy, *Europe's tech race-trying to keep pace with US and China*, available at https://euobserver.com/opinion/142056, last visited 02-03-2022.

算法。[1]

在用户感知方面,GDPR 对数据主体的保护效果也并未受到广泛认同。在英国数字、文化、媒体和体育部(DCMS)委托进行的一项 2020 年英国企业调查中发现,50% 的受访者认为,GDPR 导致员工在处理数据时过于谨慎。[2] 2022 年 1 月,IAPP 在针对《GDPR 对爱尔兰组织的影响调研报告》中指出,2022 年,认为遵守 GDPR 有利于个人的用户下降了 14 个百分点(83% 至 69%);认为遵守 GDPR 会给组织带来过重行政负担的比例上升了 16 个百分点(53% 至 69%);认为遵守 GDPR 有利于组织与其客户和其他利益相关者长期关系的比例下降了 5 个百分点(76% 至 71%)。[3]

意识到 GDPR 对数字经济的负面影响,2022 年 6 月,英国拟发布《数据改革法案》,旨在改革英国根据 GDPR 确立的数据保护法。相关咨询文件指出,欧盟 GDPR 为企业带来沉重负担,且不适宜 21 世纪的数字经济发展;希望创建一个减少企业负担、有利于创新友好的数据保护制度。实际上,欧盟也开始对以 GDPR 为核心的数据制度框架进行反思,试图兼顾数字经济发展的需求,在厘清数据产权关系的基础上充分发掘数据的商业价值。[4]《数据治理法案》《数据法案》的推进体现了欧盟对于数据经济价值的重新定位和审视,如何更好地平衡数据使用和数据保护,也成为欧盟下一步数据治理实践的重大课题。

(三)利益衡量作为个人数据利益分配的底层逻辑

伴随新技术快速迭代应用,数字经济成为继农业经济、工业经济之后

---

[1] See DRAFT REPORT on Artificial Intelligence in a Digital Age [2020/2266(INI)] Special Committee on Artificial Intelligence in a Digital Age, available at https://www.europarl.europa.eu/doceo/document/AIDA-PR-680928_EN.pdf, last visited 02-03-2022.

[2] See Impact of the GDPR on Cyber Security Outcomes Final Report, available at https://assets.publishing.service.gov.uk/government/uploads/system/uploads/attachment_data/file/9066 91/Impact_of_GDPR_on_cyber_security_outcomes.pdf, last visited 03-03-2022.

[3] See A survey of the impact of GDPR and its effect on organisations in Ireland, available at https://iapp.org/resources/article/a-survey-of-the-impact-of-gdpr-and-its-effect-on-organisations-in-ireland/, last visited 03-03-2022.

[4] 季卫东:"数据保护权的多维视角",载《政治与法律》2021 年第 10 期。

的重要经济形态。数字经济发展速度之快、辐射范围之广、影响程度之深前所未有，正推动生产方式、生活方式和治理方式深刻变革，成为重组全球要素资源、重塑全球经济结构、改变全球竞争格局的关键力量。[1]据测算，2020年全球数字经济增加值规模达到32.6万亿美元，数字经济占GDP比重为43.7%，数字经济成为提振全球经济的关键力量。[2]在这一背景下，个人数据的属性和价值也发生重大变化，体现出越发复杂的利益形态。

个人数据不仅与个人人格利益有关，同时对企业的技术创新、商业模式创新及政府的治理方式创新均是至关重要的。[3]社会的数智化转型发展出一种超大规模、超复杂的经济关系，我们对数据的控制也从"所有、占有、支配"向"共建、共享、共有"转型。[4]从生产性视角出发，个人数据不是自然生成的或既有的固定不变的事物。在商业化领域，互联网平台通过提供免费服务汇聚海量用户数据，并投入极大的成本进行数据的清洗加工、挖掘运算，进而产生财产性价值。互联网平台对数据的利用和交易可能落入《中华人民共和国宪法》第13条财产权保护范围之中。[5]与此同时，用户在平台活动中的参与度不断提高，从用户的点赞、评论、转发，到自动驾驶行为数据，再到图片视频制作上传、内容直播等内容生产，均体现了用户的数字劳动，催生了"产消者"这一新兴互联网角色，使得平台和用户间表现出共同投入、深度合作的双向动态结构特点。[6]

从更广泛的视角来看，个人数据也代表着公共利益，是人工智能时代的重要社会资源。人工智能发展与数据之间存在显著的正比例关系：数据

---

[1] 参见《"十四五"数字经济发展规划》。

[2] "全球数字经济白皮书——疫情冲击下的复苏新曙光"，载中国信息通信研究院，http://www.caict.ac.cn/kxyj/qwfb/bps/202108/P020210913403798893557.pdf，最后访问时间：2022年3月4日。

[3] 郭春镇、马磊："大数据时代个人信息问题的回应型治理"，载《法制与社会发展》2020年第2期。

[4] 参见齐延平："数智化社会的法律调控"，载《中国法学》2022年第1期。

[5] 张翔："个人信息权的宪法（学）证成——基于对区分保护论和支配权论的反思"，载《环球法律评论》2022年第1期。

[6] 参见包晓丽、熊丙万："通讯录数据中的社会关系资本——数据要素产权配置的研究范式"，载《中国法律评论》2020年第2期。

质量越好、规模越大，人工智能的功能就越强、预测精确度也就越高。数据的规模和质量与人工智能的预测能力呈正比例关系。[1]如果不采购和编译大规模数据集，就无法赢得人工智能领导力的竞争。[2]过度强调隐私权和个人数据保护，将妨碍数据的大规模收集和应用，从而妨碍以数据为养料的人工智能系统以及智慧网络化社会的快速成长。[3]从全球来看，数据的地缘政治影响愈加突出。在经济利益和民族主义冲动的驱动下，各国政府正越来越多地制定关于数据如何在全球范围内传输的规则和标准，以维护本国"数字主权"。个人数据之上也承载着国家安全和国家利益。

总体来看，个人数据领域的利益并不是单一的，而是多样化利益的复合。[4]数据利益是由多领域、多主体、多属性的利益重叠交叉的复杂的保护利益。由于个人数据所承载的利益复杂性，无论是欧盟基本权利层面的人格权保护，还是集体层面的风险规制理论，都不足以化解人工智能时代数据利益划分的新问题和新需求。在个人数据处理中，个人数据利益的合理、高效和公平分配，逐步成为个人数据保护的重要底层逻辑。

法律的主要作用之一就是调整及调和种种相互冲突的利益，无论是个人的利益还是社会的利益。[5]各方的行为都是基于其利益推动的，从行为治理的角度，法律须在无限需求和有限资源之间寻找平衡点，并对横向、纵向不同领域与位阶的利益进行合理安排，从而形成促进发展的最佳机制。对于互相冲突的利益，首先综合社会调查、历史考察、归纳演绎等实证方法对特定场景个人数据法律关系的发生、运行进行分析。依据利益位阶标准进行判定，通常而言，人身利益优于财产利益，公共利益优于群体

---

[1] 参见季卫东："数据、隐私以及人工智能时代的宪法创新"，载《南大法学》2020年第1期。

[2] See Jessica Dawson, Tarah Wheeler, *How to Tackle the Data Collection behind China's AI ambitions*, available at https://cset.georgetown.edu/article/how-to-tackle-the-data-collection-behind-chinas-ai-ambitions/, last visited 04-03-2022.

[3] 丁晓东："什么是数据权利？——从欧洲《一般数据保护条例》看数据隐私的保护"，载《华东政法大学学报》2018年第4期。

[4] 金耀："数据治理法律路径的反思与转进"，载《法律科学》2020年第2期。

[5] [美] E. 博登海默：《法理学 法律哲学与法律方法》，邓正来译，中国政法大学出版社1999年版，第398页。

利益和个人利益。利益位阶标准不应机械运用，在必要时应综合其他标准和因素。同时，应遵循数据公平分配原则，结合数据价值产生过程，按照贡献度大小确定各方的利益分配额度。[1]具体来看，应结合具体场景进行动态判断，例如在人脸识别应用中，用户对生物识别数据具有更高的人格利益期待。而在自动驾驶场景下，车企对汽车数据具有较大的预期收益，且汽车数据对于自动驾驶技术迭代和公共安全具有重要价值，因此在个人数据应用立法中，更加注重个人数据的公共价值释放。此外，应考量社会伦理观念、社会秩序、成本—收益的法经济学分析等予以综合判断。[2]

（四）元规制模式下的个人数据保护进阶

考察欧盟个人数据保护实践发现，监管资源已不足以应对人工智能等新技术广泛应用带来的风险挑战。在新技术治理中，监管部门存在明显的信息劣势，以算法推荐为例，监管人员难以全面了解算法带来的潜在问题，无法确定或衡量规制命令的目标。类似的情形也曾出现在食品安全、环境保护、核能风险规制等领域。托依布那认为，问题解决之道不在于追求由市场控制的放松规制路线，而应采取更为复杂、抽象和间接的规制干预形式，即"对自我规制的控制"，也称"反身法"或"元规制"（Meta-Regulation）。[3]

元规制介于政府规制与自我规制之间，是由外部规制者有意促使规制对象本身针对问题作出内部式的、自我规制性质的回应。[4]一般认为，当规制者缺少必要的资源或信息，无法设计合理的规则来限制规制对象的裁量权时，或当规制问题过于复杂，或处于动态演进之中时，更适合选用元

---

[1] 包晓丽："二阶序列式数据确权规则"，载《清华法学》2022年第3期。

[2] 张涛："个人信息权的界定及其民法保护——基于利益衡量之展开"，吉林大学2012年博士学位论文。

[3] Teubner G., *Juridification of Social Spheres*: *A Comparative Analysis in the Areas of Labor, Corporate, Antitrust and Social welfare law* (W. de Gruyter, 1987).

[4] [英]罗伯特·鲍德温、马丁·凯夫、马丁·洛奇编：《牛津规制手册》，宋华琳等译，上海三联书店2017年版，第167页。

规制。在这种模式下，监管机构利用被规制者的信息优势，赋予被规制者一定的裁量空间设定自身的内部管理规范，规制者仅对这种规范实施监督。规制者保持着较低水平的、必要的规制干预，以确保实现预期目标，同时保留进行更大干预的能力，如更严格的执法或引进更具干预性的制度。这种规制模式是政府与私法主体进行合作实现的一种规制形态，其真实图景是公权力机构和私法主体的合作、互动过程。2019年ICO针对个性化广告发布的报告指出，将与主要利益相关方（如广告领域行业组织IAB Europe、Google等）的互动活动作为重要建议举措，建议与利益相关方进行有针对性的沟通，建议平台重新评估用户通知方法，数据使用的合法性基础等内容，并及时向ICO通报情况，并在六个月后进行进一步行业审核。

可见，相比传统规制模式，元规制的优势在于更加灵活、有效，对市场情形更为敏感，被规制者有更大的遵守意愿，同时有助于削减政府和企业成本。元规制的关键挑战在于如何确保数据控制者运用被赋予的裁量权，去实现公共规制目的而非自身的私人利益。除了高额罚款，来自科层的正面激励措施同样有助于实现元规制的效力，如减免税收、公共认可。政府监督并不是元规制的唯一调控机制，市场机制的刺激和参与社群的考虑也同样带来压力，较为典型的如企业声誉或"社会运营许可"等。

二、构建全面精细化的行为规范体系

个人数据立法保护功能的发挥，重点应落在对行为规范体系的完善与有效执行上。行为规范体系既是个人数据处理者的具体行为指引，也是当事人和管理者据以判断处理活动是否合法合规的具体标准。[1]结合欧盟实践，应注重超大型平台和中小企业间的区分保护，确立精细化、具体化的行为规范，并充分发挥反垄断法、合同法等立法与个人数据保护间的协调作用。

---

[1] 龙卫球："《个人信息保护法》的基本法定位与保护功能——基于新法体系形成及其展开的分析"，载《现代法学》2021年第5期。

(一) 超大型平台的特殊个人数据保护义务

充分调动超大型平台等数据控制者强化内部治理，是未来个人数据保护的重要发力点。网络空间与现实社会最大差别在于网络空间的基本支撑主体是众多的互联网服务提供商或者中间平台。[1]其中，头部应用程序分发平台、操作系统、电商平台、社交平台等超大型平台，在个人数据保护中担当着关键角色。

从马克思主义的社会生产理论出发，在数字经济的社会生产当中，超大型互联网平台是多种主体角色的叠加与重合。第一，超大型平台首先是一个市场主体。平台是数据生产要素的提炼者和加工者。如果把数据比作农作物，平台扮演的角色则是收割机和农作物研磨加工厂，平台将用户整合为结构化数据库，出售或投放定向广告。在这一过程中，平台隐形占有和控制生产资料和劳工，通过知情同意免费占有数据，而用户的观看、点赞、评价、内容制作都是实质上的数字劳动，用户成为被培养、被处理、被消费的生产资源。数字产品、网络广告、佣金等成为平台的主要收入来源。[2]第二，超大型平台是双边或多边市场。平台连接多方资源，基于跨边网络效应，平台对交易和市场秩序的控制力远远高于商场连锁超市。平台通过保护竞争、管制价格、监控质量、披露信息等方式，事实上承担着维护网络市场秩序、保障用户权益的公共职能，其公共性日益凸显。[3]第三，超大型平台还成为数字经济的基础设施。平台提供硬件终端操作系统、基础通信设施、软件行业标准、金融交易所。而没有技术能力的小型平台只能接入大型平台，如商家、微信小程序、供应链等。"一些大型平台控制着数字经济中的重要生态系统。他们成了数字市场中的守门员，并具备了担任私主体规则制定者的能力。"[4]

---

[1] 周汉华："论互联网法"，载《中国法学》2015年第3期。

[2] 刘权："网络平台的公共性及其实现——以电商平台的法律规制为视角"，载《法学研究》2020年第2期。

[3] 周辉：《变革与选择 私权力视角下的网络治理》，北京大学出版社2016年版，第3~6页。

[4] See EU Commission: The Digital Services Act package, available at https://digital-strategy.ec.europa.eu/en/policies/digital-services-act-package, last visited 05-03-2022.

第六章　人工智能时代个人数据保护的未来制度构建

在这一背景下，一方面，超大型平台的数据处理风险尤为突出。对海量数据的深度挖掘分析、大型数据中心的泄露、因业务需求的大量数据跨境流动等，均可能对经济社会、政治安全等带来严重影响。另一方面，超大型平台通过规则制定、技术配置等直接影响中小平台、商家的个人数据使用规范。"它们不是在反映而是在塑造社会规范。"[1]此外，在监管资源匮乏的情况下，超大型平台更有可能借助技术优势逃逸监管。基于此，对超大型平台设定特殊合规义务，符合经济上的合理性和权责一致理论，推动自我规制和内部治理，体现功能适当原则，[2]更有助于改善个人数据保护实效。在美国2022年《数据隐私和保护法案》等联邦立法中，均对大型数据持有者行为体现出特殊关切，规定了更为严苛的特殊主体义务。

具体来看，首先，应对超大型平台进行明确界定，考察和细化判定指标。当前，竞争、内容治理、算法治理等领域的网络平台分级分类划分已成为重要趋势。例如欧盟《数字服务法案》将平台分为四类，将月活用户覆盖欧盟10%以上人口（约4500万）的平台界定为超大型平台（Very Large Online Platform），从市场规模（如年营业额或平均市值）、月活终端用户或年活企业用户，以及是否有持久牢固地位三大量化指标对"守门人"（Gatekeeper）加以界定。[3]《中华人民共和国个人信息保护法》中也将提供基础性互联网平台服务、用户数量巨大、业务类型复杂的个人信息处理者认定为超大型平台。其次，应明确特殊义务的具体内容设计。一方面，应通过技术嵌入、规则制定等对平台内部小程序、商家、用户等处理个人数据进行监测、引导和必要处罚，同时避免数据违规共享、泄露。例如在剑桥分析事件中，Facebook未对小程序违法收集用户数据行为进行监测，存在技术漏洞，导致用户数据被大量滥用。同时，建立畅通的投诉受理和

---

〔1〕 See Jeffrey Rosen, *The Deciders: The Future of Privacy and Free Speech in the Age of Facebook and Google*, 80 Fordham Law Review (2012).

〔2〕 王锡锌、彭錞："个人信息保护法律体系的宪法基础"，载《清华法学》2021年第3期。

〔3〕 See *The Digital Markets Act: ensuring fair and open digital markets*, available at https://ec.europa.eu/info/strategy/priorities-2019-2024/europe-fit-digital-age/digital-markets-act-ensuring-fair-and-open-digital-markets_en, last visited 05-03-2022.

处置机制，并定期公开投诉处置情况。另一方面，超大型平台应负有更重的义务规范。包括数据保护影响评估，设置数据保护和算法审查专员，建立新技术伦理委员会等，应对用户同意和撤回同意、匿名化、人脸数据等特殊数据的处理、新技术应用等做更为全面系统的风险评判，并采取对应的风险控制措施，与监管部门展开更有效的沟通协调。针对超大型平台的最佳实践措施，在必要时可转化为法律规范等国家正式制度。[1]

（二）推动中小型主体专门规则与技术创新

中小企业是推动数字经济创新发展的重要基础，同时对稳定就业、改善民生具有重要作用。欧盟个人数据保护实践对中小企业带来的负面影响，已成为各成员国面临的共同问题。欧盟委员会在关于 GDPR 的影响评估中指出，中小微企业在数据保护实践中面临的问题最多，大量企业呼吁针对中小微企业制定更加实用的指导方针。[2]英国公布的《国家数据保护法改革咨询方案》指出，目前的法律为大量企业带来沉重负担，小微企业不应与大型科技公司承担同样的数据保护义务。

在未来制度构建中，应尽快出台适应中小企业特点的专门规则，明确细化适用于中小企业风险程度的合规义务。首先，明确对中小企业的界定标准。根据 GDPR 现行规定，微型、小型和中型企业的概念应借鉴欧盟委员会 2003/361/EC1 号建议书附件第 2 条，即根据资金和人力水平予以确定。在 GDPR 第 30 条关于豁免义务的规定时，提出"雇员人数少于 250 人"的标准。建议进一步增加处理个人数据的规模、处理类型、处理目的等定性因素，综合予以考虑。其次，在义务设置方面，应出台指南明确中小企业的豁免义务内容。早前，欧洲网络信息与安全局出台《中小企业个人数据处理安全手册》《中小企业个人数据处理安全指南》等文件对中小企业数据处理安全问题作出部分规定，但义务内容并不能与 GDPR 有效衔

---

〔1〕 参见［美］朱迪·弗里曼：《合作治理与新行政法》，毕洪海、陈标冲译，商务印书馆 2010 年版，第 25 页。

〔2〕 See *Data protection rules as a trust-enabler in the EU and beyond-taking stock*, available at https://ec.europa.eu/info/sites/default/files/aid_ development_ cooperation_ fundamental_ rights/aid_ and_ development_ by_ topic/documents/communication_ 2019374_ final. pdf, last visited 06-03-2022.

接，应结合中小企业情况，在强化人脸等特殊数据使用规范的同时，对一般数据保护认证、数据保护影响评估等作出豁免规定。此外，应鼓励中小企业结合自身实际情况探索最佳实践方案，避免一刀切规制。

（三）建立反垄断行为清单、标准合同等补充机制

伴随数据利益的复杂化，通过反垄断法、反不正当竞争法、合同法、侵权法等立法与个人数据保护协调保护，为数据控制者和处理者设置行为规范、平衡各方利益、划分责任界限，是未来个人数据保护行为规制的重要补充机制，有助于化解知情同意失灵等困境。

个人信息自决和知情同意机制的失灵，在一定程度上与数字经济垄断市场结构有关。受制于网络效应、用户锁定效应，数字市场往往呈现"赢者通吃"的局面，公众因此失去平等选择、"用脚投票"的权利，无法作出自由理性的同意，数据处理的合法性基础被严重削弱。[1]同时，在考察欧盟实践时发现，个人数据保护执法导致数字市场份额向大型平台进一步集中，成为GDPR实施中意料之外但又不可避免的现象。对此，如何对数字市场进行反垄断监管，成为确保个人数据保护实效，避免数字市场恶性循环的重要内容。有学者指出，利用反垄断法规制数据隐私具有监管效率上的差异性优势，可从事前预防的角度防范数据滥用风险。在数字市场反垄断监管中，数据处理行为的正面（To Do）和负面清单（Not to Do）成为避免数字市场过度集中的形式。例如在对大型平台的反垄断规制中，要求不得将平台核心服务的个人数据与该平台其他服务的个人数据合并，不得使用从其商业用户那里获得的数据与这些商业用户竞争，不得阻止用户卸载任何预先安装的软件或应用程序等。要求平台应当允许第三方与自己的服务进行交互操作，允许其商业用户有权限访问在守门人平台上活动所产生的数据等。

新技术发展导致数据处理过程中的主体更为广泛，风险责任难以分配。通过出台标准合同、示范合同文本，明确数据控制者、数据处理者及

---

[1] 于颖超、孙晋："消费者数据隐私保护的反垄断监管根据与路径"，载《电子知识产权》2021年第7期。

其他利益相关方的责任承担机制,是化解个人数据处理风险的有效路径,也成为事后问责的重要依据。例如,在云服务合同中,应列明必要的合同要点包括云服务提供商和外包数据处理者只能处理数据控制者允许处理的数据;云服务提供商应当采取 GDPR 所要求的安全保障措施;外包数据处理者有关如何处理数据的详细指引;发生侵权、个人数据泄露等事件时数据控制者和云服务提供商、外包数据处理者之间的责任分配等。[1]

三、通过技术治理优化个人数据保护

单纯依赖法律解决个人数据问题的线性监管逻辑无法真正化解新型技术风险。"治理科技作为兼具业务合规和风险控制的技术方案,毋庸置疑成为市场主体和监管机构的另一种选择。"[2] 2021 年,《欧盟数据保护机构监管战略 2021—2022》文件指出,欧洲数据保护委员会将把隐私设计作为优先事项,将帮助企业在创新产品和服务中嵌入隐私保护设计。[3] 用技术规制技术,进而限制和约束数据控制者的行为,无疑是最为直接、有效的手段,强调经由对系统、装置或服务的技术设定,实现个人数据保护的法律规范价值,体现了"代码之法"的本质。

(一)通过技术平台监测固定证据

在人工智能时代,算法等技术对数据处理具有动态性、黑箱性,如何及时发现违法处理行为并有效固定证据,是监管机构和用户均面临的新兴问题。对于平台而言,如何更好地监测平台生态中的个人数据收集、处理和共享行为,也成为实践难点。

在以往的技术治理手段中,由于自动化监测能力低、覆盖范围窄,很

---

[1] See Guidance for Organisations Engaging Cloud Service Providers, available at https://www.dataprotection.ie/en/dpc-guidance/guidance-organisations-engaging-cloud-service-providers last visited 10-03-2022.

[2] 赵精武:"破除隐私计算的迷思:治理科技的安全风险与规制逻辑",载《华东政法大学学报》2022 年第 3 期。

[3] See Regulatory Strategies of European Data Protection Authorities for 2021-2022, available at https://fpf.org/wp-content/uploads/2021/07/FPF-Europe-report-DPA-Strategies_-from-2021-and-beyond-3-2-1.pdf, last visited 09-02-2022.

难实现全面常态化治理。在监管机构和平台内部构建技术监测平台，是较为可行的实践路径。在我国 App 专项治理中，工业和信息化部等部委组织建设全国 App 技术监测平台，组织相关企业利用人工智能、大数据技术攻关自动化测评技术，不断完善基础数据、线索信息、投诉信息的报送和采集机制。通过建立中心式数据处理和服务体系，实现数据清洗汇聚、关联标识，实现 App 态势感知和跟踪预警，有效支撑 App 监督检查、溯源取证和违法处置等工作。[1]监测平台对 App 的日监测率达到每天 5000 个。一方面，搭建技术平台有助于监管部门与平台企业开展对话，加强技术合作，在交流中明确数据收集使用规则；另一方面，相比人力调查，技术平台效率高且更为精准，适应风险规制的思路，也有助于推动大型平台的自我规制。然而，目前个人数据保护平台监测重点仍集中在前端收集环节，应进一步强化中后端数据处理监测技术的开发应用，如算法透明度提高工具等。

（二）从风险规制视角化解匿名化困境

匿名化是平衡数据保护和数据使用的有效机制，但在人工智能时代遭遇挑战，各类去匿名化技术快速发展，导致难以消除匿名化的"剩余风险"，无法百分之百消除重新识别风险的效果。不应将匿名化机制看作一项独立机制，在实施匿名化之后，可结合技术评估和安全技术措施，评定再识别风险。当前，欧盟采用"合理且可能的标准"，即结合耗费的时间成本、资金成本、技术难度等因素，以攻击者为中心判定被再次识别的可能性，体现了风险和利益衡量的思路。在未来制度构建中，一是可以选择可信的第三方或技术合作，作为原始数据企业和匿名数据企业间的中间方。2020 年 ICO 提出该方案由第三方负责匿名化过程，是实现匿名化的有效办法。二是由国家激励平台或科研人员开发研究合成数据、差分隐私等匿名化技术，通过技术迭代创新降低去匿名化的可能，推动数据共享。三是引入专家判断标准，对于一般数据，匿名处理的标准以第三方采用合理

---

[1] 参见中国信息通信研究院编著：《App 个人信息保护治理实践》，人民邮电出版社 2021 年版，第 95~98 页。

之手段无法识别为标准。对于与个人隐私、国家安全等高度相关的特殊类型个人数据，由具有理论实务经验的专家进行判定。四是通过合同等规定其他数据处理者不得进行再识别的法律义务，并约定相应的违约责任。而对于第三方恶意攻击、再识别的情形，则可通过刑法等手段予以制裁。例如，英国《数据保护法案》规定，未经数据控制者同意对经过去标识化处理的信息进行再识别的行为构成刑事犯罪。[1]

四、监管创新中纳入多元对话协商工具

随着大数据、神经网络、机器学习等技术的飞速发展，传统的监管手段已经不敷适用，执法资源对监管实效造成严重掣肘。数据监管的复杂性对执法手段、资源配置等提出全新要求。如何穿透数据及新兴技术的迷雾，创新监管工具，有效监管新兴业态，已成为监管机构亟须解决的难题。

（一）建立算法审查强化个人数据保护问责

算法的自主学习能力、算法的技术壁垒等均是算法不透明的原因，这直接影响个人数据保护中用户知情权的实现，进而妨碍个人行使可能的更正权、删除权乃至向监管机构投诉、向司法机关起诉的救济权利。从私法层面，法律应配置独立的算法解释权，用以衡平自动化决策使用者与相对人不对称的权力关系，作为合同制度在人工智能时代的因应性变革。[2]从公法视角来看，也应推动建立算法审查机构，"及时树立以风险防范为目的的监管思路，实行内容与算法并重的双轨审查机制"。[3]在欧盟数据保护体系下，数据保护监管机构从调查权、处罚权等权力中延伸出算法审查权力顺理成章，同时，监管机构成员对数据保护立法、数据处理规范及业界环境的专业性和良好素养也符合算法审查的要求。因此，在国家保护义务理论下，进一步扩展数据保护监管机构的职能和权限，成为人工智能

---

[1] See Data Protection HL Bill (2017-19) 66, cl 162.
[2] 参见张凌寒："商业自动化决策的算法解释权研究"，载《法律科学》2018年第3期。
[3] 张凌寒："风险防范下算法的监管路径研究"，载《交大法学》2018年第4期。

时代化解算法带来的新型数据保护危机的可行路径。

在算法审查中，应注意在事前、事中、事后全流程构建完善的算法审查机制。事前阶段，算法设计主体应将有关算法技术提交审查机构备案，并说明算法决策依据；事中阶段，专门机构应定期随机抽检算法决策，在技术层面对算法进行审查检验，并及时纠正错误决策；事后阶段，应建立算法问责机制，畅通申诉渠道，接受公众对算法决策的质疑，要求算法设计者作出必要的解释说明。在欧盟发布的《人工智能法案（草案）》中，已对人工智能带来的个人数据保护风险进行补充，如拟建立欧盟高风险人工智能系统数据库，实现对输入数据、算法系统的事前备案登记，提出更严格的透明度要求，如采取技术措施协助对系统输出结果进行解释；编写和留存运行日志记录，确保全生命周期的可追溯性。

（二）进一步完善高额处罚的裁量机制

行政罚款是一种财产罚，它是行政主体为了维护公共管理秩序，在行为人违反行政义务而又不构成犯罪时，依法给予的一种经济上的制裁。[1] 罚款的优势在于其可量化性，即可以将不同违法情节与不同的罚款金额相对应，较为明确地实现违法行为与处罚的一一对应，从而提高行政处罚的威慑性和精确性。然而在欧盟实践中，对大型平台的高额处罚受到较大质疑，例如在卢森堡对 Amazon 处以 7.46 亿欧元高额罚款的案例中，Amazon 对此提出上诉，认为过高的处罚数额与其违法行为的危害程度不相符。事实上，在各国的个人数据保护立法中，规定较高的处罚数额正受到普遍认可。例如，欧盟 GDPR 规定了最高全球营业额 4%或 2000 万欧元罚款（取高者）。《中华人民共和国个人信息保护法》规定了最高 5000 万元或上一年度营业额 5%的罚款（取高者）。高额处罚额在对企业带来威慑力的同时，也为行政权力带来过大的自由裁量空间，如缺乏严格明确的指引，容易导致数据利用和数据保护的失衡，进而影响数字经济发展。

在行政罚款的制度选择上，欧盟采取了区间波段计算模式，即根据实

---

[1] 参见陈太清："行政罚款与环境损害救济——基于环境法律保障乏力的反思"，载《行政法学研究》2012 年第 3 期。

施数据违法行为的企业规模、行为类型和危害程度确定不同的罚款比例与罚款基数。同时应将违法天数或受害人人数作为重要因素进行考量，而非任意酌定。与民事赔偿不同，行政罚款具有预防和惩罚的双重目的，罚款数额与数据本身价值的关联度不大。在行政罚款的设定上，应当考虑违法者的预期违法收益、违法行为可能造成的损害、执法概率、边际威慑等因素。在罚款方式上，应当减少概括式，取消定额罚，优先选择区间倍率式，并以区间数值式为辅助。[1]

(三) 探索算法删除、声誉罚等处罚机制

新技术迭代发展带来的个人数据挑战与日俱增，监管机构面临的执法负担也日益繁重。面对严重的人力匮乏和过高的技术壁垒，仅依赖人力物力、硬件软件方面的监管支撑是不够的，还需要运用新的监管手段强化处罚力度，将震慑力提升到合理水平，阻却数据控制者的疏忽大意或主观故意违法行为。

算法删除是一种针对违法收集、处理用户数据的新兴处罚方式，即要求平台企业删除根据违法数据训练而成的算法，以达到惩罚目的。近年来，算法删除在个人数据保护执法中已有所应用。例如，2022年3月，美国WW International公司在未经父母许可的情况下，收集8岁左右儿童的个人数据并依此训练出人工智能算法模型。对此，美国联邦贸易委员会命令其删除非法获取的数据，并同时删除由这些数据训练出的算法模型。类似地，在Everalbum滥用用户人脸数据案中，欧盟委员会也初次尝试了算法删除这一处罚措施，要求销毁用户照片、视频、面部数据，并删除由这些数据开发出的模型或算法。[2]人工智能时代，算法正成为数字市场的核心驱动力和平台企业的重要竞争力，通过算法删除这一新兴的处罚手段，可有力督促企业加强个人数据收集、使用的事前合规审查，避免违法处理数据带来的严重后果。

---

[1] 包晓丽、齐延平：" 论数据权益定价规则 "，载《华东政法大学学报》2022年第3期。

[2] See *The FTC's new enforcement weapon spells death for algorithms*, available at https://www.protocol.com/policy/ftc-algorithm-destroy-data-privacy, last visited 08-03-2022.

声誉罚机制可通过信息传播影响用户流量，威慑企业的核心利益，以阻却企业对个人数据实施违法行为。任何理性而富有声望的数据控制企业，在享受声望所带来的用户流量及其收益时，也会忌惮声誉毁损可能带来的严重后果。[1]2018年，Facebook 5000万用户个人信息被泄露的丑闻曝出，一周内公司市值蒸发约580亿美元。据不完全统计，已有100万用户因为该事件离开Facebook平台。针对人工智能技术带来的挑战和执法资源的天然匮乏问题，声誉罚机制可借助消费者"用脚投票"的效应，不仅影响用户流量，同时对企业的市值和行业形象产生巨大影响。声誉罚机制在欧盟实践中已得到初步应用，欧盟《关于智能设备应用程序的意见》指出，应用商店应建立App接受公众声誉机制的约束，并为用户提供有关隐私保护或安全问题的反馈渠道等。[2]相比传统的行政处罚、责令停产停业等监管处罚措施，声誉罚属于更为灵活的友好型监管工具，有助于监管部门、平台企业、用户等各方主体进行风险交流与管理。[3]构建声誉罚机制，应当明确统一的信用评价规则和完善共享的企业信用档案，并能够充分发挥媒体行业监督、用户投诉等社会理论，丰富信息获取来源。同时，应确保市场充分竞争环境，保障用户"用脚投票"的可能。此外，应尤其注意声誉罚过度甚至异化的问题，建立配套信息纠正和删除机制，确保声誉罚机制形成良性循环，优化监管体系。

（四）借助第三方机构优化监管力量

在重视增进执法力量、优化执法技术设施的同时，应进一步引入外部独立机构的力量，一方面避免因资源保障不到位而可能带来的被动局面，另一方面也防止僵化执法而阻碍新兴业态的发展。

第三方专业机构通常具有专业资质、独立性和公正性，在个人数据保

---

〔1〕 赵尧："同业竞争：一个被忽视的强制披露的制度功能——以网络借贷市场的秩序生成为例"，载《东方法学》2019年第4期。

〔2〕 See Opinion 02/2013 on apps on smart devices, available at http://www.ec.europa.eu〉documentation〉files〉wp202_ en, last visited 09-03-2022.

〔3〕 参见于洋："论个人生物识别信息应用风险的监管构造"，载《行政法学研究》2021年第6期。

护中、第三方机构、外部算法师可担任"审计员"的角色，不仅可根据平台企业委托对数据处理中的风险进行专业评估，还可根据监管机构的指派，对输入数据、算法逻辑、输出结果等进行合规审查。同时，他们还可以作为听证、审讯中的专家证人，或在遇到特别复杂的大数据问题时被法官委派为"法院专家"。[1]监管部门可推动成立第三方独立组织（如具有权威性的数据保护伦理委员会），支持非营利机构、学术性组织及自媒体适当参与个人数据保护监督等。目前，德国已经成立了算法监督非营利性组织——"监控算法"（Algorithms Watch），该组织成员包括技术专家、资深媒体人等，旨在对那些可能对公共生活造成实质性影响的算法决策过程进行监控和评估。[2]

第三方专业机构还可支撑监管部门建立负面清单制度。针对人脸识别等高风险技术的个人数据处理，监管部门自行或组织第三方机构进行事前审查和风险评估，建立人脸识别负面清单，排除高风险和不必要的人脸识别应用场景，"建立一个支持市场健康竞争的责任底线"。[3]在吸收第三方机构力量的同时，还应当对第三方机构的职业素养进行认定和监督，确保专业性、中立性和公正性。

---

[1] [英] 维克托·迈尔-舍恩伯格、肯尼思·库克耶：《大数据时代 生活、工作与思维的大变革》，盛杨燕、周涛译，浙江人民出版社2013年版，第229页。

[2] 李楠、马庆钰："中德政府与社会组织关系比较"，载《行政管理改革》2018年第1期。

[3] 邢会强："人脸识别的法律规制"，载《比较法研究》2020年第5期。

关键词索引

A

安全港协议 132，181

B

被遗忘权 108-111，122，153，173-176，222
比例原则 81-82，105
标准合同 129-130，178-180，231
布鲁塞尔效应 219

C

超大型平台 206，227-230
充分性认定 129，167，218

D

单一数字市场 19，21，24，43，54-55，97，128，151
第29条工作组 45，51，116，123，126，142，147，164，175，184，210
第三方机构 185，237-238

F

访问权 4，75，97，104，106-107，113-114
分级分类 90，120-121，211
风险管理 86-87，199-200
风险规制 59，84-90，93-94
风险社会 85-86，93

G

个人数据保护权 4，21，42，45，50-54，70-72，84，90，93-94，104-107，109

个人隐私 18，26，29，39，43-44，68-71，92，109，124，138，186，198

个性化广告 15，162-165，171，183，203-204，206

公益诉讼 192，194-195

Google 西班牙案 171，173-174

管辖范围 48-49，97，152，202，218

国家保护义务 88，90-94，234

H

合法性基础 98，100-104，144-145，154，162，164，167，170，199，210

J

机器学习 119，196，204

基本权利 19，21，23，40，47，50-54，59，79，81-82，86，90-94，103，105，124，132，178，196

基于风险的路径 4，87-89，97，120，122

技术治理 13，144，184-185，226，232

技术主权 19-20，23-24

加密 28，127，166，184，186-187，200

剑桥分析 18，30，122，139，203-204，229

具体人格权 63，76

K

可识别 60-62，68，78-79，81，90，172，187，208

可携带权 50，75，97，104-105，111-114，153

跨境数据流动 32，127-128，130-133，178-179

L

利益衡量 5，217，223，233

M

敏感数据 25，29，42，67，86，90，116-117，119-121，123

目的限制 21，120，159，199，201，211

N

匿名化 28，62，90，166，170，184-185，190，196，212，222，230，233

O

欧美隐私盾 171

欧盟基本权利宪章 50-53，59，101

欧洲数据保护委员会 5，98，100，137，142-144，146-147，149，159，163，166-167，190-191，196，198，200，207，211，213，217，232

Q

歧视 20，30，85，115-117，121，124，187，198，204-205

R

人格尊严 4，63，65，69，72-74，93，105-106，127

人工智能法案（草案）20，22，200，235

人工智能时代 9-10，16，19，26，83-85，93-94，97，120，127

人口普查案 59，69，77-78

人脸识别 5，16，30，83，100，158，185，196-202，226

S

深度挖掘 11，29-30，62，83，85

生产机制 84，217

声誉罚 236-237

数据保护设计 185-186

数据保护影响评估 87，89，121-125，199，231

数据共享 13，21，23，127，129，157，167，209，233

数据跨境 32，128，130-132，176，178，180，220

数据权力 16-17，159

数据收集 25-26，39，78，106-107，189，197，208，232-233，236

数据泄露 4，28，85，120-121，126-127，139，143，153，156，158，162，168-170，187，191，198，232

数据银行 38-39，42-43

数字服务法案 20，22，206，229

数字化转型 19-21，24，159，170

数字市场法案 20，22

算法 29-30，64，83，85-86，97，115-119，187-188，202-205，222-223，226，229-230，233-236，238

算法审查 205，230，234-235

T

特殊类型个人数据 5，74，117，120-121，158

透明度 13，23，70-71，89，106，118-119，123，127，131，149，155，162-164，167，186-188，193，201-202，205-207，218，220，233，235

X

信息自决 4，41-42，51，67，76-83

行为规制 82，183，217，231

Y

言论自由 17-18，31，109-111，175

一般人格权 41，59，72-73，75-77，79-80

一站式机制 147-148，163

隐私权 40，43-45，50-54，59，64-72，82

隐私影响评估 123-124

用户画像 98，115，120，162，171，197

元规制 5，125，217，226-227

约束力规则 130-131，178

云服务 23，27-28，232

云计算 9-10，23，27-28，30，190

长臂管辖 98，218

Z

支配权 80，83-84

知情权 4，71，97，104，106，109，132，170，175
知情同意 83，87，99，170，197，204，209-210，228
主要监管机构 147-148，163
自动化决策 115-119，222
自动化决策解释权 97，105-106，116，118
自动驾驶 16，25，196，207-213，226
自我规制 21，87-88，123，125，188，226，229

附　录

《通用数据保护条例》（核心条款摘录）

第一章　一般规定

第1条　主要内容与目标

1. 本条例制定有关个人数据处理中保护自然人的规则，以及个人数据自由流动的规则。

2. 本条例保护自然人的基本权利与自由，特别是自然人的个人数据保护权。

3. 不得以保护个人数据处理所涉自然人为由，限制或禁止欧盟内部个人数据的自由流动。

第2条　适用范围

1. 本条例适用于全部或部分通过自动化手段进行的个人数据处理行为，以及通过自动化手段以外的其他方式进行的、构成或旨在构成归档系统的数据处理。

2. 本条例不适用于以下个人数据处理情形：

（a）在欧盟法律管辖范围之外活动中实施的个人数据处理；

（b）欧盟成员国为履行《欧洲联盟条约》（Treaty on European Union, TEU）第5编第2章范围内活动而实施的个人数据处理；

（c）自然人在纯粹个人或家庭活动中实施的个人数据处理；

（d）主管部门为预防、调查、侦查、起诉刑事犯罪或执行刑罚，包括为防范公共安全威胁所进行的个人数据处理。

3. 欧盟机构、团体、办事处和代理机构所进行的个人数据处理，适用

(EC) No. 45/2001 条例。(EC) No. 45/2001 条例和其他适用于此类个人数据处理的欧盟法令应当根据本条例第 98 条予以调整，以符合本条例的原则和规则。

4. 本条例不影响 2000/31/EC 指令的适用，特别是 2000/31/EC 指令第 12 条至 15 条有关中介服务提供商责任规则的适用。

第 3 条　地域范围

1. 本条例适用于营业机构设立在欧盟境内的数据控制者或数据处理者对个人数据的处理，不论其实际数据处理行为是否发生在欧盟境内。

2. 本条例适用于如下相关活动中的个人数据处理，即使数据控制者或数据处理者并未设立在欧盟境内：

（a）为欧盟境内的数据主体提供货物或服务，不论是否要求数据主体支付对价；或者

（b）对发生在欧盟境内的数据主体行为的监控。

3. 本条例适用于未设立在欧盟境内，但基于国际公法的规定成员国的法律对其有管辖权的数据控制者所进行的个人数据处理。

第 4 条　定　义

就本条例目的而言：

（1）"个人数据"（personal data）是指任何与已识别或可识别的自然人（"数据主体"）相关的数据；可识别的自然人是指一个能够被直接或间接识别的自然人，尤其是通过姓名、身份号码、定位数据、网络标识符号或者自然人特有的一项或多项身体、心理、基因、精神状态、经济、文化、社会身份等识别符。

（2）"处理"（processing）是指对个人数据或个人数据集进行的任一操作或系列操作行为，不论是否以自动化方式进行，例如收集、记录、组织、建构、存储、改编或修改、检索、查询、使用、通过传播、分发方式进行披露或者其他使个人数据可被他人获得、排列或组合、限制、清除或销毁的操作。

（3）"限制处理"（restriction of processing）是指将存储的个人数据进行标记，以限制日后对该数据的处理。

（4）"用户画像"（profiling）是指为了评估自然人的某些方面而对个人数据进行的任何自动化处理，特别是为了分析或预测自然人的工作表现、经济状况、健康状况、个人偏好、兴趣爱好、可靠程度、行为举止、所在位置或行踪轨迹而进行的处理。

（5）"假名化"（pseudonymisation）是指在采取某种方式对个人数据进行处理后，除非使用额外的信息，否则就不能识别数据主体。上述额外信息应当单独保存，并且应有技术与组织方式来确保个人数据不能关联到某个已识别或可识别的自然人。

（6）"档案系统"（filing system）是指根据某种特定标准可以访问的个人数据结构化集合，不论这种标准是集中的、分散的、功能性的或是基于地理而设置的。

（7）"数据控制者"（controller）是指单独或共同决定个人数据处理目的与方式的自然人、法人、公共机构、代理机构或其他实体。

（8）"数据处理者"（processor）是指代表数据控制者处理个人数据的自然人、法人、公共机构、代理机构或其他实体。

（9）"数据接收者"（recipient）是指接收数据的自然人、法人、公共机构、代理机构或其他实体，而不论其是否为第三方主体。

（10）"第三方"（third party）是指除数据主体、数据控制者、数据处理者以及根据数据控制者或数据处理者的直接授权而处理个人数据的人之外的自然人或法人、公共机构、代理机构或其他机构。

（11）"数据主体的'同意'"（"consent" of the subject）是指数据主体通过声明或明确的行动而自由作出的、具体的、充分知悉的、不含混的意愿，表明同意对其相关个人数据进行处理。

（12）"个人数据泄露"（personal data breach）是指由于违反安全政策而导致传输、存储或其他处理中的个人数据被意外或非法毁损、丢失、更改或未经同意而被公开或访问。

（13）"基因数据"（genetic data）是指与自然人先天继承的或后天获得的与基因特征相关的个人数据，这些数据可以提供自然人独特的生理或健康信息，该独特信息尤其可以通过对自然人生物性样本的分析而得出。

(14)"生物特征数据"(biometric data)是指通过对自然人的相关身体、生理或行为特征进行特定技术处理而得出的个人数据,这种个人数据能够识别或确定自然人的特定标识,比如面部形象或指纹数据。

(15)"健康相关数据"(data concerning health)是指与自然人的身体或精神健康相关的、显示其个人健康状况信息的个人数据,包括与医疗保健服务相关的信息。

(16)"主要营业机构"(main establishment)是指:

(a)如果数据控制者在多个成员国内设有营业机构,那么其在欧盟的管理中心所在地是主要营业机构。如果个人数据处理的目的与方式是由数据控制者位于欧盟境内的另一营业机构决定的,且该机构有权执行此决定,那么作出此类决定的营业机构应当被认为是主要营业机构。

(b)如果数据处理者在多个成员国内设有营业机构,那么其在欧盟的管理中心所在地是主要营业机构。如果数据处理者在欧盟没有管理中心,那么将其在欧盟境内以受本条例具体义务约束的处理活动为主要活动的营业机构视为主要营业机构。

…………

(23)"跨境处理"(cross-border processing)是指以下任一情况:

(a)个人数据处理活动发生在数据控制者或数据处理者在多个成员国设立的多个营业机构内;或者

(b)个人数据处理活动发生在欧盟境内的数据控制者或数据处理者设立的单一营业机构内,但其对不止一国的数据主体产生实质性影响。

…………

第二章 原 则

第5条 个人数据处理原则

1. 个人数据处理应遵循以下原则:

(a)对涉及数据主体的个人数据,应当以合法的、合理的和透明的方式进行处理(合法性、合理性和透明度原则);

(b)应当基于具体、明确和合法的目的收集个人数据,对个人数据的处理不得违反该目的。根据本条例第 89 条第 1 款，为实现公共利益、科学或历史研究目的、统计目的而进一步处理数据，不视为违反最初的目的（目的限制原则）；

（c）为了实现数据处理目的而进行的个人数据处理应当是适当的、相关的和必要的（数据最小化原则）；

（d）个人数据应当是准确的，且有必要及时更新；必须采取合理措施确保不准确的个人数据，即与最初目的相悖的个人数据，及时得到删除或更正（准确性原则）；

（e）对于能够识别数据主体的个人数据，其存储时间不得超过为实现其处理目的所必需的时间；超过此期限的数据处理只有在如下情况中被允许：为了实现公共利益、科学或历史研究、统计目的，为了保障数据主体的权利和自由，并采取了本条例第 89 条第 1 款所规定的合理技术和组织措施（有限存储原则）；

（f）数据处理过程中应确保个人数据的安全，采取合理的技术手段、组织措施，避免数据未经授权即被处理或遭到非法处理，避免数据发生意外毁损或灭失（完整性与保密性原则）。

2. 数据控制者应当对上述原则的落实情况承担责任并提供证明（责任原则）。

第 6 条 个人数据处理的合法性

1. 只有满足下列条件之一的个人数据处理才是合法的：

（a）数据主体已经对基于一项或多项目的处理其个人数据表示同意；

（b）数据处理对于完成某项数据主体所签订的合同是必要的，或者数据处理行为是在签订合同前基于数据主体的请求而进行的；

（c）数据处理是数据控制者履行其法定义务所必需的；

（d）数据处理对于保护数据主体或另一自然人的重大利益是必要的；

（e）数据处理是数据控制者为了公共利益或基于职务权限而履行某项任务所进行的；

（f）数据处理对于数据控制者或第三方所追求的合法利益是必要的，但当该利益与数据主体的基本权利和自由相冲突时，特别是当该数据主体为儿童时，则不得进行数据处理。

公共机构在执行其任务时实施的数据处理不受本条第 1 款（f）项的约束。

2. 对于本条第 1 款（c）项和（e）项所规定的数据处理，成员国可以制定更多具体条款，以适应本条例规则的适用，成员国为了确保合法与合理的数据处理，可以制定更为明确的规定，包括本条例第九章所规定的其他特定的数据处理情形。

3. 本条第 1 款（c）项和（e）项所规定的数据处理基础应当通过以下法律规定：

（a）欧盟法律；或者

（b）数据控制者所属成员国的法律。

数据处理的目的应当在此法律基础上进行确定，对于本条第 1 款（e）项所规定的数据处理，其目的应当是数据控制者为了实现公共利益或基于职务权限而履行某项任务。为适应对本条例规则的适用，此法律基础可以包含以下特定条款：监控数据控制者处理的合法性的一般条件；可以被处理的数据类型；相关数据主体；个人数据公开的目的，以及其可能面向的对象；目的限制；存储期限；第九章规定的其他特定处理情形在内的处理操作和处理程序。欧盟或成员国的法律应当满足公共利益的目标，且应当与实现合法目的成正比。

4. 若数据处理是出于收集个人数据以外的其他目的，如果该目的未经数据主体同意或并不是基于联盟或成员国的法律，那么为确保该目的符合最初目的，数据控制者应当考虑以下因素：

（a）个人数据收集时的目的与计划进一步实施的处理行为的目的之间所具有的关联性；

（b）个人数据收集时的情形，特别是数据主体与数据控制者之间的关系；

（c）个人数据的性质，特别是某些个人数据是否属于本条例第 9 条规定的特殊类型个人数据，或者与刑事定罪和刑事违法相关的个人数据是否属于本条例第 10 条规定的个人数据；

(d) 计划进一步实施的数据处理行为可能产生的后果;

(e) 是否采取加密与匿名化等适当保护措施。

第7条 同意的条件

1. 当数据处理是建立在数据主体同意基础上的,数据控制者需要证明数据主体已经同意对其个人数据进行处理。

2. 如果数据主体的同意是通过书面声明的方式作出的,并且该声明涉及其他事项,那么同意在形式上应当完全区别于其他事项,以容易理解的方式、使用清晰和平白的语言进行。任何违背本条例规定的声明都不具有法律约束力。

3. 数据主体应当有权随时撤回其同意。撤销不具有溯及力。在数据主体表示同意之前,应将上述事项明确告知数据主体。撤回同意与表示同意应当一样简单。

4. 在评估时应当最大可能考虑数据主体的同意是不是自由作出的,尤其是对包含服务条款的合同的履行是以数据主体同意为前提,而又不是履行合同所必需时。

第8条 信息社会服务中儿童同意的适用条件

1. 在本条例第6条第1款(a)项适用的情形下,对于为儿童直接提供信息社会服务的请求,只有对年满16岁儿童的个人数据处理行为是合法的。对于不满16岁的儿童,只有经过其监护人的同意或授权,数据处理行为才是合法的。

成员国出于特定目的可以在法律上降低年龄要求,但是不得低于13岁。

2. 数据控制者应当通过合理的努力并结合技术可行性,确保此类情形取得监护人的授权或同意。

3. 本条第1款不应影响成员国的一般合同法,例如涉及儿童的合同有效性、合同成立与合同效力的规则。

第9条 对特殊类型个人数据的处理

1. 禁止在个人数据处理中泄露关于种族或民族背景、政治观念、宗教或哲学信仰、工会成员资格等个人数据,禁止以识别自然人身份为目的对个人基因数据、生物特征数据进行处理,禁止处理与自然人健康、个人性生活或性取向相关的数据。

2. 第 1 款不适用于下列情况：

（a）数据主体明确同意数据控制者基于一个或多个特定目的处理其个人数据，但依照欧盟或成员国法律明令上述情形不得基于数据主体同意的除外；

（b）在就业、社会保险与社会保障法领域内为数据控制者履行义务或保护数据主体的根本权利和利益所必要的，该义务和权利来源于欧盟或成员国法律或根据成员国法律起草的相关集体协议；

（c）数据主体因身体或法律原因无法表示同意，但数据处理对于保护数据主体或其他自然人重大利益是必要的；

（d）基金、社团或其他非营利机构出于政治、哲学、宗教或工会目的，在采取了恰当保护措施的正当性活动中所进行的数据处理；且该数据处理仅与机构成员、前成员或经常联系人相关，且个人数据在未经数据主体同意前不对外公开；

（e）对数据主体已经明确公开的个人数据的处理；

（f）为提起诉讼、应诉或法院行使其司法权所必要的数据处理；

（g）与欧盟或成员国法律立法目的相称、尊重数据保护权利本质，规定适当且具体的保护措施以保障数据主体的基本权利和利益，并且基于这些法律，为实现实质性公共利益所进行的必要数据处理；

（h）数据的处理基于欧盟或成员国法律或遵循与健康职业机构签订的合同并遵循本条第 3 款所规定的情形与保障措施，出于预防性医学或临床医学目的，对于评估雇员的工作能力、医疗诊断、提供健康、社会保健、治疗、健康管理或社会保健体系和服务是必要的；

（i）在公共健康领域，数据的处理是实现公共利益所必要的。例如，在欧盟或成员国境内已经为保障数据主体的权利与自由而采取合适与特定措施的法律基础上，处理对于预防严重的跨境健康威胁是必要的，或者处理对保障医疗质量和安全、医疗产品或医疗设备的高质量和安全是必要的；或者

（j）欧盟或成员国法律应当与其立法目的相称，尊重数据保护权利的

核心要素，并且对数据主体的基本权利与利益采取合适与特定的措施，基于这些法律，处理对于实现本条例第 89 条第 1 款规定的公共利益、科学或历史研究目的、统计目的是必要的。

3. 根据欧盟或成员国的有权机构所制定的法律或规则而具有保守职业秘密责任的专业人员和其他自然人，可以基于本条第 2 款（h）项所规定的目的而处理本条第 1 款所规定的个人数据。

4. 对于基因数据、生物特征数据或健康数据的处理，成员国可以维持原有规定，或者作出进一步限定。

…………

第三章　数据主体的权利

第一节　透明度与形式

第 12 条　信息与通信的透明度以及数据主体行使权利的形式

1. 数据控制者应当以一种简洁、透明、易懂和容易获取的形式，以清晰和直白的语言来提供与个人数据处理相关的（本条例第 13 条和第 14 条规定的）所有信息，或者本条例第 15 条至第 22 条以及第 34 条所规定的所有通信，特别是专门针对儿童的所有信息。信息应当以书面形式或其他形式提供，包括在合适的情况下通过电子方式提供。若数据主体的身份可通过其他途径得到证实，那么数据控制者可依数据主体申请以口头方式提供相关信息。

2. 数据控制者应当依据本条例第 15 条至第 22 条的规定对数据主体行使权利提供帮助。对于本条例第 11 条第 2 款所规定的情形，数据控制者不应拒绝执行数据主体依据第 15 条至第 22 条规定请求行使其权利的要求，除非数据控制者能够证明其并不适宜识别数据主体。

3. 对于数据主体根据本条例第 15 条至第 22 条的规定提出的请求，数据控制者应当在收到请求后一个月内及时提供信息，不应无故拖延。在必要的情形下，考虑到请求的复杂性和多样性，该期限可以再延长两个月。如果有此类情况，数据控制者应当在收到请求的一个月内将延期情况以及延期原因告知数据主体。数据主体以电子形式作出的请求，数据控制者在可行的情况下也应当以电子形式提供信息，除非数据主体有另外的请求。

4. 如果没有在收到请求后一个月内对数据主体作出回应，数据控制者应当及时说明未能采取行动的具体原因，并告知数据主体可以向监管机构投诉和寻求司法救济。

5. 根据本条例第 13 条和第 14 条提供的信息、通信以及根据本条例第 15 条至第 22 条和第 34 条所采取的行动都应当是免费的。当数据主体的请求明显不具备正当理由或超过必要限度，特别是当重复请求时，数据控制者可以：

（a）结合提供信息、通信或相应行动的成本，收取一定的合理费用；或者

（b）拒绝对数据主体的请求作出行动。

数据控制者应当承担证明数据主体的请求明显不合理或过分的证明责任。

6. 在不影响本条例第 11 条的前提下，数据控制者可以对本条例第 15 条至第 21 条中提出要求的自然人身份有合理怀疑，要求数据主体提供必要的额外信息以确认数据主体的身份。

7. 根据本条例第 13 条和第 14 条提供给数据主体的信息可以与标准化的图标一起提供，以便于数据主体以可视化的、易懂的和清晰的方式对计划的数据处理有全盘理解。以电子化方式提供的图标必须是机器可读的。

8. 对于确定图标所提供的信息以及提供标准化图标的程序，欧盟理事会将有权根据本条例第 92 条制定授权行动。

第二节　信息与个人数据访问

第 13 条　收集数据主体个人数据时数据控制者应当提供的信息

1. 当收集与数据主体相关的个人数据时，数据控制者应当为数据主体提供以下信息：

（a）数据控制者的身份信息与详细联系方式，以及数据控制者代表人（如果有）的身份信息和联系方式；

(b) 数据保护专员（如果有）的身份信息与详细联系方式；

(c) 数据处理的目的以及合法性基础；

(d) 当数据处理是基于本条例第 6 条第 1 款（f）项的规定时，数据控制者或第三方所追求的正当利益；

(e) 个人数据的接收者或者接收者的类型（如果有）；

(f) 如果有的话，数据控制者期望将数据传输到第三国或国际组织的事实，以及欧盟委员会是否作出充分决定的情况，或者在本条例第 46 条或者第 47 条或者第 49 条第 1 款第 2 段所规定的传输情形中获取个人数据或其备份的方式，以及相应的安全保障措施。

2. 除了本条第 1 款所规定的信息，数据控制者应当在获取个人数据时为数据主体提供确保合理与透明处理所必要的进一步信息：

(a) 个人数据将被存储的期限，以及确定此期限的标准；

(b) 数据主体所拥有的权利：可以要求数据控制者提供对个人数据的访问、更正或删除个人数据的权利，或者限制或反对相关处理的权利；数据携带权；

(c) 当数据处理是根据本条例第 6 条第 1 款（a）项或第 9 条第 2 款(a)项的规定而进行的，数据主体拥有可以随时撤回同意的权利，该撤回不具有溯及力；

(d) 向监管机构进行投诉的权利；

(e) 提供个人数据是出于法律要求还是合同要求，还是为订立合同所必要的要求，数据主体是否必须提供个人数据，以及数据主体未提供此类数据会造成的可能后果；

(f) 存在自动化的决策，包括本条例第 22 条第 1 款和第 4 款所规定的用户画像，以及在此类情形下，至少提供关于决策中所运用相关逻辑的有效信息以及该处理的重要性和其对数据主体可能造成的后果。

3. 若数据控制者进一步处理个人数据的目的与收集个人数据的最初目的不一致，那么，数据控制者应当在进一步进行数据处理之前向数据主体提供此类处理目的的信息，以及提供本条第 2 款所规定的所有相关信息。

4. 在数据主体已经拥有相关信息的情况下，本条第 1 款、第 2 款、第

3 款不再适用。

第 14 条　并非从数据主体处获得个人数据时，数据控制者应当提供的信息

1. 当个人数据并非从数据主体获得时，数据控制者应当向数据主体提供以下信息：

（a）数据控制者的身份信息与详细联系方式，以及数据控制者代表人（如果有）的身份信息与详细联系方式；

（b）数据保护专员（如果有）的身份信息与详细联系方式；

（c）数据处理的目的以及合法性基础；

（d）相关个人数据的类型；

（e）个人数据的接收者或者接收者的类型（如果有）；

（f）如果有的话，数据控制者期望将数据传输到第三国或国际组织的事实，以及欧盟委员会是否作出充分决定的情况，或者在本条例第 46 条或者第 47 条或者第 49 条第 1 款第 2 段所规定的传输情形中获取个人数据或其备份的方式，以及相应的安全保障措施。

2. 除了本条第 1 款所规定的信息，数据控制者应当向数据主体提供以下确保涉及数据主体的数据处理是合理与透明的必要信息：

（a）个人数据将被存储的期限，如果难以计算的话，确定此期限的标准；

（b）当数据处理是根据本条例第 6 条第 1 款（f）项而进行的，数据控制者或第三方所追求的正当利益；

（c）数据主体存在如下权利：可以要求数据控制者提供对个人数据的访问、更正或删除权利，或者限制或反对相关处理的权利，数据可携带权；

（d）当数据处理是根据本条例第 6 条第 1 款（a）项或第 9 条第 2 款（a）项而进行的，数据主体享有随时撤回同意的权利，但该撤回不具有溯及力；

（e）向监管机构进行投诉的权利；

（f）个人数据的来源，以及其是否来源于可以公开获取的资源（如果

有);

(g) 存在自动化的决策，包括本条例第 22 条第 1 款和第 4 款所规定的用户画像，以及在此类情形下，至少提供关于决策中所运用相关逻辑的有效信息以及该处理的重要性和其对数据主体可能造成的后果。

3. 数据控制者应当采取以下方式提供本条第 1 款和第 2 款所规定的信息：

(a) 应当在获得个人数据后的合理期限内提供信息，考虑到个人数据处理的特定情形，应当至少在一个月以内；

(b) 如果个人数据是被用来和数据主体进行沟通的，最晚应当在其和数据主体进行第一次沟通时提供信息；

(c) 如果计划将个人数据披露给另一个接收者，那么最晚应当在第一次披露个人数据时提供信息。

4. 当数据控制者意图基于与收集个人数据时最初目的不一致的其他目的进一步处理个人数据时，数据控制者应当在进一步进行数据处理之前向数据主体提供有关新目的的信息，以及提供本条第 2 款所规定的所有相关信息。

5. 本条第 1 款至第 4 款不适用于以下情形：

(a) 数据主体已经获得相关信息；

(b) 此类信息的提供被证明是不可能的，或者需要付出某种不相称的工作，在以下情形中尤其不适用：为了实现公共利益、科学或历史研究目的、统计目的，为了保障数据主体的权利和自由，并采取了本条例第 89 条第 1 款所规定的合理技术和组织措施；或者本条第 1 款所规定的义务会严重妨碍实现数据处理的目标。在此类情形中，数据控制者应当采取恰当的措施保护数据主体的权利、自由与正当利益，包括将信息公开；

(c) 数据控制者所服从的欧盟或成员国法律为数据控制者获取或披露个人数据的行为作了明确规定，且这些法律为保护数据主体的正当利益提供了恰当的措施；

(d) 依据欧盟或成员国法律关于保守职业秘密的规定（包括法定保密义务），必须保密的个人数据。

第 15 条　数据主体的访问权

1. 数据主体应当有权从数据控制者处获知其个人数据是否正在被处理，并有权访问其个人数据和获知以下信息：

（a）数据处理的目的；

（b）相关个人数据的类型；

（c）个人数据已经被或将被披露的接收者或接收者的类型，特别是当接收者属于第三国或国际组织时；

（d）个人数据将被存储的期限，如果难以计算的话，确定此期限的标准；

（e）数据主体要求数据控制者纠正或删除个人数据、限制或反对处理相关个人数据的权利；

（f）向监管机构进行投诉的权利；

（g）当个人数据不是从数据主体处收集，关于收集来源的任何信息；

（h）存在自动化的决策，包括本条例第 22 条第 1 款和第 4 款所规定的用户画像，以及在此类情形下，至少提供关于决策中所运用相关逻辑的有效信息以及该处理的重要性和其对数据主体可能造成的后果。

2. 当个人数据被传输到第三国或某一国际组织时，数据主体应当有权获知和传输相关的、符合本条例第 46 条规定的恰当的数据安全保障措施。

3. 数据控制者应当提供正在进行处理的个人数据的备份。对于任何数据主体所要求的额外备份，数据控制者可以根据花费收取合理的费用。当数据主体通过电子方式提出请求时，数据控制者也应当以电子形式提供信息，除非数据主体有其他请求。

4. 获取本条第 3 款中所规定备份的权利不应当对他人的权利与自由产生负面影响。

第三节　更正权与删除权

第 16 条　更正权

数据主体应当有权从数据控制者处及时获知与其相关的不正确信息的更正。在考虑处理目的的前提下，数据主体应当有权完善不充分的个人数据，包括通过提供额外声明的方式来进行完善。

第 17 条　删除权（被遗忘权）

1. 数据主体有权要求数据控制者删除其个人数据，当具有以下情形之一时，数据控制者有责任及时删除个人数据：

（a）个人数据对于实现数据被收集或处理时的相关目的不再必要；

（b）数据主体撤回对根据本条例第 6 条第 1 款（a）项或第 9 条第 2 款（a）项规定进行数据处理的同意，并且该处理没有其他的法律依据时；

（c）数据主体对根据本条例第 21 条第 1 款进行的处理行使拒绝权，并且数据处理行为没有绝对的正当理由时，或者数据主体对根据本条例第 21 条第 2 款进行的处理行使拒绝权；

（d）存在非法的个人数据处理；

（e）为了履行欧盟或成员国法定义务，个人数据需要被删除；

（f）个人数据的收集涉及本条例第 8 条第 1 款所规定的提供社会服务信息时。

2. 当数据控制者已经公开个人数据并且有义务根据本条第 1 款的规定删除个人数据时，考虑到现有技术和执行成本，数据控制者应当采取包括技术措施在内的合理措施，将数据主体要求删除的有关个人数据的链接、备份或副本等告知正在处理个人数据的数据控制者。

3. 当数据处理对于以下目的是必要的，不再适用本条第 1 款和第 2 款的规定：

（a）为了行使表达自由和信息自由的权利；

（b）数据控制者执行或者为了执行基于公共利益的某项任务，或者基于被授予的官方权威而履行某项任务，欧盟或成员国的法律要求进行数据处理，以便履行其法律职责；

（c）为了实现公共健康领域符合本条例第 9 条第 2 款（h）项和（i）项以及第 9 条第 3 款的公共利益而进行的数据处理；

（d）如果本条第 1 款所提到的权利会受严重影响，或者会彻底阻碍实现本条例第 89 条第 1 款的公共利益目的、科学或历史研究目的、统计目的；或者

(e) 为了起诉、应诉所必要的数据处理。

第 18 条　限制处理权

1. 当存在以下情形之一时，数据主体有权要求数据控制者对数据处理行为进行限制：

(a) 数据主体对个人数据的准确性有争议，并给数据控制者一定的期限以核实个人数据的准确性；

(b) 数据处理是非法的，并且数据主体反对删除个人数据，要求对使用其个人数据的行为进行限制；

(c) 数据控制者不再需要个人数据以实现其数据处理目的，但数据主体为了起诉、应诉而需要该个人数据；

(d) 数据主体根据本条例第 21 条第 1 款的规定而反对数据处理行为，但需要确定数据控制者的正当理由是否优先于数据主体的正当理由。

2. 当数据处理受本条第 1 款的规定所限制时，除了存储的情形，此类个人数据只有以下情形中才能进行处理：获取了数据主体的同意，或者为了起诉或应诉，或者为了保护其他自然人或法人的权利，或者为了欧盟或某个成员国的重要公共利益。

3. 根据本条第 1 款的规定数据处理受到限制的情况下，数据控制者应当在限制被解除前告知数据主体。

第 19 条　关于更正、删除或限制处理中的通知义务

除非告知是不可能的或者需要付出不相称工作的，对于所有根据本条例第 16 条、第 17 条第 1 款、第 18 条的规定更正、删除或限制处理个人数据的，数据控制者都应当将此类信息告知个人数据披露给的每个接收者。如果数据主体提出要求，数据控制者应当将接收者的情形告知数据主体。

第 20 条　数据可携带权

1. 当存在以下情形时，如果数据主体向某数据控制者提供与其相关的个人数据，那么该数据主体有权从该数据控制者处获取结构化、通用化和机器可读的上述数据。同时，数据主体有权无障碍地将此类数据传输给其他数据控制者，原数据控制者不得阻碍：

(a) 数据处理是建立在本条例第 6 条第 1 款 (a) 项或第 9 条第 2 款

(a)项所规定的同意之上,或者第6条第1款所规定的合同基础之上;

(b)数据处理是通过自动化方式进行的。

2. 在行使本条第1款所规定的数据可携带权时,如果技术可行,数据主体应当有权将个人数据直接从一个数据控制者传输给另一个数据控制者。

3. 行使本条第1款所规定的权利,不能影响本条例第17条的规定。数据控制者为了公共利益,或者为行使其被授权的职责而进行的必要数据处理,该权利不予适用。

4. 本条第1款所规定的权利不能对他人的权利或自由产生负面影响。

第四节　反对权和自动化的个人决策

第21条　反对权

1. 对于根据本条例第6条第1款(e)项或(f)项而进行的关乎数据主体的数据处理,包括根据这些条款而进行的用户画像,数据主体应当有权随时反对。数据控制者须立即停止针对这部分个人数据的处理行为,除非数据控制者能够证明相比于数据主体的利益、权利和自由,其具有绝对的正当理由需要进行数据处理,或者数据处理是为了起诉或应诉。

2. 当因为直接营销目的而处理个人数据,数据主体有权随时反对为了此类营销而处理相关个人数据,包括反对与此类直接营销相关的用户画像。

3. 当数据主体反对为了直接营销目的而处理数据的行为,数据控制者将不能为了此类目的而处理个人数据。

4. 在与数据主体所进行的第一次沟通中,本条第1款和第2款所规定的权利应当明确告知数据主体,且应当与其他信息区分开来,清晰地告知数据主体。

5. 在适用信息社会服务的情况下,尽管存在2002/58/EC指令的规定,数据主体仍可以使用技术性条件,通过自动化方式行使反对权。

6. 当个人数据是为了本条例第89条第1款所规定的科学目的、历史研究目的、统计目的,数据主体基于其特定情形有权反对对其个人数据进行处理，除非处理对于实现公共利益的某项任务是必要的。

第 22 条　自动化的个人决策，包括用户画像

1. 数据主体有权反对此类决策：完全依靠自动化处理的决策（包括用户画像）而对数据主体产生具有法律影响或重要影响的决策。

2. 当决策存在以下情形时，本条第 1 款不再适用：

（a）当决策对于数据主体与数据控制者的合同签订或合同履行是必要的；

（b）当决策是欧盟或成员国法律所授权的，数据控制者是决策的主体，并且已经制定了恰当的措施保障数据主体的权利、自由与正当利益；或者

（c）当决策建立在数据主体的明确同意基础之上。

3. 在本条第 2 款所规定的（a）项和（c）项情形中，数据控制者应当采取适当措施保障数据主体的权利、自由与正当利益，至少保障数据主体要求数据控制者进行人工干预，以及表达观点和对决策提出异议的权利。

4. 本条第 2 款所规定的决策不得基于本条例第 9 条第 1 款所规定的特殊类型个人数据作出，除非符合本条例第 9 条第 2 款（a）项或（g）项的规定，并且已采取保护数据主体权利、自由与正当利益的措施。

············

第四章　数据控制者和数据处理者

第一节　一般义务

第 24 条　数据控制者的责任

1. 在考虑了数据处理的性质、范围、环境与目的以及数据处理对自然人权利与自由所带来的不同程度的风险后，数据控制者应当采取恰当的技术和组织措施，保证数据处理符合本条例的规定，并且能够证明数据处理符合本条例的规定。必要时，这些措施将被审查。

2. 当与处理活动相称时，本条第 1 款所规定的措施应当包括数据控制

者所采取的适当的数据保护政策。

3. 遵守本条例第 40 条所规定的已生效的行为准则，或遵守本条例第 42 条规定的已生效的认证机制，可以被用以证明数据控制者义务的合规性。

第 25 条　数据保护的系统保护和默认保护

1. 考虑国家发展水平、实施成本、处理的性质、范围、环境与目的，以及数据处理为自然人权利与自由带来的风险与损害之后，数据控制者在决定和实施处理时，应当采取适当的技术和组织措施，并且在处理中整合必要的保障措施，以便符合本条例的要求和保护数据主体的权利。例如，数据控制者可以采取匿名化机制和数据最小化机制。

2. 数据控制者应当采取适当的技术和组织措施，以保障在默认情况下，只有基于特定处理目的所必要的个人数据被处理。该义务适用于收集个人数据的数量、处理的限度、储存的期限以及可访问性。尤其需要注意的是，此类措施必须确保在默认情况下，如果没有个体介入，个人数据不能为不特定数量的自然人所访问。

3. 本条例第 42 条规定的认证机制，可以被用来证明本条第 1 款和第 2 款所规定的合规要求。

…………

第二节　个人数据的安全

第 32 条　处理安全

1. 考虑国家发展水平、实施成本、处理的性质、处理的范围、处理的环境与目的，以及处理给自然人权利与自由带来的风险和损害之后，数据控制者和数据处理者应当采取包括但不限于以下适当的技术和组织措施，以保证和风险相称的安全水平：

（a）个人数据的匿名化与加密；

（b）保持处理系统与服务的保密性、公正性、有效性以及重新恢复的能力；

（c）在物理性或技术性事故中，有能力恢复对个人数据的获取与访问；

（d）具有为保证处理安全而进行的常规测试、评估、评价技术性与组织性手段有效性的流程。

2. 在评估合适的安全级别的时候，应当特别考虑处理所带来的风险，特别是在个人数据传输、存储或处理过程中的意外或非法毁损、丢失、篡改、未经授权的披露或访问。

3. 遵守本条例第 40 条规定的行为准则或者遵守本条例第 42 条规定的认证机制可以被作为合规的证据之一，证明数据控制者已经遵守了本条第 1 款的要求。

4. 除非接到数据控制者的指示，数据控制者和数据处理者应当采取措施确保任何有权访问个人数据的数据处理者或任何代表数据控制者和数据处理者的自然人都不会进行处理，除非欧盟或成员国法律要求进行处理。

第 33 条 向监管机构报告对个人数据的泄露

1. 在个人数据泄露的情形中，如果可行，数据控制者在知悉后应当在 72 小时内将个人数据泄露告知本条例第 55 条所规定的有权监管机构，除非个人数据泄露对于自然人的权利与自由不太可能带来风险。对于不能在 72 小时以内告知监管机构的情形，应当提供延迟告知的原因。

2. 数据处理者在获知个人数据泄露后，应当及时告知数据控制者。

3. 本条第 1 款所规定的告知应当至少包括：

（a）描述个人数据泄露的性质，在可能的情形下，描述包括相关数据主体的类型和大致数量，以及涉及的个人数据的类型与大致数量；

（b）告知数据保护专员的姓名与详细联系方式，或者可以获取更多信息的其他联系方式；

（c）描述个人数据泄露的可能后果；

（d）描述数据控制者对个人数据泄露已经采取或计划采取的措施，包括减少负面影响的措施（如果有）。

4. 在不可能同时提供信息的情形下，可以分阶段及时提供信息。

5. 数据控制者应当记录所有对个人数据的泄露，包括泄露个人数据相关的事实、影响及已经采取的补救行动。参照该记录，监管机构得以核实数据控制者是否遵守本条例的有关规定。

第 34 条　告知数据主体个人数据泄露的义务

1. 当个人数据泄露很可能给自然人的权利与自由带来高风险时，数据控制者应当及时告知数据主体个人数据的泄露。

2. 本条第 1 款所规定的告知数据主体，应当以清晰、直白的语言传达个人数据泄露的性质，并且应当至少包括本条例第 33 条第 3 款（b）项、（c）项、（d）项所提供的信息与建议。

3. 当满足如下情形之一时，不要求数据控制者告知数据主体其个人数据被泄露的信息：

（a）数据控制者已经采取合适的技术与组织措施，并且那些措施已经应用于被个人数据泄露所影响的个人数据，特别是已经应用于那些使得未被授权访问的个人无法辨识个人数据的措施，例如加密；

（b）数据控制者已经采取后续措施，保证本条第 1 款所规定的给数据主体的权利与自由带来的高风险不再有实现的可能；

（c）告知需要付出不相称的努力。此时，应存在公告机制或类似措施来代替数据控制者的告知义务，并且与数据控制者的告知相比，这种措施的告知效果应当至少有相同效果。

4. 如果数据控制者仍然没有将个人数据泄露告知数据主体，监管机构在考虑了个人数据泄露所可能带来的高风险可能性后，可以要求其告知，或者可以认为符合本条第 3 款所规定的情形。

第三节　数据保护影响评估与事前咨询

第 35 条　数据保护影响评估

1. 当某种类型的处理，特别是适用新技术进行的处理，很可能会对自然人的权利与自由带来高风险时，在考虑处理的性质、范围、环境与目的后，数据控制者应当在处理之前评估计划的处理进程对个人数据保护的影响。若多项高风险处理活动属于同一种类，那么此时仅对其中某一项活动进行评估即可。

2. 如果数据控制者已经委任数据保护专员，当其进行数据保护影响评估时，数据控制者应当向数据保护专员进行咨询。

3. 在以下情形中，本条第 1 款所规定的数据保护影响评估尤其必须：

（a）对与自然人相关的个人因素进行系统性与全面性的评价，此类评价基于自动化处理，包括用户画像，并且其决策对自然人产生法律影响或类似重大影响；

（b）以大规模处理的方式处理本条例第 9 条第 1 款所规定的特定类型的数据，或者与第 10 条规定的定罪与违法相关的个人数据；或者

（c）以大规模的方式系统性地监控某个公众可以访问的空间。

4. 监管机构应当建立并公开一个列表，列明符合本条第 1 款所要求的数据保护影响评估的处理操作的类型。监管机构应当将此类列表告知本条例第 68 条所提到的欧洲数据保护委员会。

5. 监管机构还可以建立一个公开性的列表，列明符合不需要进行数据保护影响评估处理操作的类型。监管机构应当将此类列表告知欧洲数据保护委员会。

6. 在设置本条第 4 款与第 5 款所规定的列表之前，当此类列表涉及为数据主体提供货物或服务时，或者涉及对多个成员国行为的监管，或者可能实质性地影响欧盟境内个人数据的自由流动，有职权的监管机构应当首先适用本条例第 63 条所规定的一致性机制。

7. 评估应当至少包括：

（a）对计划的处理操作和处理目的的系统性描述，适当情况下还包括对数据控制者所追求的正当利益的描述；

（b）对与目的相关的处理操作的必要性与相称性进行分析；

（c）对本条第 1 款所规定的给数据主体的权利与自由带来的风险评估；

（d）结合数据主体和其他相关个人的权利与正当利益，采取的计划性风险应对措施，包括保障个人数据保护和证明遵循本条例的安全保障、安全措施和机制。

8. 评估相关数据控制者或数据处理者的处理操作的影响时，特别是评估数据保护影响时，应当合理考虑其对本条例第 40 条所规定的行为准则的

遵守。

9. 在合适的情形下，如果不影响保护商业或公共利益或处理操作的安全性，数据控制者应当咨询数据主体或数据主体代表对于其预期处理的观点。

10. 依据本条例第 6 条第 1 款（c）项或（e）项进行的处理在数据控制者所遵循的欧盟或成员国法律中具有法律依据，这些法律规定了某一具体处理行为或者一系列处理行为，并且在适用上述法律依据时已经实施了一项作为一般性影响评估一部分的数据保护影响评估，不适用本条第 1 款至第 7 款的规定，除非成员国认为有必要在处理活动前进行此类评估。

11. 必要时，数据控制者应当进行核查，评估处理是否符合数据保护影响评估，至少当数据处理操作所带来的风险发生变化时，应进行核查。

……

第五节　行为准则与认证

第 40 条　行为准则

1. 成员国、监管机构、欧洲数据保护委员会与欧盟委员会鼓励在考虑不同处理部门的特征以及微型、小型与中型市场主体的特定需求的基础上起草促进本条例合理适用的行为准则。

2. 协会以及其他代表某类数据控制者或数据处理者的实体为了对适用本规则进行细化，可以起草行为准则，修正或延长此类准则，例如，它们可以起草涉及以下事项的准则：

（a）合理与透明的处理；

（b）在特定情境下数据控制者所追求的正当利益；

（c）对个人数据的收集；

（d）对个人数据进行匿名化处理；

（e）提供给公众与数据主体的信息；

（f）数据主体权利的行使；

（g）提供给儿童和保护儿童的信息，以及为了获取儿童监护人同意所采取的形式；

（h）本条例第 24 条和第 25 条所规定的措施与程序，以及为了保障本条例第 32 条所规定的处理安全所采取的措施；

（i）向监管机构通报个人数据泄露，以及将此类个人数据泄露告知数据主体；

（j）将个人数据传输到第三国或国际组织；或者

（k）不影响本条例第 77 条和第 99 条所规定的数据主体权利的庭外诉讼性活动，以及为了解决数据控制者与数据主体在处理相关事项中争议的纠纷解决程序。

3. 数据控制者或数据处理者除受本条例约束之外，对于根据本条例第 3 条不受本条例约束的情形，为了保证在本条例第 46 条第 2 款（e）项所规定的将个人数据传输到第三国或国际组织的框架中提供合适的安全措施，也可以受本条第 5 款所规定的行为准则的约束，或者受本条第 9 款规定的具有一般性效力的行为准则约束。为了提供此类合适的安全措施，包括与数据主体权利相关的安全措施，此类数据控制者或数据处理者应当通过合同或其他具有法律强制力的措施制定有约束力和可执行的承诺。

4. 在不影响本条例第 55 条或第 56 条所规定的有权监管机构的任务与权利的前提下，本条第 2 款所规定的行为准则应当包括使本条例第 41 条第 1 款所规定的实体能履行其监管任务的有效措施，保证负责实施行为准则的数据控制者或数据处理者遵循其条款的规定。

5. 本条第 2 款所规定的计划起草、修改行为准则或延长现有准则的协会或其他实体，应当将准则草案、修正案或延期提议提交给符合本条例第 55 条的有权监管机构。监管机构应当提供一份意见书，表明草案、修正案或延期提议是否符合本条例的规定，如果监管机构认定已经采取了足够和适当的安全保障，其应当批准草案、修正案或延期提议。

....

第 42 条　认　证

1. 成员国、监管机构、欧洲数据保护委员会与欧盟委员会应当鼓励建立数据保护认证机制、数据保护印章和标记，尤其是在欧盟层面，以证明数据控制者和数据处理者的处理操作符合本条例。对此应当考虑微型、小型与中型市场主体的特定需求。

2. 数据控制者或数据处理者除受本条例约束之外，也可以设立符合本条第 5 款的数据保护认证机制、印章或标记，以便证明，对于根据本条例第 3 条中不受本条例约束的情形，已经对本条例第 46 条第 2 款（f）项所规定的将个人数据传输到第三国或国际组织的情形采取了合适的安全措施。为了提供此类合适的安全措施，包括与数据主体权利相关的安全措施，此类数据控制者或数据处理者应当通过合同或其他具有法律强制力的措施制定有约束力和可执行的承诺。

3. 认证应当是自愿的，而且应当通过透明程序获得。

4. 根据本条进行的认证，不能减轻数据控制者或数据处理者遵循本条例的责任，而且也不对本条例第 55 条或第 56 条所规定的有权监管机构的任务和权利产生影响。

5. 符合本条的认证应当为本条例第 43 条所规定的认证机构所批准，应当建立在本条例第 58 条第 3 款的有权监管机构或第 63 条的欧洲数据保护委员会批准的标准之上。当标准被欧洲数据保护委员会批准，就可以产生一个通用性认证——欧盟数据保护印章。

6. 那些将其处理提交认证机制的数据控制者或数据处理者，应当将进行认证程序所必需的所有信息与访问权提交给本条例第 43 条规定的认证机构，在适用的情形下，还应当提交给有权监管机构。

7. 颁发给数据控制者或数据处理者的认证的有效期最长是三年，如果相关条件满足，同样的情形下有效期可以延长。当认证的条件不满足或不再满足时，在适用的情形下，本条例第 43 条规定的认证实体或有权监管机构可以撤回认证。

8. 欧洲数据保护委员会应当核查所有已登记的验证机制、数据保护印章和标记，而且应当以恰当的方式使得公众能够获取。

…………

第五章　向第三国或国际组织传输个人数据

第 44 条　传输的一般性原则

任何正在传输个人数据的行为或者将个人数据传输到第三国或国际组

织后再意图传输的行为，包括将个人数据从第三国或国际组织传输到另一第三国或另一国际组织的行为，只有在数据控制者和数据处理者满足本条例的其他条款以及满足本章规定的条件时才能进行。为了保证本条例对于自然人的保护程度不被削弱，本章所有条款都应当被遵守。

第 45 条　基于充分保护认定基础上的传输

1. 当欧盟委员会认定有关第三国、第三国某一区域、第三国中的一个或多个特定部门或国际组织确实达到充分保护标准，个人数据便可以向第三国或国际组织传输。此类传输无需任何特别授权。

2. 在评估保护标准的充分性时，欧盟委员会应当特别考虑以下要素：

（a）法律规则、对人权与基本自由的尊重，包括关于公共安全、国防、国家安全、刑法和公共机构访问个人数据的一般性与部门性立法，以及此类立法的实施、数据保护规则、职业准则和安全措施，包括将个人数据传输到另一第三国或国际组织所必需遵守的第三国或国际组织的规则、判例法以及有效可执行的数据主体权利、有效的行政管理以及对正在进行个人数据传输的数据主体的司法救济；

（b）在第三国或国际组织中存在和有效运行着一个或多个独立监管机构，负责确保和强制遵守数据保护规则，包括具有充分的执行权力，在数据主体行使其权利时，以及在与成员国的监管机构合作时提供帮助和建议；

（c）相关第三国或国际组织所作出的国际性承诺，或者具有法律约束力的公约或法律文件以及因参加多边或区域体系而产生的其他义务，特别是与数据保护相关的体系。

3. 在评估了保护标准的充分性之后，欧盟委员会可以通过制定实施性法案来确定第三国、第三国某一区域、第三国中的一个或多个特定部门或国际组织是否满足本条第 2 款规定的充分保护标准。实施性法案应当提供一种至少每四年定期审查一次的周期性审查机制，对第三国或国际组织的所有相关发展情况进行审查。实施性法案应当明确其适用的领域与部门，以及在适用的情况下确定本条第 2 款（b）项所规定的监管机构。实施性法案的制定应当遵守本条例第 93 条第 2 款所规定的验证程序。

4. 欧盟委员会应当持续监控第三国或国际组织中可能会影响根据本条第 3 款和第 95/46/EC 号指令第 25 条第 6 款作出的决定发挥作用的情况。

5. 根据本条第 3 款的审查制度，当已有信息显示，第三国、第三国中的一个或多个特定部门或国际组织不再提供本条第 2 款所规定的充分保护标准，根据必要程度，欧盟委员会应当通过制定不具有溯及力的实施性法案来废止、修订或暂停依据本条第 3 款所作出的决定。

基于正当合理的紧急理由，欧盟委员会应当立即根据本条例第 93 条第 3 款规定的程序适用适当的实施性法案。

··········

第 47 条　有约束力的公司规则

1. 有权监管机关应当根据本条例第 63 条规定的一致性机制批准有约束力的公司规则，条件如下：

（a）具有法律约束力，适用于从事联合经济活动的企业集团或企业集团的每一位相关成员，包括其雇员；

（b）明确赋予数据主体处理其个人数据的可执行性权利；以及

（c）满足本条第 2 款规定的要求。

2. 本条第 1 款所述的有约束力的公司规则应当至少规定：

（a）从事联合经济活动的企业集团或企业集团的相关主体及其每一成员的组织架构和详细联系方式；

（b）单个数据传输或一系列数据传输，包括个人数据类别、处理类别及其目的、受影响的数据主体的类别，以及涉及的对第三国或多个第三国的确定；

（c）规则对内和对外法律约束力的性质；

（d）对一般数据保护原则的适用，特别是目的限定、数据最小化、有限的存储期限、数据质量、数据保护的系统保护与默认保护、处理的法律基础、对特定类型个人数据的处理、保障数据安全的措施，以及向不受约束性公司规则限制的实体传输个人数据的要求；

（e）数据主体在数据处理中的权利以及行使这些权利的方式，包括不受完全基于自动化处理决定影响的权利（包括不受根据本条例第 22 条的用户画像对数据主体作出决定的权利），根据本条例第 79 条向有权监管机构和成员国有管辖权的法院提出申诉的权利，以及在对方违反公司约束规则的情形下获得救济和酌情获得赔偿的权利；

（f）设立于欧盟成员国境内的数据控制者或数据处理者对于其不在欧盟成员国境内设立的相关成员违反公司约束规则的行为承担责任；只有当数据控制者或数据处理者证明该成员对于导致损害的事件没有责任时才能免除数据控制者或数据处理者的全部或部分责任；

（g）除本条例第 13 条和第 14 条之外，如何向数据主体提供关于公司约束规则的信息，特别是关于本款（d）项、（e）项、（f）项所述的信息如何提供给数据主体；

（h）根据本条例第 37 条指定的任何一个数据保护专员或任何其他在企业集团或企业集团成员内部负责监督公司约束规则的遵守情况、培训与处置投诉的所有人或实体的任务；

（i）投诉程序；

（j）企业集团或企业集团成员用来核实对公司约束规则的遵守情况而在内部设立的机制。这种机制应当包括数据保护审计以及能够确保采取纠正措施的方法，以保护数据主体的权利。此类核实结果应当告知本款（h）项所规定的个人或实体、企业集团或从事联合经济活动的一系列市场主体的董事会，并应根据有权监管机构的要求向其提供核实结果；

（k）报告和记录规则变化的机制，以及将此类变化报告给监管机构的机制；

（l）与监管机构建立合作机制，以确保从事联合经济活动的企业集团或企业集团的任何成员遵守规定，特别是向监管机构提供本款（j）项所规定的措施的核查结果；

（m）当企业集团或企业集团成员是第三国的主体并且可能对约束性企业规则所提供的保障产生实质性的负面影响时，向有权监管机构报告对此类主体所遵守的所有法律要求的机制；以及

（n）对长期或定期访问个人数据的员工进行的适当数据保护培训。

3. 欧盟委员会可以具体规定数据控制者、数据处理者和监管机构之间

有关本条公司约束规则交换信息的形式和程序。此类实施性法案的制定应当遵循本条例第93条第2款所规定的验证程序。

....

第六章 独立监管机构

第一节 独立地位

第51条 监管机构

1. 各成员国应规定一个或多个独立的公共机构负责监控本条例的实施情况，以保护自然人在数据处理过程中的基本权利与自由，并促进个人数据在欧盟内部的自由流动。

2. 各监管机构都应当致力于促进本条例在欧盟的一致性适用。基于这一目的，监管机构应当根据本条例第七章的规定彼此合作并与欧盟委员会合作。

3. 当一个成员国设立了多个监管机构，该成员国应当在欧洲数据保护委员会指定一个监管机构代表其他机构，并且应当建立一套机制来确保其他机构遵守本条例第63条规定的一致性机制相关的规则。

4. 各成员国应当在2018年5月25日之前向欧盟委员会通报其根据本章所制定的法律条款，并应当及时通报后续将对法律条款产生影响的任何修订。

第52条 独立性

1. 各监管机构在根据本条例的规定履行职责和行使权力时，应当保持完全的独立性。

2. 各监管机构的成员在根据本条例的规定履行职责和行使权力时，不受直接或间接的外部影响，不得寻求或接收任何人的指示。

3. 监管机构的成员不得从事违反其监管职责的活动，任职期间不得从事任何与其监管工作不相符的有偿或无偿的职业。

4. 各成员国都应确保向每个监管机构提供有效履行其职责和行使其权力所需的人力、技术与资金资源、办公场所与必要的基础设施，包括在欧洲数据保护委员会中相互协助、合作和参与背景下才能履行的职责与行使的权力。

5. 各成员国都应确保每个监管机构选择和雇用自己的工作人员的权力，这些工作人员应完全服从有关监管机构成员的指示。

6. 各成员国应确保每个监管机构都是其自身财政的控制主体，使得其独立性不受影响，并确保每个监管机构拥有单独的公共年度预算，这些预算可能是州预算或国家预算的一部分。

第 53 条　监管机构成员的一般条件

1. 成员国应当以透明化的方式通过以下机构任命其监管机构的每个成员：

－成员国议会；

－成员国政府；

－成员国国家元首；或者

－根据成员国法律受委托进行这项任命的独立实体。

2. 各个成员都应当具备履行其职责和行使其权力所需的资质、经验与技巧，特别是在个人数据保护方面的资质、经验与技巧。

3. 根据成员国的相关法律，如果成员的任期届满、辞职或强制退休，其职责随之结束。

4. 只有存在严重的不当行为或不再符合履行职责所需的条件时，成员才可以被解雇。

第 54 条　设立监管机构的规则

1. 各成员国应当通过法律规定以下事项：

（a）每个监管机构的设立；

（b）被任命为各监管机构的成员所需的资质与资格条件；

（c）任命每个监管机构成员的规则和程序；

（d）各监管机构的成员每届任期不得少于四年，除非是在 2016 年 5 月 24 日后进行的第一次任命，其中部分成员的任期可以缩短，以便通过交叉任命程序来保护监管机构的独立性；

（e）各监管机构的成员是否有资格连任，如果有资格的话，可以连任多少个任期；

（f）各监管机构的成员和工作人员需要负责的情形，在任期内和任期结束后禁止不符合这些情形的行为、职业和收益，以及关于停止雇用的规则。

2. 根据欧盟或成员国的法律，每个监管机构的成员和工作人员在任职期间或任期结束后，对于其在履行职责或行使权力期间所知悉的任何机密信息，都应承担保密责任。在其任期内，保密责任应特别适用于自然人报告违反本条例行为的情形。

第二节　职权、职责与权力

第55条　职　权

1. 各监管机构都有权根据本条例规定在其所属的成员国境内履行职责、行使权力。

2. 当公共机构或私人实体根据本条例第6条第1款（c）项或（e）项处理个人数据，有关成员国的监管机构拥有管辖权。在此类情形中，本条例第56条不适用。

3. 监管机构无权监管法院在司法活动中进行的个人数据处理。

第56条　主要监管机构的职权

1. 在不影响本条例第55条的前提下，数据控制者或数据处理者的主要营业场所或单一营业场所所在地的监管机构有权作为主要监管机构来监管数据控制者或数据处理者根据本条例第60条程序进行的跨境数据处理。

2. 如果主要事项仅涉及成员国内的一个机构或仅对成员国内数据主体产生实质性影响，每个监管机构都有权处理向其提出的投诉或可能违反本条例规定的行为。

3. 在本条第2款所规定的情形下，监管机构应将此事项及时通知主要监管机构。在接到通知后三个星期内，主要监管机构应决定其是否要根据本条例第60条规定的程序处置该案件，在作出决定时应当结合考虑数据控制者或数据处理者是否在通知它的监管机构所在的成员国内有营业场所。

4. 当主要监管机构决定处理案件时，应当适用本条例第60条规定的程序。向主要监管机构作出通知的监管机构可以根据主要监管机构的决定向其提交一份草案。当主要监管机构根据本条例第 60 条第 3 款规定的决定起草草案时，应最大限度地考虑上述草案。

5. 当主要监管机构决定不处理该案件时，通知主要监管机构的监管机构应当根据本条例第 61 条和第 62 条的规定进行处理。

6. 主要监管机构是进行跨境数据处理的数据控制者或数据处理者的唯一对话者。

第 57 条 职 责

1. 在不影响本条例规定的其他职责的前提下，各监管机构应当在其管辖范围内履行以下职责：

（a）监督和执行对本条例的实施；

（b）提高公众对与数据处理相关的风险、规则、安全保障和权利的认识和理解；特别注意专门针对儿童的活动；

（c）根据成员国法律，向国家议会、政府以及其他机构和实体提供关于处理个人数据所涉及的保护自然人权利与自由的立法和行政措施的意见；

（d）提高数据控制者与数据处理者对本条例所规定责任的认识；

（e）根据请求，向任何数据主体提供有关其行使本条例所规定权利的信息，必要时与其他成员国的监管机构为了实现该目的进行合作；

（f）处理数据主体或机构、组织或协会根据本条例第 80 条提出的投诉，并在适当情况下调查投诉事由，在合理期限内将调查进展和结论告知投诉者，特别是在需要进一步调查或与另一监管机构合作的情况下；

（g）与其他监管机构合作，包括共享信息和相互协助，以确保本条例适用与执行的一致性；

（h）对本条例的适用情况进行调查，包括根据从另一监管机构或其他公共机构收集的信息而进行的调查；

（i）监督对个人数据保护有影响的事态发展，特别是对信息和通信技术、商业惯例发展有影响的事态；

（j）采用本条例第 28 条第 8 款和第 46 条第 2 款（d）项规定的标准格

式合同；

（k）根据本条例第 35 条第 4 款的规定建立并保存一份有关个人数据保护影响评估要求的清单；

（l）对本条例第 36 条第 2 款规定的数据处理行为提供建议；

（m）鼓励根据本条例第 40 条第 1 款的规定起草行为准则，并对根据本条例第 40 条第 5 款提供充分安全保障的行为准则提供意见并进行批准；

（n）鼓励设立数据保护认证机制，根据本条例第 42 条第 1 款的规定设置数据保护印章与标志，并批准根据本条例第 42 条第 5 款规定设置的认证标准；

（o）必要时，对根据本条例第 42 条第 7 款颁发的认证证书进行定期审查；

（p）起草并发布本条例第 41 条规定的监督行为准则实施的机构认证标准以及本条例第 43 条规定的认证机构的认证标准；

（q）实施本条例第 41 条规定的监督行为准则实施的机构的认证，以及本条例第 43 条规定的认证机构的认证；

（r）批准本条例第 46 条第 3 款所述的合同条款与规定；

（s）批准符合本条例第 47 条规定的公司约束规则；

（t）为欧洲数据保护委员会的活动提供帮助；

（u）对违反本条例的行为以及根据本条例第 58 条第 2 款采取的措施进行内部记录；以及

（v）完成与个人数据保护相关的其他职责。

2. 各监管机构应为本条第 1 款（f）项规定的投诉提供便利，例如提供可以通过电子方式填写的投诉提交表格，但不排除其他通信手段。

3. 各监管机构履行职责时不应对数据主体、数据保护专员（如果有）收费。

4. 当请求明显没有根据或过分，特别是当请求重复时，监管机构可以根据行政花费收取一定的合理费用，或拒绝对请求采取行动。监管机构应当承担举证责任，证明请求明显没有根据或过分。

第58条 权　力

1. 各监管机构拥有以下所有调查权：

（a）要求数据控制者和数据处理者，以及数据控制者或数据处理者的代表（如果有）提供其履行职责所需的所有信息；

（b）以数据保护审计的方式进行调查；

（c）对根据本条例第42条第7款所颁布的认证证书进行审查；

（d）将可能违反本条例的情况通知数据控制者或数据处理者；

（e）从数据控制者或数据处理者处获取访问个人数据的权力以及为了行使其职责所需的所有信息；

（f）根据欧盟或成员国的程序法，获准进入数据控制者和数据处理者的经营场所，包括使用任何数据处理设备和手段。

2. 各监管机构拥有所有以下矫正性权力：

（a）向数据控制者或数据处理者发出警告，指出预期的处理行为可能违反本条例的规定；

（b）对处理行为违反本条例规定的数据控制者或数据处理者进行申诫；

（c）责令数据控制者或数据处理者尊重数据主体依照本条例行使其权利的要求；

（d）在适当情况下，责令数据控制者或数据处理者以指定方式并在指定期限内完成符合本条例规定的处理行为；

（e）责令数据控制者将个人数据泄露的情况通知数据主体；

（f）对数据处理施加暂时性或终局性的限制，包括禁令；

（g）根据本条例第16条、第17条和第18条的规定责令更正或删除个人数据或限制处理个人数据，并将此类行为通知根据本条例第17条第2款和第19条规定向其披露个人数据的接收者；

（h）撤销认证证书，或命令认证机构撤销根据本条例第42条和第43条颁发的认证证书，或者命令认证机构对不能达到或者不再达到认证标准的认证不予颁发认证证书；

（i）根据本条例第83条规定，在本款所规定的措施之外，视每个案件

的具体情形处以行政罚款;

(j) 责令暂停向第三国或国际组织接收者进行数据传输。

3. 各监管机构拥有所有以下授权和建议的权力:

(a) 建议数据控制者遵守本条例第 36 条规定的事先协商程序;

(b) 主动或根据请求,根据成员国法律就个人数据保护问题为国家议会、成员国政府或其他机构、实体与公众提供意见;

(c) 如果成员国法律要求事先授权,根据本条例第 36 条第 5 款授权处理;

(d) 根据本条例第 40 条第 5 款发表意见并批准行为准则草案;

(e) 根据本条例第 43 条的规定授权认证机构;

(f) 根据本条例第 42 条第 5 款的规定颁发认证证书和批准认证标准;

(g) 采用本条例第 28 条第 8 款和第 46 条第 2 款(d)项规定的数据保护标准合同条款;

(h) 授权本条例第 46 条第 3 款(a)项规定的合同条款;

(i) 授权本条例第 46 条第 3 款(b)项规定的行政性安排;

(j) 批准符合本条例第 47 条规定的公司约束规则。

4. 监管机构根据本条规定行使授予的权力应当受到适当安全保障措施的保护,包括在欧盟和成员国法律中根据欧盟宪章规定的有效的司法救济和正当程序。

5. 各成员国应当通过法律规定监管机构有权将违反本条例的情形诉诸司法途径,在合适的情形下可以提起或参与法律诉讼,以执行本条例的条款。

6. 各成员国应当通过法律规定监管机构享有其他在本条第 1 款、第 2 款和第 3 款中规定的权力。行使这些权力不能损害本条例第七章规定的有效运行。

第 59 条　工作报告

各监管机构应起草关于其工作的年度报告,报告中包括其被告知的违反条例的行为类型以及根据本条例第 58 条第 2 款采取的措施类型。此类报告应当提交给国家议会、政府和成员国法律指定的其他机构,并向公众、欧盟委员会和欧洲数据保护委员会公开。

……

第七章　合作与一致性

……

第三节　欧洲数据保护委员会

第 68 条　欧洲数据保护委员会

1. 特此设立欧洲数据保护委员会作为欧盟的一个机构，并具有法人资格。

2. 欧洲数据保护委员会由其主席代表。

3. 欧洲数据保护委员会应当包括每个成员国的监管机构负责人、欧洲数据保护监督员或者他们的代表。

4. 当某个成员国有多个监管机构负责监管本条例条款的适用时，应根据成员国的法律任命一名联合代表。

5. 欧盟委员会有权参加欧洲数据保护委员会的活动与会议，但不享有表决权。欧盟委员会应委任一名代表。欧洲数据保护委员会主席应向欧盟委员会通报其活动。

6. 在本条例第 65 条规定的情形下，欧洲数据保护委员会只对涉及适用于欧盟机构、实体、办公室、代办机构的原则和规则的决定享有表决权，而这些原则和规则实质上与本条例的规定相符。

第 69 条　独立性

1. 当根据本条例第 70 条和第 71 条履行职责或行使权力时，欧洲数据保护委员会应当保持其独立性。

2. 在不影响本条例第 70 条第 1 款（b）项和第 70 条第 2 款所规定的欧盟委员会要求的前提下，欧洲数据保护委员会在履行职责或行使权力时，不得寻求或接受任何人的指示。

第 70 条　欧洲数据保护委员会的职责

1. 欧洲数据保护委员会应确保对本条例的一致性适用。为实现此目的，欧洲数据保护委员会应主动或根据欧盟委员会的相关请求而履行以下职责：

（a）在不影响国家监管机构职责的前提下，监督并确保在本条例第64条和第65条所规定的情形中正确适用本条例；

（b）就欧盟数据保护相关的所有事项向欧盟委员会提供建议，包括对本条例的任何拟议修订；

（c）就为制定公司约束规则而在数据控制者、数据处理者和监管机构之间进行的信息交换的格式与程序向欧盟委员会提供建议；

（d）提出清除本条例第17条第2款规定的从公共通信服务中获取的个人数据的链接、备份或副本的指南、建议和最佳实践做法；

（e）主动或根据成员的请求或根据欧盟委员会的要求核查涉及本条例适用的任何问题并发布指南、建议和最佳实践做法，以促进对本条例的一致性适用；

（f）为了进一步细化本条例第22条第2款规定的基于用户画像的决策的标准和条件，根据本款（e）项发布指南、建议和最佳实践做法；

（g）根据本款（e）项的规定提出关于个人数据泄露、本条例第33条第1款和第2款规定的无故拖延、数据控制者或数据处理者被要求通知个人数据泄露情况的指南、建议和最佳实践做法；

（h）就个人数据违法可能对本条例第34条第1款规定的自然人的权利与自由带来高风险的情形，根据本款（e）项的规定发布指南、建议和最佳实践做法；

（i）根据本款（e）项的规定发布指南、建议和最佳实践做法，以详细说明在数据控制者和数据处理者遵守公司约束规则基础上进行的个人数据传输的标准和要求，以及本条例第47条规定的确保数据主体个人数据保护的必要要求；

（j）为了进一步细化本条例第49条第1款规定的个人数据传输标准和要求，根据本款（e）项的规定发布指南、建议和最佳实践做法；

（k）起草关于监管机构适用本条例第58条第1款、第2款、第3款规定的措施，修改本条例第83条规定的行政罚款的指南；

（l）对本款（e）项和（f）项规定的指南、建议和最佳实践做法的实际运用进行审查；

（m）根据本款（e）项的规定发布指南、建议和最佳实践做法，以及本条例第54条第2款的规定为自然人报告违反本条例的行为设定一般程序；

（n）鼓励根据本条例第40条和第42条的规定起草行为准则，设立数据保护认证机制、数据保护印章和标记；

（o）批准本条例第42条第5款规定的认证标准，并保存第42条第8款规定的认证机制和数据保护印章和标记的公开登记册以及本条例第42条第7款规定的在第三国设立的被认证的数据控制者或数据处理者的公开登记册；

（p）细化本条例第43条第3款规定的要求以委任本条例第43条规定的认证机构；

（q）向欧盟委员会提供关于本条例第43条第8款规定的认证要求的意见；

（r）向欧盟委员会提供关于本条例第12条第7款规定的标记的意见；

（s）向欧盟委员会提供关于第三国或国际组织的数据保护水平的充分的评估意见，包括评估第三国、第三国某一地区、第三国中的一个或多个特定部门或国际组织是否不再确保充分的数据保护水平。为实现该目的，欧盟委员会应当向欧洲数据保护委员会提供所有必要的文件，包括与第三国政府进行的涉及第三国、第三国某一地区、第三国中的一个或多个特定部门或国际组织的通信；

（t）根据本条例第64条第1款规定的一致性机制对监管机构根据本条例第64条第2款提交的决定草案提出意见，并根据本条例第65条的规定作出有约束力的决定，包括本条例第66条规定的有约束力的决定；

（u）促进监管机构之间的合作、有效的双边或多边信息交换以及最佳实践；

（v）促进监管机构之间以及适当条件下监管机构与第三国监管机构或国际组织监管机构之间开展共同培训项目和人员交流；

（w）促进全球范围内数据保护监管机构之间有关个人数据保护的知识交流、数据保护立法文件与实践的交流；

（x）提供关于根据本条例第 40 条第 9 款在欧盟层面起草的行为准则的意见；以及

（y）保存可供公众查阅的电子登记册，记录监管机构和法院对根据一致性机制所处置的事项作出的决定。

…………

第八章　救济、责任与惩罚

第 77 条　向监管机构投诉的权利

1. 若数据主体认为与自身有关的个人数据处理行为违反了本条例的规定，在不影响任何其他行政或司法救济的前提下，每个数据主体都享有向监管机构投诉的权利，特别是向数据主体所属的成员国或经常居住地、工作地或侵权行为发生地所属成员国投诉。

2. 接受投诉的监管机构应当告知投诉者投诉的进展和结果，包括根据本条例第 78 条的规定获得司法救济的可能性。

第 78 条　针对监管机构的有效司法救济权

1. 在不影响其他任何行政或司法救济的前提下，任何自然人或法人都有权就监管机构对其作出的有法律约束力的决定获得有效的司法救济。

2. 在不影响其他任何行政或司法救济的前提下，当本条例第 55 条和第 56 条规定的有权监管机构并未处理投诉或者并未按照本条例第 77 条的规定在三个月内告知数据主体投诉的进展与结果，任何数据主体都有权获得有效的司法救济。

3. 针对监管机构的法律诉讼应当向监管机构所在的成员国法院提起。

4. 当就监管机构的一项决定提起诉讼，且该决定系根据一致性机制优先于欧洲数据保护委员会的意见或决定作出的，监管机构应将该意见或决定告知法院。

第 79 条　针对数据控制者或数据处理者的有效司法救济权

1. 在不影响其他任何行政或司法救济的前提下（包括本条例第 77 条

规定的向监管机构提出投诉的权利），任何数据主体在认为其基于本条例而享有的权利因违反本条例规定的个人数据处理行为被侵犯时，均享有获得司法救济的权利。

2. 针对数据控制者或数据处理者的法律诉讼应当向其营业场所所在成员国的法院提起。除此之外，此类法律诉讼也可以向该数据主体的经常居住地所在成员国的法院提起，除非数据控制者或数据处理者是某成员国行使公共权力的公共机构。

第 80 条　数据主体的代表

1. 数据主体有权委托非营利机构、组织或协会代表其行使本条例第 77 条、第 78 条、第 79 条规定的权利，以及在成员国法律有规定的情形下代表其行使本条例第 82 条规定的获得赔偿的权利。此类非营利机构、组织或协会应具备以下条件：按照成员国法律依法设立，有符合公共利益的法定目标，在为保护数据主体的权利与自由而代表个人提起投诉方面表现活跃。

2. 成员国可以规定，不论数据主体是否委托，本条第 1 款所规定的任何机构、组织或协会如果认为数据主体基于本条例享有的权利因为数据处理行为受到侵犯，都有权向本条例第 77 条规定的成员国有权监管机构投诉并行使本条例第 78 条和第 79 条规定的权利。

…………

第 82 条　获得赔偿的权利与义务

1. 任何因违反本条例的行为而遭受财产或非财产性损害的人都有权就所遭受的损害从数据控制者或数据处理者处获得赔偿。

2. 数据控制者应当对其所涉及的违反本条例规定的数据处理行为所造成的损害承担责任。数据处理者只对其未遵守本条例规定的数据处理者的义务或者当其超越或违反数据控制者的合法指示的处理行为所造成的损害承担责任。

3. 若数据控制者或数据处理者证明自己对导致损害发生的事件不负有任何责任，则应当免除本条第 2 款规定的责任。

4. 当同一数据处理行为涉及多个数据控制者或数据处理者，或者仅涉及一个数据控制者和一个数据处理者，并且根据本条第 2 款和第 3 款的规定需对数据处理造成的所有损害承担责任时，每个数据控制者或数据处理者都应当对全部损害承担连带责任，以确保数据主体能够获得有效赔偿。

5. 当数据控制者或数据处理者已经根据本条第 4 款的规定支付了全部损害赔偿金后，其有权根据本条第 2 款规定的条件向其他相关数据控制者或数据处理者进行追偿，要求他们对各自造成的损害部分承担相应的赔偿责任。

…………

第 83 条　行政罚款的一般条件

1. 各监管机构应确保在每个案件中根据本条规定对违反本条第 4 款、第 5 款、第 6 款规定的违法行为收取的行政罚款是有效、成比例和具有劝诫性的。

2. 应根据个案的具体情形在采取本条例第 58 条第 2 款（a）项至（h）项以及（j）项规定措施的基础上附加行政罚款，或者将其作为上述措施的替代措施。在个案中决定是否处以行政罚款以及决定行政罚款的数额时应当充分考虑以下因素：

（a）违法行为的性质、严重性与持续时间，结合处理行为的性质、范围或目的，以及受影响的数据主体数量与损害程度；

（b）违法行为是基于故意还是过失；

（c）数据控制者或数据处理者为减轻数据主体遭受的损失而采取的所有措施；

（d）数据控制者或数据处理者的责任程度，结合考虑数据控制者或数据处理者根据本条例第 25 条和第 32 条的规定采取的技术性与组织性措施；

（e）数据控制者或数据处理者此前所有相关违法行为；

（f）为纠正违法行为和减轻违法行为所造成的可能负面影响，与监管机构合作的程度；

（g）受违法行为影响的个人数据类型；

（h）监管机构得知违法行为的方式，特别是数据控制者或数据处理者是否主动报告违法行为，以及如果进行报告的话报告到何种程度；

（i）如果已经就同一事项对数据控制者或数据处理者采取了本条例第 58 条第 2 款规定的措施，这些措施是否得到遵守；

（j）对本条例第 40 条规定的已批准的行为准则或本条例第 42 条规定的已批准的认证机制的遵守情况；以及

（k）任何其他可以适用于该案件情形的加重或减轻情节，例如因违法行为而直接或间接产生的经济收益，或及时采取措施而避免的损失。

3. 若数据控制者或数据处理者故意或过失因同一或相关处理行为违反本条例多条规定，对其作出的行政罚款总额不得超过最严重违法行为所确定的数额。

4. 违反以下规定，应当根据本条第 2 款的规定处以最高 1000 万欧元的行政罚款，如果是企业的话，最高可处相当于其上一年度全球营业额 2%的行政罚款，两者取较高的一项：

（a）本条例第 8 条、第 11 条、第 25 条、第 26 条、第 27 条、第 28 条、第 29 条、第 30 条、第 31 条、第 32 条、第 33 条、第 34 条、第 35 条、第 36 条、第 37 条、第 38 条、第 39 条、第 42 条和第 43 条规定的数据控制者和数据处理者责任；

（b）本条例第 42 条和第 43 条规定的认证机构的责任；

（c）本条例第 41 条第 4 款规定的监管机构的责任。

5. 违反以下规定，应当根据本条第 2 款的规定处以最高 2000 万欧元的行政罚款，如果是企业的话，最高可处相当于其上一年度全球营业额 4%的行政罚款，两者取较高的一项：

（a）本条例第 5 条、第 6 条、第 7 条和第 9 条规定的数据处理的基本原则，包括同意的条件；

（b）本条例第 12 条至第 22 条规定的数据主体的权利；

（c）本条例第 44 条至第 49 条规定的向第三国或国际组织传输个人数据的规定；

（d）根据本条例第九章的规定正式通过的成员国法律所规定的责任；

（e）违反监管机构根据本条例第 58 条第 2 款的规定作出的暂停数据流动的命令或者临时或最终处理的限制，或违反第 58 条第 1 款的规定拒绝提供访问。

6. 违反本条例第 58 条第 2 款规定的监管机构发布的命令,应当按本条第 2 款的规定处以最高 2000 万欧元的行政罚款,如果是企业的话,最高可处以上一年度全球营业额 4% 的罚款,两者取其较高的一项。

…………